PROTEÇÃO À INTIMIDADE DO EMPREGADO

1ª edição — 1997

2ª edição — 2009

ALICE MONTEIRO DE BARROS

Doutora em Direito Privado pela Faculdade de Direito da Universidade Federal de Minas Gerais. Juíza do TRT da 3ª Região. Profª Adjunta IV da Faculdade de Direito da UFMG (aposentada em agosto de 2008).

PROTEÇÃO À INTIMIDADE DO EMPREGADO

2ª edição

EDITORA LTr
SÃO PAULO

Dados Internacionais de Catalogação na Publicação (CIP)
(Câmara Brasileira do Livro, SP, Brasil)

Barros, Alice Monteiro de

Proteção à intimidade do empregado / Alice Monteiro de Barros. — 2. ed.
— São Paulo : LTr, 2009.

Bibliografia.

ISBN 978-85-361-1264-0

1. Administração de pessoal 2. Direito à intimidade 3. Direito do trabalho
— Brasil 4. Pessoal — Seleção e colocação I. Título.

08-11233 CDU-34:331.108.2(81)

Índices para catálogo sistemático:

1. Brasil : Empregados : Proteção à intimidade : Direito do trabalho 34:331.108.2(81)
2. Brasil : Proteção à intimidade : Empregados : Direito do trabalho 34:331.108.2(81)

Produção Gráfica e Editoração Eletrônica: R. P. TIEZZI

Capa: FÁBIO GIGLIO

Impressão: COMETA GRÁFICA E EDITORA

EDITORA LTDA.

Rua Apa, 165 — CEP 01201-904 — Fone (11) 3826-2788 — Fax (11) 3826-9180

São Paulo, SP — Brasil — www.ltr.com.br

LTr 3773.0 Janeiro, 2009

Ao Professor Messias Pereira Donato,
pelas primeiras lições de Direito do Trabalho,
pelo estímulo, pela amizade e pela confiança.

SUMÁRIO

PREFÁCIO

Agrada-me a transgressão. Não a total, que marginaliza a pessoa. Não a do Direito (a da lei pode justificar-se). A transgressão que ajuda no avanço, na modificação para melhor.

Ao apresentar esta obra jurídica, por gentil pedido de sua autora, Profª Alice Monteiro de Barros, não vou, inicialmente, falar de Direito, mas, sim, da mulher no contexto jurídico-cultural.

Quero fazer uma reflexão sobre as razões pelas quais as juslaboristas do sexo feminino (pleonasmo enfático), que escrevem obras de valor, tal qual esta que o leitor tem em mãos, são tão pouco citadas, enquanto os escritores de Direito do sexo oposto merecem referências frequentes que, muitíssimas vezes, não se justificam, eis que repetem o óbvio, não aprofundam a análise do assunto examinado.

Em 1977, os CADERNOS DE PESQUISA da *Fundação Carlos Chagas* publicaram um estudo da cientista social *Carmen Lúcia de Melo Barroso* sobre diferenças sexuais, no qual o tema é enfocado sob diversos aspectos (v. n. 21, de junho/77, São Paulo).

Citando pesquisa realizada nos Estados Unidos da América do Norte por *P. A. Goldberg* sobre o preconceito contra a mulher ("Are women prejudiced against women?" Transaction 5, 28-30, apr. 1968), informa a autora que, por aquele trabalho, chegou-se à conclusão de que a mulher é sempre avaliada com mais rigor do que o homem no seu desempenho.

O método da pesquisa foi o seguinte. Estudantes universitários receberam vários livretos com artigos sobre linguística, direito, história da arte, dialética, educação e planejamento urbano. Os livretos eram idênticos, atribuindo-se a eles ora o nome de um autor, ora o de uma autora. Os que tinham nome de autora, sistematicamente, receberam avaliação inferior ao daqueles atribuídos aos homens. Outro experimento de *Pheterson, Kiesler* e *Goldberg* ("Evaluation of the performance of women as a function of their sex, achievement and personal history", Journal of Personality and Social Psychology, Washington, 19, 114-8, 1971), usando quadros que teriam sido pintados por artistas premiados numa exposição ou artistas desconhecidos, mostrou novamente a existência do preconceito contra as mulheres.

Entre nós, sabemos que o preconceito ainda existe e a única forma de enfrentá-lo é trazê-lo ao nível da consciência.

Transplantando o assunto para a área do Direito, parece que as juristas não têm merecido boa avaliação, em geral, já que são escassamente mencionadas em estudos de seus ou suas colegas ou sua presença, em lugar de destaque, em conclaves nacionais é rara. É desconhecido levantamento numérico sobre o tema, mas a olho nu é possível detectar esta realidade.

Mesmo no âmbito da "Societé Internationale de Droit du Travail et de la Sécurité Sociale" (SIDTSS) nós, mulheres, tivemos que suscitar o tema da exclusão das juristas de todos os países nela representados (quase 70, dos 4 principais continentes), nos relatórios, mesas redondas e outras tarefas científicas dos conclaves mundiais ou regionais, para que todos percebessem as injustiças cometidas. A partir daí, os dignos colegas varões passaram a designar também juristas do sexo feminino para as atribuições jurídico-científicas e se percebeu que o nível dos trabalhos absolutamente não caiu. Uma só prova disso é o excelente relatório geral da Profª *Ruth Ben-Israel*, da Universidade de Telavive, sobre "Social Security in the year 2000: potentialities and problems", apresentado no XIV Congresso Mundial da SIDTSS, realizado na Coreia, em 1994, e divulgado pela revista "Comparative Labour Law Journal" (University of Pennsylvania, 1995, v. 16, p. 140).

Tudo não se resumirá nos binômios *haver poder, poder haver*? Acredito que sim.

Rasgados elogios públicos, espontâneos, dificilmente são dirigidos à literatura jurídica de mulheres, enquanto alguns autores varões são louvados em prosa e verso porque têm poder. Poder na Universidade, nos Tribunais e em outros órgãos públicos que, neste nosso Brasil, é usado para fins privados. Por isso se diz que é preciso *desprivatizar o Estado*, ou seja, tirar poder das mãos de indivíduos que exercem cargos públicos, que o usam para utilidade própria, e passá-lo para as instituições.

Este livro da Profª *Alice Monteiro de Barros* é resultado de sua competência e disciplina intelectual, mas teve como fatos desencadeadores os seguintes eventos: como presidente *do Instituto Brasileiro de Direito Social Cesarino Júnior*, entidade que fundou a *Societé Internationale de Droit du Travail et de la Sécurité Sociale* e hoje a representa no Brasil, propusemos seu nome ao Conselho Diretor da entidade, para ser a relatora brasileira do tema *El derecho a la intimidad del trabajador* (na versão espanhola, uma das línguas oficiais do congresso, ao lado do inglês e francês) e do qual foi relator geral o prof. *Américo Plá Rodriguez*. O assunto foi apresentado e discutido no III Congresso Regional Americano de Direito do Trabalho e da Segurança Social, realizado em 1995, no Canadá.

É nosso hábito, na presidência do IBDSCJ, não só tentar disseminar entre os juristas de todos os Estados do país os encargos de trabalhos científicos da entidade, como sempre indicar uma mulher para um deles, desde que competente. Foi o que fizemos na ocasião oportuna e o nome da Profª *Alice Monteiro de Barros* foi aprovado pelo Conselho Diretor, já que reconhecida sua capacidade não só por seus acórdãos como Juíza do Tribunal Regional do Trabalho da 3ª Região, como também por outros serviços prestados ao IBDSCJ e livros anteriores a este.

Estimulada pelos estudos que empreendeu para se desobrigar da tarefa que lhe foi atribuída, eis o presente livro.

Trata ele de uma faceta do poder, a do dador de trabalho em relação a seu empregado, e examina os seus limites.

É um estudo sobre o *respeito* que todo ser humano merece e que concerne a uma relação não apenas social, mas, também, jurídica.

Nota-se, pelo exame, que o livro faz da legislação, da doutrina e da jurisprudência nacionais e da de alguns países estrangeiros, que a tônica, na proteção à intimidade do empregado, é centrada na condição primeira de ser humano do trabalhador, desconsiderando-se sua posição de colaborador na produção de bens ou serviços.

É a preservação da liberdade individual na relação de emprego que o livro explora, contingenciada pela organização da produção do regime capitalista, com balizas nem sempre precisas ao direito do indivíduo em face da organização.

Classificar os fatos que geram invasão da privacidade em fatos que interferem com o gozo de direitos naturais pelo empregado (ser mãe, ser pai, ter saúde, etc.) e outros que não têm esta interferência, mas, sim, reflexos negativos sobre a vida em sociedade (ser portador do vírus HIV por se drogar, etc.) parece ser uma tendência natural do nosso intelecto. Este estímulo intelectual é a maior virtude dos livros bem escritos e está ele no texto da Profª *Alice Monteiro de Barros.*

Adicionalmente, o livro traz todas as informações jurídicas necessárias para que o estudioso e o operador do Direito, em qualquer de suas carreiras, se sinta à vontade para identificar e examinar casos de invasão da privacidade do empregado e forme sua convicção a respeito do acerto ou não da atitude tomada pelo empregador ou possível empregador de determinada pessoa.

Ademais, ao trazer a lume o estudo da matéria, a autora fornece um incentivo à negociação coletiva para estender, autonomamente, a sua disciplina.

Acreditando não ser mal compreendida, dada a introdução que fiz no presente texto, direi que o livro da Profª *Alice Monteiro de Barros* é tão bom como se fosse escrito por um homem...

Espero que a ironia salte aos olhos, já que o nome de *um* autor não é garantia de qualidade, a não ser para os preconceituosos.

Profª Marly A. Cardone
Presidente do Instituto Brasileiro de Direito Social Cesarino Junior. Livre-docente e Doutora em Direito do Trabalho pelas UFRJ e USP.

INTRODUÇÃO

Esta obra teve origem em um trabalho por nós apresentado quando do III Congresso Regional Americano de Direito do Trabalho e da Segurança Social, realizado em Montreal (Canadá), de 24 a 27 de maio de 1995, na condição de **Relatora brasileira**, atendendo a um honroso convite formulado pela Prof[a] *Marly A. Cardone*, Presidente do Instituto de Direito Social Cesarino Júnior, seção brasileira da Societé Internationale de *Droit du Travail et de la Sécurité Sociale,* promotora do evento.

A matéria em discussão foi objeto de estudo em vários ramos do Direito e constituiu tema do III Congresso Regional Americano de Direito do Trabalho e da Segurança Social, realizado no Canadá, cujo relator oficial foi o saudoso professor uruguaio *Américo Plá Rodríguez*. O tema foi revisto e desenvolvido em seis partes. Destacamos, de início, os direitos da personalidade, exatamente por **incorporar a intimidade** na classificação (integridade moral).

O cuidado atribuído ao tema, objeto dessa nova edição, revela a necessidade de ser examinada não só a legislação sobre a temática (art. 373, *a*, da CLT, introduzido pela Lei n. 9.799, de 1999, por exemplo), mas principalmente a destacada relação de emprego gerada pelo contrato individual e coletivo do trabalho, na classificação dos direitos da personalidade, nos últimos 10 anos, no Brasil.

A jurisprudência avança instituindo o ressarcimento do dano material, moral e/ou estético ocasionado pela violação ao direito da personalidade e da liberdade.

No **Capítulo I** mostraremos a **origem** da intimidade, sua inserção como direito da personalidade, **natureza jurídica**, a **discussão doutrinária** a respeito do **direito à intimidade** e do direito à privacidade, destacando a distinção entre ambos, como também **a relação entre o conceito geral e sua aplicação no campo laboral.**

Trataremos, no **Capítulo II,** dos **trâmites de seleção de pessoal,** de dados que podem requerer-se de um candidato ao emprego e dos métodos utilizados na seleção de pessoal, como questionários, entrevista, provas grafológicas, testes psicotécnicos, astrologia empresarial, detector de mentiras, em face da atual jurisprudência, e prova de honradez. Será discutida também a discriminação na seleção de pessoal.

O **Capítulo III** deste estudo consistirá no **controle da atuação laboral**, com menção aos **procedimentos visuais, auditivos e de outra natureza**, inclusive **revistas**, que podem ser utilizados para controlar o trabalho, mas que poderão também, na forma efetuada, atentar contra a intimidade do empregado e comprometer a dignidade humana dada a dispensa ofensiva e injuriosa.

Nesse capítulo analisaremos, ainda, a utilização do código genético do trabalhador nos dias atuais (Europa e EUA) e a possibilidade de o empregador exigir certos exames médicos do empregado, como também a questão da AIDS no local de trabalho, focalizando aspectos da Declaração da reunião consultiva sobre a AIDS e o lugar de trabalho formulada pela OMS e pela OIT.

Constituirão objeto de discussão, no **Capítulo IV**, **outros aspectos da vida laboral e extralaboral**, como a exigência de teste de gravidez, indagações sobre opiniões ideológicas, políticas e sindicais, estado civil, deveres familiares, hábitos pessoais (alcoolismo, droga, jogo), conduta sexual, antecedentes penais, com destaque para a situação do desportista profissional. Poderá o empregador interferir na vestimenta, na higiene, na aparência e na apresentação do empregado? Qual será a consequência, caso o empregador permita ou propicie um ambiente de trabalho sexualmente intimidante para o empregado?

O **Capítulo V** dessa obra versará sobre **Prova**. Nesse tópico, examinaremos a impossibilidade de utilização de provas obtidas por procedimentos ilícitos, como a interceptação telefônica, por exemplo, e disposições processuais que favorecem a defesa da intimidade, preventivamente, destacando a ação declaratória — art. 4º, I, do CPC — e a ação de condenação a não fazer — art. 287 do CPC; fora da esfera preventiva, aludimos à ação de condenação ao desfazimento, quando possível, ou a cessação do ato lesivo e à ação de reparação do dano causado. No que tange ao empregado, discorreremos sobre a possibilidade de recorrer à despedida indireta (art. 483, letras *a* e *e*, da CLT), à compensação por danos morais ou à reintegração.

Finalizando esse estudo, no **Capítulo VI (Danos morais)** procuraremos informar ao leitor sobre o conceito, a natureza jurídica do dano moral e a consequência, caso se comprove que o dano sofrido pelo trabalhador (jurisprudência atual) ocorreu na fase pré-contratual, contratual ou pós-contratual. As medidas propostas no país para procurar o respeito à intimidade do empregado encerram esse capítulo e essa obra.

Classificação dos Direitos da Personalidade — Conceito de Direito a Privacidade e de Direito a Intimidade — Origem — Instrumentos Internacionais

"A morte da democracia não será provavelmente devida ao assassinato por emboscada. Ela será, antes, uma extinção lenta devida à apatia, à indiferença e à falta de sustentação"

(R. M. Hutchins)

1. O direito da personalidade e as disciplinas jurídicas. Poder diretivo e subordinação jurídica

Os direitos da personalidade são protegidos em várias disciplinas, como no Direito Constitucional (A), Civil (B), Penal (C) e do Trabalho (D), a título de exemplo. Vejamos:

A — Constituição Federal de 1988:

"Art. 1º A República Federativa do Brasil, formada pela união indissolúvel dos Estados e Municípios e do Distrito Federal, constitui-se em **Estado Democrático** de Direito e tem como fundamentos: (...)

III — a dignidade da pessoa humana;

IV — os valores sociais do trabalho e da livre iniciativa;

Observa-se que a República Federativa do Brasil tem como fundamentos a dignidade humana e os valores sociais.

Art. 3º Constituem objetivos fundamentais da República Federativa do Brasil: (...)

IV — promover o bem de todos, **sem preconceitos de origem, raça**(1)**, sexo, cor, idade**(2) **e quaisquer outras formas de discriminação.**

(1) "**Trabalho em condição análoga à de escravo. Dano moral causado por terceiro. Não configurada a responsabilidade civil da União.** Restando provado que o dano moral decorrente do trabalho em condição análoga à de escravo foi causado pelo proprietário da fazenda que submetia seus trabalhadores a regime de escravidão laboral, somente este deve responder pela reparação correspondente, descabendo a condenação da União pelo dano causado por ato de terceiro estranho à administração pública". TRT/RO-00244.2006.051.14.00-2- EOF e RO — Rel.: Afrânio Viana Gonçalves — DOJT14 -21.5.2007.

(2) "**Dano moral. Discriminação por idade. Indenização devida.** Evidenciado nos autos que a dispensa da reclamante se deu de forma discriminatória, em razão de idade, máxime quando desempenhava satisfatoriamente suas atividades e foi, juntadamente com outros colegas, substituída por empregados mais jovens, é cabível a indenização por danos morais, que se reveste de alerta ao empregador e visa

Art. 5º Todos são iguais perante a lei, sem distinção de qualquer natureza, garantindo-se aos brasileiros e aos estrangeiros residentes no País a inviolabilidade do direito **à vida, à liberdade, à igualdade, à segurança e à propriedade**, nos termos seguintes: (...)

V — é assegurado o direito de resposta, proporcional ao agravo, **além da indenização por dano material, moral ou à imagem**; (...)

X — são invioláveis a **intimidade, a vida privada, a honra e a imagem das pessoas**, assegurado o direito a **indenização pelo dano material ou moral** decorrente de sua violação".

Art. 7º São direitos dos trabalhadores urbanos e rurais, além de outros que visem à melhoria de sua condição social: (...)

XXX — proibição de diferença de salários, de exercício de funções e de critério de admissão por motivo de sexo, idade, cor ou estado civil;

XXXI — proibição de qualquer discriminação no tocante a salário e critérios de admissão do trabalhador portador de deficiência;

XXXII — proibição de distinção entre trabalho manual, técnico e intelectual ou entre os profissionais respectivos;

B — Código Civil de 2002:

"Art. 11. Com exceção dos casos previstos em lei, **os direitos da personalidade são intransmissíveis e irrenunciáveis, não podendo o seu exercício sofrer limitação voluntária**.

---

coibir prática não autorizada no Direito". TRT/AL-RO-01507.2005.005.069 — Rel.: Pedro Inácio — DOE/AL **30.5.2007.**

"**Recurso de Revista. Dispensa discriminatória por idade. Nulidade. Abuso de direito. Reintegração.** Se das premissas fáticas emergiu que a empresa se utiliza da prática de dispensar seus funcionários **quando estes completam 60 anos**, imperioso se impõe ao julgador coibir tais procedimentos irregulares, efetivados sob o manto do poder potestativo, para que as dispensas não se efetivem sob a pecha discriminatória da maior idade. Embora o caso vertente não tivesse à época de sua ocorrência previsão legal especial (a Lei n. 9.029 que trata da proibição de práticas discriminatórias foi editada em 13.4.1995 e a dispensa do reclamante ocorreu anteriormente), cabe ao prolator da decisão o dever de valer-se dos princípios gerais do direito, da analogia e dos costumes, para solucionar os conflitos a ele impostos, sendo esse, aliás, o entendimento consagrado pelo art. 8º, da CLT, que admite que a aplicação da norma jurídica em cada caso concreto, não desenvolve apenas o dispositivo imediatamente específico para o caso, ou o vazio de que se ressente, mas sim, todo o universo de normas vigentes, os precedentes, a evolução da sociedade, os princípios, ainda que não haja omissão na norma. Se a realidade do ordenamento jurídico trabalhista contempla o direito potestativo da resilição unilateral do contrato de trabalho, é verdade que o exercício deste direito guarda parâmetros éticos e sociais como forma de preservar a dignidade do cidadão trabalhador. A despedida levada a efeito pela reclamada, embora cunhada no seu direito potestativo de resilição contratual, estava prenhe de mácula pelo seu conteúdo discriminatório, sendo nula de pleno direito, em face da expressa disposição do art. 9º da CLT, não gerando qualquer efeito, tendo como conseqüência jurídica a continuidade da relação de emprego, que se efetiva através da reintegração. Efetivamente, é a aplicação da regra do § 1º do art. 5º da Constituição Federal, que impõe a aplicação imediata das normas definidoras dos direitos e garantias fundamentais, pois, como apontando pelo v. acórdão, a prática da dispensa discriminatória por idade confrontou o princípio da igualdade contemplado no *caput* do art. 5º da Constituição Federal. Inocorrência de vulneração ao princípio da legalidade e não configurada divergência jurisprudencial. Recurso de Revista não conhecido relativamente ao tema." TST-RR-462.888/1998.0 — Ac. 5ª Turma, 10.9.2003. Rel.: Juiz Convocado André Luís Moraes de Oliveira — Ementário LTr XII — 2003/**2005** — 67-10/1249.

Art. 12 — Pode-se exigir que cesse a ameaça, ou a lesão **a direito da personalidade**, e reclamar perdas e danos, sem prejuízo de outras sanções previstas em lei (...)

Art. 20. Salvo se autorizadas, ou se necessárias à administração da justiça ou à manutenção da ordem pública, a divulgação de escritos, a transmissão da palavra, ou a publicação, a exposição ou a utilização **da imagem** de uma pessoa poderão ser proibidas, a seu requerimento e sem prejuízo da **indenização que couber, se lhe atingirem a honra, a boa fama ou a respeitabilidade, ou se se destinarem a fins comerciais**.

Parágrafo único. Em se tratando de morto ou de ausente, são partes legítimas para requerer essa proteção o cônjuge, os ascendentes ou os descendentes.

Art. 21. **A vida privada da pessoa natural é inviolável, e o juiz, a requerimento do interessado, adotará as providências necessárias para impedir ou fazer cessar ato contrário a esta norma.** (...).

Art. 52. Aplica-se às pessoas jurídicas, no que couber, **a proteção dos direitos da personalidade.** (...)

Art. 186. Aquele que, por **ação ou omissão voluntária, negligência ou imprudência, violar direito e causar dano a outrem**, ainda que exclusivamente moral, comete **ato ilícito**.

Art. 187. Também comete **ato ilícito** o titular de um direito que, ao exercê-lo, excede manifestamente os limites impostos pelo seu fim econômico ou social, pela boa-fé ou pelos bons costumes. (...)

Art. 927. Aquele que, por **ato ilícito** (arts. 186 e 187), **causar dano a outrem**, fica obrigado a repará-lo.

Parágrafo único. Haverá obrigação de reparar o dano, **independentemente de culpa**, nos casos especificados em lei, ou quando a atividade normalmente desenvolvida pelo **autor do dano implicar**, por sua natureza**, risco** para os direitos de outrem (...).

Art. 932. São também **responsáveis pela reparação civil**:

III — o empregador ou comitente, por seus empregados, serviçais e prepostos, no exercício do trabalho que lhes competir, ou em razão dele;

Art. 935. **A responsabilidade civil é independente da criminal**, não se podendo questionar mais sobre a existência do fato, ou sobre quem seja o seu autor, quando estas questões se acharem decididas no juízo criminal."

C — Código Penal:

"Assédio sexual

Art. 216-A. Constranger alguém com o intuito de obter vantagem ou **favorecimento sexual,** prevalecendo-se o agente da sua condição de superior hierárquico ou ascendência inerentes ao exercício de emprego, cargo ou função."

Pena — detenção, de 1 (um) a 2 (dois) anos.

Parágrafo único. (vetado)"

Lei n. 10.778, de 24.11.2003

"Art. 1º Constitui objeto de notificação compulsória, em todo o território nacional, **a violência contra a mulher atendida em serviços de saúde públicos e privados.**

§ 1º Para os efeitos desta Lei, deve-se entender por violência contra a mulher qualquer ação ou conduta, baseada no gênero, que cause morte, dano ou sofrimento físico, sexual ou psicológico à mulher, tanto no âmbito público como no privado.

§ 2º Entender-se-á que **violência contra a mulher** inclui violência física, sexual e psicológica e que:

I — tenha ocorrido dentro da família ou unidade doméstica ou em qualquer outra relação interpessoal, em que o agressor conviva ou haja convivido no mesmo domicílio que a mulher e que compreende, entre outros, estupro, violação, maus-tratos e abuso sexual;

II — tenha ocorrido na comunidade e seja perpetrada por qualquer pessoa e que compreende, entre outros, violação, abuso sexual, tortura, maus-tratos de pessoas, tráfico de mulheres, prostituição forçada, seqüestro e assédio sexual no lugar de trabalho, bem como em instituições educacionais, estabelecimentos de saúde ou qualquer outro lugar;"

Lei n. 9.029, de 13.4.95:

"Art. 1º Fica proibida a **adoção de qualquer prática discriminatória** e limitativa para efeito de acesso **à relação de emprego, ou sua manutenção, por motivo de sexo, origem, raça, cor, estado civil, situação familiar ou idade**, ressalvadas, neste caso, as hipóteses de proteção ao menor previstas no inciso XXXIII do art. 7º da Constituição Federal.

Art. 2º Constituem **crime** as seguintes **práticas discriminatórias:**

I — **a exigência de teste, exame, perícia, laudo, atestado, declaração ou qualquer outro procedimento relativo à esterilização ou a estado de gravidez**;

II — a adoção de quaisquer medidas, de iniciativa do empregador, que configurem;

a) indução ou instigamento à esterilização genética;

b) promoção do controle de natalidade, assim não considerado o oferecimento de serviços e de aconselhamento ou planejamento familiar, realizados através de instituições públicas ou privadas, submetidas às normas do Sistema Único de Saúde (SUS).

Pena: detenção de um a dois anos e multa.

Parágrafo único. São sujeitos ativos dos crimes a que se refere este artigo:

I — **a pessoa física empregadora;**

II — **o representante legal do empregador**, como definido na legislação trabalhista;

III — **o dirigente, direto ou por delegação**, de órgãos públicos e entidades das administrações públicas direta, indireta e fundacional de qualquer dos Poderes da União, dos Estados, do Distrito Federal e dos Municípios.

Art. 3º Sem prejuízo do prescrito no artigo anterior, as infrações do disposto nesta lei são passíveis das seguintes cominações:

I — **multa administrativa** de dez vezes o valor do maior salário pago pelo empregador, elevado em cinqüenta por cento em caso de reincidência;

II — **proibição de obter empréstimo ou financiamento** junto a instituições financeiras oficiais.

Art. 4º O rompimento da relação de trabalho **por ato discriminatório**, nos moldes desta lei, faculta ao empregado optar entre:

I — a readmissão com **ressarcimento integral** de todo o período de afastamento, mediante pagamento das remunerações devidas, corrigidas monetariamente, acrescidas dos juros legais;

II — a percepção, **em dobro**, da remuneração do período de afastamento, corrigida monetariamente e acrescida dos juros legais".

D — Consolidação das Leis do Trabalho:

"Art. 8º As autoridades administrativas e a Justiça do Trabalho, na falta de disposições legais ou contratuais, decidirão, conforme o caso, pela jurisprudência, por analogia, por eqüidade e outros princípios e normas gerais de direito, principalmente do direito do trabalho, e, ainda, de acordo com os usos e costumes, o direito comparado, mas sempre de maneira que nenhum interesse de classe ou particular prevaleça sobre o interesse público.

Parágrafo único — **O direito comum será fonte subsidiária do direito do trabalho, naquilo em que não for incompatível com os princípios fundamentais deste**".

"Art. 373-A. Ressalvadas as disposições legais destinadas a corrigir as distorções que afetam o acesso da mulher ao mercado de trabalho e certas especificidades estabelecidas nos acordos trabalhistas, é vedado:

I — **publicar ou fazer publicar anúncio de emprego no qual haja referência ao sexo, à idade, à cor ou situação familiar**, salvo quando a natureza da atividade a ser exercida, pública e notoriamente, assim o exigir;

II — **recusar emprego, promoção ou motivar a dispensa do trabalho em razão de sexo, idade, cor, situação familiar ou estado de gravidez**, salvo quando a natureza da atividade seja notória e publicamente incompatível;

III — **considerar o sexo, a idade, a cor ou situação familiar como variável determinante para fins de remuneração, formação profissional e oportunidades de ascensão profissional**;

IV — **exigir atestado ou exame,** de qualquer natureza, para comprovação de esterilidade ou gravidez, na admissão ou permanência no emprego;

V — **impedir o acesso** ou adotar critérios subjetivos para deferimento de inscrição ou aprovação em concursos, em empresas privadas, em razão de sexo, idade, cor, situação familiar ou estado de gravidez;

VI — **proceder** o empregador ou preposto **a revistas íntimas nas empregadas ou funcionárias.**

Parágrafo único. O disposto neste artigo não obsta a adoção de medidas temporárias que visem ao estabelecimento das políticas de igualdade entre homens e mulheres, em particular as que se destinam a corrigir as distorções que afetam a formação profissional, o acesso ao emprego e as condições gerais de trabalho da mulher." (Artigo acrescentado pela Lei n. 9.799, de 26.5.1999).

"Art. 482 — Constituem justa causa para rescisão do contrato de trabalho pelo empregador:

a) ato de improbidade;

b) incontinência de conduta ou mau procedimento;

c) negociação habitual por conta própria ou alheia sem permissão do empregador, e quando constituir ato de concorrência à empresa para a qual trabalha o empregado, ou for prejudicial ao serviço; (...)

g) violação de segredo da empresa; (...)

j) ato lesivo da honra ou da boa fama praticado no serviço contra qualquer pessoa, ou ofensas físicas, nas mesmas condições, salvo em caso de legítima defesa, própria ou de outrem;

k) ato lesivo da honra ou da boa fama ou ofensas físicas praticadas contra o empregador e superiores hierárquicos, salvo em caso de legítima defesa, própria ou de outrem;

l) prática constante de jogos de azar".

"Art. 483 — O empregado poderá considerar rescindido o contrato e pleitear a devida indenização quando:

a) forem exigidos serviços superiores às suas forças, defesos por lei, contrários aos bons costumes, ou alheios ao contrato;

b) for tratado pelo empregador ou por seus superiores hierárquicos com rigor excessivo; (...)

d) não cumprir o empregador as obrigações do contrato;

e) praticar o empregador ou seus prepostos, contra ele ou pessoas de sua família, ato lesivo da honra e boa fama;

f) o empregador ou seus prepostos ofenderem-no fisicamente, salvo em caso de legítima defesa, própria ou de outrem;

g) o empregador reduzir o seu trabalho, sendo este por peça ou tarefa, de forma a afetar sensivelmente a importância dos salários.

§ 1º O empregado poderá suspender a prestação dos serviços ou rescindir o contrato, quando tiver de desempenhar obrigações legais, incompatíveis com a continuação do serviço.

§ 2º No caso de morte do empregador constituído em empresa individual, é facultado ao empregado rescindir o contrato de trabalho."

A inserção do empregado no ambiente de trabalho não lhe retira **os direitos da personalidade, dos quais o direito à intimidade constitui uma espécie**. O empregado, ao **ser submetido** ao poder **diretivo do empregador**, por certo sofre algumas limitações em seu direito à intimidade. É inadmissível, entretanto, que a ação do empregador se amplie a ponto de ferir a dignidade da pessoa humana. Como se vê, **não é o fato de o empregado subordinar-se ao empregador ou de deter este último o poder diretivo que irá justificar a tutela à intimidade no local de trabalho, do contrário haveria uma degeneração da subordinação jurídica em um estado de sujeição do empregado**.

A doutrina e a jurisprudência alemãs asseveram que não existem direitos da personalidade, mas um direito da personalidade, único, enquanto na Itália adota-se uma concepção pluralista dos direitos da personalidade, com o argumento de serem muitos os bens personalíssimos tutelados, cada um dotado de suas peculiaridades, o que inviabiliza a concepção unitária desses direitos(3), cujo fundamento assenta-se no fato de que a pessoa tem um valor em si mesma e como tal cabe reconhecer-lhe uma dignidade(4). A maioria da doutrina considera a dignidade como um princípio jurídico, enquanto outros autores, sobretudo na Alemanha, a situam como direito fundamental ou fundamento do ordenamento jurídico(5). A dignidade humana é utilizada na jurisprudência como núcleo de direitos da **personalidade**, em que se situa o da **intimidade**.

Filiamo-nos à **doutrina nacional que classifica os "direitos da personalidade" como direito à integridade física** (direito **à vida**, à higidez corpórea, às partes do corpo, ao cadáver, etc.); direito à **integridade intelectual** (direito à **liberdade de pensamento**, autoria artística e científica e invenção) e direito à **integridade moral**, incluído neste último o direito à **intimidade**, à imagem, à privacidade, à **honra**, à boa fama, à liberdade civil, política e religiosa(6).

A primeira classificação do direito da personalidade cinge-se à **integridade física**, que consiste no direito à vida humana. A pessoa humana é anterior e superior à sociedade, impondo-se ao direito(7), cuja ordem jurídica lhe assegura o respeito **à vida**. Sua violação gera um dano que é o prejuízo supremo, ou seja, a morte.

A competência para apreciação de pedido de compensação por dano moral e/ou material decorrente de acidente do trabalho é da Justiça do Traba-

---

(3) CUPIS, Adriano de. *Os direitos da personalidade*. Lisboa: Morais, 1961.

(4) RIVERA, Júlio César. Responsabilidad civil por daños a los derechos de la personalidad. Daños a la persona. Argentina: Rubinzal-Culzoni Editores. *Revista de Derecho Privado e Comunitario, passim.*

(5) GUTIÉRREZ GUTIÉRREZ, Ignácio. *Dignidad de la persona y derechos fundamentales.* Barcelona: Marcial Rons, 2005, p. 78.

(6) FRANÇA, Rubens Limongi. *Manual de direito civil.* 2. ed. São Paulo: Revista dos Tribunais, 1971, p. 329. No mesmo sentido BITTAR, Carlos Alberto. *Os direitos da personalidade.* Rio de Janeiro: Forense, 1989, p. 63.

7 CAMPOS, Diogo de Leite. *Lições de direito da personalidade.* 2. ed. Coimbra, 1995, p. 38 e 57.

lho (Conflito de Competência n. 7.207-1-STF). Inclui-se entre o dano moral o dano reflexo ou ricochete, como se infere dessa ementa exemplar:

> "**Acidente do trabalho. Dano reflexo ou ricochete. Competência.** Em se tratando de pedido indenizatório por danos morais, visando à reparação por acidente de trabalho decorrente de culpa ou dolo da empregadora, a competência é da Justiça do Trabalho, nos termos do art. 114, inciso I, da Constituição da República de 1988. Tal competência se estende às lides relativas à reparação do chamado dano ricochete ou dano reflexo, ou seja, dano ou prejuízo que atinge reflexamente pessoa próxima, ligada a vítima direta da atuação ilícita. Dado que cabe à Justiça do Trabalho julgar as questões ligadas à vítima direta do dano (trabalhador falecido) em face da reclamada, também lhe cabe apreciar as questões atinentes à vítima indireta (companheira). A competência desta Justiça se dá por atração, porquanto não há qualquer sentido ou coerência em deslocar para a Justiça Comum a apreciação e julgamento das ações que versem sobre o dano reflexos, quando o eventual ilícito tenha derivado do âmbito da relação de emprego." TRT — 3ª Região — RO-00177-2007-149-03-00-9 — 7ª T. — Relª: Juíza Conv. Taísa Maria M. de Lima. DJMG 15.4.2008.
>
> A jurisprudência trabalhista majoritária, mesmo antes da Emenda Constitucional n. 45/04, já defendia essa competência para apreciar a matéria (TST-E-RR-483.206/1998. Acórdão SDI — Redator designado: Min. Vantuil Abdala — DJ 17.10.03).

Após alguma hesitação, o STF, em 29 de junho de 2005, ao decidir conflito de competência, alterou seu posicionamento e definiu, por unanimidade, pela competência da Justiça do Trabalho para apreciar e julgar ação reparadora de dano (material e/ou moral), resultante de acidente do trabalho, ajuizada pelo empregado contra o empregador. Afirmou-se, na oportunidade, que essas ações não foram excetuadas do âmbito do citado art. 114, ao contrário, sua apreciação pela Justiça do Trabalho está contida no inciso VI do referido preceito, pois sem o vínculo trabalhista o infortúnio não se configuraria. Considerando que o STF é o guardião da Constituição, a ele compete interpretá-la. Assim, para evitar expectativa falsa de um direito, e por motivo de disciplina judiciária, ressalvamos nosso entendimento contrário[8] para acompanhar a

---

(8) Sustentávamos que a competência, nesses casos, era da Justiça comum, **salvo se a questão do dano moral já estivesse definida.** Isto, porque compete à Justiça Comum julgar ação de indenização decorrente de acidente do trabalho (art. 109, I, da CF de 1988). Logo, para evitar decisões conflitantes, a ela competia também apreciar as ações de indenização por danos patrimoniais e morais advindos do acidente em questão. Neste sentido eram várias as decisões, inclusive do TST: "**Justiça do Trabalho — Dano moral e físico decorrentes de acidente do trabalho (doença profissional) — Ação indenizatória — Art. 7º, XXVIII, da CF — Incompetência.** A Justiça do Trabalho é materialmente incompetente para apreciar e julgar dissídio individual entre empregado e empregador, tendo por objeto o direito à indenização prevista no art. 7º, XXVIII, da CF, decorrente de acidente do trabalho. E, de fato, esse posicionamento é o que melhor se amolda ao comando inserto no art. 109, I, da CF, que remete à Justiça estadual comum a competência para apreciar e julgar os feitos relativos a acidente de trabalho. A conclusão se reforça, tendo em vista que a causa de pedir e o pedido assentam-se na responsabilidade civil do empregador, como decorrência da incapacidade ou redução da capacidade laborativa do trabalhador, em razão do acidente do trabalho, e o seu direito à reparação indenizatória, que é de natureza tipicamente civil.

decisão do STF e dar pela competência da Justiça do Trabalho para apreciar essa matéria.

A segunda classificação do direito da personalidade consiste na **integridade intelectual**, em que se situam a liberdade de pensamento, autoria artística e científica, como também a invenção[(9)].

Finalmente, **a terceira** classificação, alusiva à **integridade moral**, abrange o direito à **intimidade**, à privacidade, à honra, à imagem, à boa-fama, à liberdade civil, política e religiosa[(10)].

Esse trabalho restringe-se à proteção à intimidade do empregado com distinções (2ª edição).

2. Intimidade. Origem. Teorias: racionalista e histórica. Atributo da personalidade

A intimidade poderá ser vista sob três dimensões[(11)]: como **fenômeno** (fator socioeconômico), como **ideia** (fator cultural) e como **direito** (fator político-jurídico).

De etimologia voltada para o termo latino *intimus*, superlativo de interior, divide-se a doutrina a respeito da origem da intimidade.

Sustentam alguns autores, adeptos da **teoria racionalista** (*Pérez Luño*), que a intimidade surge com a desagregação do sistema feudal, traduzindo o anseio da burguesia capitalista de ter acesso ao que antes constituía privilégio de poucos, sendo a propriedade condição para adquiri-la. Essa corrente não distingue as três dimensões da intimidade.

Outros autores filiam-se à **teoria** chamada **histórica**; consideram **o fenômeno da intimidade inato ao homem e vinculam o aparecimento da ideia de intimidade às antigas civilizações**, ainda que através de vestígios. Não obstante a comunidade tenha um valor inestimável na Grécia clássica, a ideia de intimidade não estava ausente, e assim é que em Eurípides se pode identifi-

---

Precedentes do Supremo Tribunal Federal e do Tribunal Superior do Trabalho. Recurso de revista provido para, declarando-se a incompetência da Justiça do Trabalho para julgar pedido de indenização por danos morais e materiais, decorrentes de acidente de trabalho, e, em conseq6ência, a nulidade dos atos decisórios, determinar a remessa dos autos a uma das Varas cíveis da Justiça Comum de Uberlândia, Estado de Minas Gerais, nos termos do art. 113, § 2º, do CPC. Recurso de revista provido." TST-RR-858/2001-043-03-00 — DJU **17.6.2005**. 4ª Turma. Relator: Juiz Convocado José Antonio Pancotti (a maioria do TST era em sentido contrário).

Caso a questão do acidente já estivesse definida favoravelmente ao obreiro, acatávamos a competência da Justiça do Trabalho (TRT — 3ª Região — 2ª T. — RO 7883/99. Rel.: Juíza Alice Monteiro de Barros, DJMG 17.5.2000, p. 13).

(9) Cf. a propósito, de nossa autoria, *Curso de direito do trabalho*. 4. ed. São Paulo: LTr, 2008, p. 622/631.

(10) Cf. de nossa autoria, *Curso de direito do trabalho*. 4. ed. São Paulo: LTr, 2008, p. 632/640.

(11) MIGUEL, Carlos. *La configuración constitucional del derecho a la intimidad*. Madrid: Tecnos, 1995, p. 44.

car o conflito entre o mundo político e o mundo privado. Heródoto, *Péricles* e *Platão* também admitem a ideia do homem interior, tendo *Aristóteles* demonstrado a vinculação que existe entre liberdade e intimidade. Por outro lado, a própria origem latina do termo intimidade demonstra ser ele conhecido dos romanos.

Com o **Cristianismo, a ideia de intimidade incorpora-se ao acervo cultural** e adquire maior reconhecimento, encontrando, nas obras de *Santo Agostinho*, sua ideia central. O pensamento agostiniano influenciou pensadores modernos como *Descartes*, *Kant* e *Lutero*, por ter sido monge agostiniano, deveria conhecer certas ideias do santo; há até mesmo quem relacione o aparecimento da ideia de intimidade à reforma protestante.

No **liberalismo**, encarado como a **ideologia política** da Idade Moderna, vamos encontrar **duas vertentes: a moderada e a radical**. Na primeira vertente, temos a figura significativa de *Hobbes*, considerado como o defensor da "liberdade negativa", ou seja, de um certo âmbito de liberdade inviolável, traçando uma fronteira entre o âmbito da vida privada e o da autoridade pública. Sustenta que "cada súdito tem liberdade em todas aquelas coisas cujo direito não pode ser transferido mediante pacto". Com fulcro nessa premissa, sustenta-se que os atos de não defender a própria intimidade seriam nulos[(12)]. Na segunda vertente, ou seja, no liberalismo radical, situamos o pensamento de *Spinoza*, para quem, na ordem civil, existe um bem tão importante que a obediência civil se converte no primeiro e mais elevado dever do homem, sem importar o que diz sua consciência ou sua moralidade pessoal.

Visto sob a **perspectiva jurídica, o direito à intimidade também teve uma trajetória histórica**. Se, na Grécia clássica, não se encontram, com facilidade, manifestações de proteção jurídica da intimidade, no Direito Romano, ela se estende à **correspondência, ao domicílio e à liberdade religiosa** (Edito de Milão de 313, promulgado pelos imperadores Constantino e Licínio, o qual estabelece uma neutralidade de religiões); à época, o fundamento desses direitos **não era a dignidade humana**. Outros, como *Carl Schmidt,* sustentam que os antigos não conheciam os direitos fundamentais, que só aparecem a partir do século XVI; asseveram que esses direitos fundamentais contêm um princípio básico de distribuição, o qual significa que a esfera de liberdade individual é ilimitada, enquanto as faculdades do Estado são limitadas, em princípio. Na Idade Média, vários textos jurídicos garantem a inviolabilidade do domicílio, ressaltando-se que o pensamento de *Santo Agostinho* exerceu o seu domínio até o século XII. Considera-se, entretanto, que **o início da discussão teórica a respeito do direito à intimidade surgiu com o artigo de *Warren* e *Brandeis*,** intitulado "The right of privacy", publicado em **1890**, cujo objetivo foi frear as intromissões da imprensa na vida e na honra das pessoas; esse

---

(12) RUIZ MIGUEL, Carlos. *Op. cit.*, p. 25.

artigo reúne várias manifestações, como a inviolabilidade do domicílio, da correspondência, etc.[13].

A partir daí, **o direito à intimidade sofre uma transformação**; desliga-se de sua concepção exclusivamente "jus privatista", típica do liberalismo, deixando de ser considerado "um bem, cuja titularidade correspondia ao pleno domínio do sujeito como se fosse um móvel ou imóvel"[14], e começa a ser considerado **atributo da personalidade do indivíduo**, enquadrando-se, **sob a perspectiva civilista**, como direito ou bem de personalidade. Esse direito, embora possa implicar, quando violado, pagamento de indenização, não está relacionado com a condição social ou com o patrimônio dos indivíduos. Seu fundamento é a liberdade individual.

Sucede que, à medida que as máquinas se tornam mais complexas e se imiscuem na vida da pessoa, "perdemos um pouco mais de nosso caráter de indivíduos para nos transformarmos em **autômatos**", como observou o comissário para a Proteção da Vida Privada no Canadá[15].

3. Instrumentos internacionais e direito à intimidade. Repertório de Recomendações Práticas sobre Dados Pessoais dos Trabalhadores sem caráter obrigatório

Os direitos da personalidade surgem como uma reação à teoria estatal sobre o indivíduo e encontram guarida na *Declaração dos Direitos do Homem e do Cidadão*, de 1789; na *Declaração Universal dos Direitos do Homem,* de 1948, mais precisamente no art. 12; na *Convenção Europeia dos Direitos do Homem,* de 1950; na *Convenção Panamericana dos Direitos do Homem,* de 1959; no *Pacto Internacional concernente aos Direitos Civis e Políticos,* aprovado pela Resolução n. 2.200 de 1966, da Assembleia Geral das Nações Unidas; na *Convenção Interamericana dos Direitos Humanos,* assinada na Costa Rica, em 1969, e na *Resolução adotada por ocasião da Conferência sobre Direitos Humanos,* realizada em Teerã, em 1972, convocada pela ONU.

A *Declaração dos Direitos do Homem e do Cidadão*, de 1789, proclama, no art. 1º, que "os homens nascem livres e iguais em direitos". Em seguida, no art. 2º, preconiza que "o fim de toda associação política é a conservação dos direitos naturais e imprescritíveis do homem. Esses direitos são a liberdade, a propriedade, a segurança e a resistência à opressão".

Mais adiante, no art. 10, dispõe "que ninguém deve ser inquietado por suas opiniões, mesmo religiosas"... e, no artigo seguinte, assegura "a livre comunicação dos pensamentos e das opiniões como um dos direitos mais preciosos do homem"...

---

(13) RUIZ MIGUEL, Carlos. *Op. cit.*, p. 57.

(14) VELÁZQUEZ BAUTISTA, Rafael. *Protección jurídica de datos personales automatizados.* Madrid: Colex, 1993, p. 40.

(15) Cf. Cuidado; un ojo eletrónico lo vigila! *Revista OIT Trabajo*, n. 10, 1994. p. 24.

O art. 12 da Declaração Universal dos Direitos do Homem, de 1948, dispõe que "ninguém será objeto de ingerências arbitrárias em sua vida privada, em sua família, em seu domicílio, ou em sua correspondência, nem a atentados à sua honra e à sua reputação. Toda pessoa tem direito à proteção da lei contra tais intromissões ou atentados".

Também a Convenção Europeia dos Direitos do Homem, de 1950, abriga a proteção à intimidade, fazendo-o nos seguintes termos:

> "Toda pessoa tem direito ao respeito de sua vida privada e familiar, de seu domicílio e de sua correspondência" (art. 8º, 1).
>
> "Não pode haver interferência de uma autoridade pública no exercício deste direito, a menos que esta ingerência seja prevista por lei e constitua uma medida que, em uma sociedade democrática, é necessária à segurança nacional, à segurança pública, ao bem-estar econômico do país, à defesa da ordem e à prevenção de infrações penais, à proteção da saúde ou da moral, ou à proteção dos direitos e das liberdades alheias" (art. 8,2).

No mesmo diapasão é a Conferência Nórdica de Juristas (maio de 1967), que recomenda a adoção de leis e outros meios de proteção do Direito à Intimidade, e a Convenção Interamericana dos Direitos Humanos, de 1969, cujo art. 11 dispõe:

> "Toda pessoa tem o direito de ter sua honra respeitada e sua dignidade reconhecida. Ninguém pode ser objeto de interferência arbitrária ou abusiva em sua vida privada, sua família, seu lar ou sua correspondência, ou de ataques ilegais à sua honra ou reputação. Toda pessoa tem direito à proteção da lei contra tais interferências ou ataques."

O mesmo princípio encontra-se nos demais documentos internacionais citados, com algumas variações, projetando-se como postulados universais inspiradores do direito interno de diversos países.

O Direito Comunitário foi omisso sobre a declaração dos direitos fundamentais, até que o Tratado da União Europeia introduziu dispositivo estabelecendo que:

> "A União respeitará os direitos fundamentais tal como se garantiam na Convenção Européia para a proteção dos Direitos Humanos e Liberdades Fundamentais firmado em Roma, em 4 de novembro de 1950 e tal como resultam das tradições constitucionais comuns dos Estados-Membros, como princípios gerais do Direito Comunitário."

A OIT editou em 1996(16) um Repertório de Recomendações Práticas sobre a Proteção dos Dados Pessoais dos Trabalhadores, de caráter não obrigatório.

---

(16) *Revista Internacional del Trabajo*, v. 115, n. 5, 1996/5, p. 63, 64.

A finalidade do Repertório é proporcionar orientação para proteção dos dados. Não supre a legislação nacional ou internacional. Poderá ser utilizado para elaborar leis, regulamentos, convenções coletivas e políticas do trabalho. A utilização de técnicas de informática, de recuperação de dados, os sistemas automatizados de informação relativa ao pessoal, a vigilância eletrônica e os exames genéticos e toxicológicos põem, de manifesto, a necessidade de elaborar disposições no âmbito nacional, visando a proteger a dignidade dos candidatos ao emprego, dos empregados e dos ex-empregados.

O Repertório aplicar-se-á ao setor público, ao setor privado, como também ao tratamento manual e ao automático dos dados pessoais de um trabalhador (4.1).

Entre os princípios gerais abordados no repertório encontra-se o de que o tratamento de dados pessoais deverá efetuar-se de modo lícito (5.1) e limitar-se, exclusivamente, a assuntos pertinentes à relação de emprego (5.1), não podendo conduzir a uma "discriminação ilícita" em matéria de emprego ou ocupação (5.10), e tampouco deverão ser os únicos fatores de avaliação profissional do trabalhador (5.6).

O citado Repertório prevê a impossibilidade de os trabalhadores renunciarem ao direito de proteger sua vida privada (5.13) e dispõe que, em princípio, devem os dados pessoais ser fornecidos pelos próprios empregados (6.1), podendo o empregador, entretanto, solicitar-lhes autorização para a obtenção de dados junto a terceiro, explicando-lhes a finalidade, fonte, meios, tipos de dados que vão ser solicitados e as consequências, caso o empregado se recuse a fornecer o seu consentimento (6.2). Os empregadores (6.5) não deverão colher dados pessoais alusivos à vida sexual do empregado, ideias políticas, religiosas ou de outro tipo de trabalhador, tampouco antecedentes penais, a não ser em casos excepcionais, quando guardarem relação direta com uma decisão em matéria de emprego e se cumprirem as disposições da legislação nacional (5.2). Também não deverão ser armazenados dados sobre filiação sindical a uma determinada organização ou sobre suas atividades sindicais, salvo se a legislação ou convenção coletiva autorizar (6.6).

Nega-se, ainda, a **utilização de polígrafos** (6.10) ou outro meio similar de comprovação da verdade; as **provas de personalidade** (6.11) deverão ser efetuadas se o empregado tiver a possibilidade de rechaçá-las, enquanto os **exames genéticos** (6.11) são proibidos ou limitados a casos explicitamente autorizados por lei nacional.

Os **exames toxicológicos** (6.13) só deverão ser realizados de conformidade com a legislação e práticas nacionais ou com as normas internacionais.

O citado Repertório prevê, ainda, que os exames médicos só poderão ser exigidos de conformidade com a lei nacional, respeitando-se o segredo médico, os princípios gerais da saúde e segurança no trabalho (6.7). Os dados protegidos por segredo médico só devem ser conservados por um pessoal obrigado por esse segredo, e guardados separadamente de todos os demais (8.2). O Repertório sugere que os trabalhadores deverão ser informados com regularidade sobre dados pessoais, que lhe concernem sobre seu tratamento, podendo consultá-los e designar representante para ajudá-los no exercício desse direito. Os dados pessoais não poderão ser conhecidos de terceiro sem o consentimento do empregado, a menos que seja necessário para prevenir riscos graves e iminentes à saúde ou à vida das pessoas, conforme exigência da lei ou cumprimento de disposições penais (10.1).

Os **empregadores** deverão garantir a proteção de dados pessoais, contra a sua perda e contra todo acesso, utilização, modificação ou comunicação não autorizados. Os representantes dos trabalhadores deverão ser informados ou consultados sobre instalação de sistemas automatizados de vigilância eletrônica, bem como da finalidade, conteúdo, aplicação e interpretação de questionários e provas relativas a dados pessoais dos trabalhadores.

A preocupação da OIT com a proteção da vida privada do trabalhador ensejou, ainda, uma série de estudos, realizados sob três dimensões: proteção de dados pessoais, fiscalização no local de trabalho (revistas pessoais e eletrônicas) e exames, aí compreendidos testes de droga, álcool, mapa genético, etc.[17]

4. Inserção do direito à intimidade na legislação nacional

A Lei n. 4.117, de 27 de agosto de 1962, sobre telecomunicações foi parcialmente revogada pela Lei n. 9.476, de 16.7.97, salvo quanto à matéria penal e preceitos relativos a radio difusão. A Lei n. 5.250, de 9 de fevereiro de 1967, que disciplinou a imprensa, contêm disposições de cunho civil e penal contra abusos referentes aos direitos da personalidade.

Com o progresso tecnológico, as intromissões na intimidade e na vida privada das pessoas agravaram-se, fazendo com que esses direitos fossem elevados ao nível constitucional (art. 5º, inciso X).

Na esfera penal, sancionam-se a violação de domicílio (art. 150); a violação de correspondência (art. 151), a violação de comunicação telegráfica, radioelétrica ou telefônica (art. 151, II), e, mais recentemente (2001), o assédio sexual por chantagem (art. 216-A, do Código Penal), que dispõe: "Estará sujeito à detenção de 1 (um) a 2 (dois) anos quem constranger alguém com o intuito de obter vantagem ou favorecimento sexual, prevalecendo-se o agente de sua condição de superior hierárquico ou ascendência inerentes ao exercício de emprego, cargo ou função".

---

(17) SIMITIS, Spiro. Workers' Privacy, Part I: Protection of Personal Data, I.L.O, 10 (2) Conditions of Work Digest (1991); JANKANISH, Michele. Workers' Privacy, Part II: Monitoning and Surveillance in the Workplace, I.L.O, 12 (1). Conditions of Work Digest (1993); HUSBANDS, Robert. Workers' Privacy, Part III: Testing in the Workplace, I.L.O, 12 (2) Conditions of Work Digest (1993).

O Código Civil de 2002, introduzido pela Lei n. 10.406, contém normas sobre a matéria, alusiva a direito da personalidade, destacando-se os arts. 11 ao 21, enquanto o Código Civil anterior (1916) mencionava o art. 671, parágrafo único, em que se preserva o segredo da correspondência.

A atual Constituição brasileira, em seu art. 5º, X, considera "invioláveis a intimidade, a vida privada, a honra e a imagem das pessoas, assegurando o direito à indenização pelo dano material ou moral decorrente de sua violação". Esses direitos são emanações do princípio geral que protege a dignidade pessoal[(18)] e estão inseridos na Constituição no Título "Dos direitos e garantias fundamentais", os quais traduzem uma conquista teórica dos pensadores franceses, visando a revolver as estruturas despóticas internas do Estado para instaurar uma ordem republicana democrática, de validade universal[(19)].

Como se poderá verificar, a Constituição Federal de 1988 atribuiu aos institutos da intimidade e vida privada **tipificação diversa.** A partir daí, alguns autores passaram a estabelecer distinção entre direito à intimidade e direito à vida privada, como será analisado no item posterior.

O direito à intimidade contido no texto constitucional brasileiro (art. 5º, X) já constava também da Constituição do Reino dos Países Baixos, texto revisto em 1983 (art. 10.1), da Turquia, de 1982 (art. 20), da Espanha, de 1978 (art. 18, n. 1), da URSS, de 1977 (art. 56) e de Portugal, de 1976 (art. 26.1).

A norma constitucional brasileira justifica a atenção ao direito à intimidade assegurado no art. 5º, inciso X, cuja violação implica dano material e/ou moral à pessoa humana nos seus valores e na realidade global.

O Direito do Trabalho, em geral, é instituído com fundamento em normas capazes de contrabalançar a posição do empregado e do empregador, assegurando com uma superioridade jurídica a desigualdade econômica do trabalhador. Nessa disciplina reúnem-se princípios entre os quais destaca-se o da primazia da realidade e o da proteção ou da tutela do trabalhador. Por outro lado, a primeira fonte do Direito do Trabalho é a Constituição, que impossibilita o legislador de alterar os direitos individuais, políticos, sociais e econômicos, cujas cláusulas são pétreas, logo, tanto a Emenda Constitucional como a lei ordinária, que afetarem ou suprimirem a essência tutelar dos Direitos Sociais, padecem da inconstitucionalidade[(20)].

---

(18) "A dignidade da criatura humana reside nas faculdades de pensar e agir livremente, de conhecer e amar. Trata-se, portanto, de preservar, no seio das comunidades às quais é ligado (o trabalhador) por uma estreita solidariedade, uma cota máxima de vida pessoal, através da livre manifestação de suas decisões e do livre florescimento de sua espiritualidade" (Padre Michel Riquet, citado por COSTA, Orlando Teixeira da. O trabalho e a dignidade do trabalhador. *Revista LTr* 59-5/591).

(19) SALGADO, Joaquim Carlos. Os direitos fundamentais. *Revista Brasileira de Estudos Políticos.* UFMG, n. 82, p. 23.

(20) Cf. Cláusulas Pétreas e Direitos Sociais. Luiz de Pinho P. da Silva. *Arquivos do IBDSCJ* v. 31/2007.

A celebração do contrato e sua execução geram relações privadas desiguais, fato gerador da intervenção legislativa no ordenamento jurídico. A CLT, no art. 373-A (inciso VI, do Capítulo III, título III, da "Proteção ao Trabalho da Mulher") proíbe o empregador e/ou o seu preposto proceder **a revista íntima** nas empregadas ou funcionárias (Lei n. 9.799, de maio de 1999). Acontece que o preceito constitucional (art. 5º, I) assegura a igualdade de direitos e de obrigações aos homens e mulheres. A igualdade se entrelaça, no caso, com a dignidade humana e com a revista íntima vedada às mulheres, pela CLT, desde 1999. Consideramos assegurada também aos homens essa proteção, sob pena de discriminação prevista no citado preceito constitucional. Não há fator capaz de estabelecer distinção como ocorre com a maternidade. Logo assegura-se a proteção da intimidade entre homens e mulheres.

5. Posição doutrinária sobre o conceito de direito à intimidade e à privacidade

Em **português**, os termos privacidade e intimidade são sinônimos, constituindo elementos necessários à convivência entre os homens.

Sob o prisma **filosófico**, "a intimidade constitui uma condição essencial do homem que lhe permite viver dentro de si mesmo e projetar-se no mundo exterior a partir dele mesmo, como único ser capaz de dar-se conta de si e de fazer de si o centro do universo"(21).

Do ponto de vista **jurídico**, recorremos, por analogia, à **doutrina civilista pátria** para aferir o conceito de direito à privacidade e à intimidade, em face da omissão do Direito do Trabalho a respeito da matéria.

O termo direito à intimidade desfruta da preferência nacional (art. 5º, X, da CF/1988), como ocorre na maioria dos países latinos, sendo considerado como tipificação dos "direitos da personalidade"(22); estes, por sua vez, são inerentes ao próprio homem e derivam da dignidade humana.

O direito à intimidade há muito vem sendo conceituado como aquele que visa a resguardar as pessoas dos sentidos alheios, principalmente da vista e dos ouvidos de outrem(23); pressupõe ingerência na esfera íntima da pessoa através de espionagem e divulgação de fatos íntimos obtidos ilicita-

---

(21) Cf. ZAVALA DE GONZÁLEZ, M. Derecho a la intimidad, p. 175 *apud* MORENO HERNÁNDEZ, Moisés. El deber del prófesional frente a la intimidad de su cliente. *Revista da Facultad de Derecho de Mexico.* Tomo XLIII, enero-abril de 1993, n. 187, 188.

(22) PONTES DE MIRANDA, F. C., *Tratado de Direito Privado*, t. II e VII, Rio de Janeiro: Borsoi, 1971. LIMONGI, Rubens França. *Manual de Direito Civil.* 2. ed. v. I, São Paulo: Revista dos Tribunais, 1971. GOMES, Orlando. *Introdução ao Direito Civil.* 8. ed. Rio de Janeiro: Forense, 1986. SZANIAWSKI, Elimar. *Direitos de personalidade e sua tutela.* São Paulo: Revista dos Tribunais. MATTIA, Fábio Maria. *Direitos de personalidade*: aspectos gerais. MORAES, Walter. *Direito de Personalidade, estudo da matéria no Brasil.* Estes dois últimos artigos: Estudos de Direito Civil, coordenado por Antônio Chaves. São Paulo: Revista dos Tribunais, 1979.

(23) PONTES DE MIRANDA. *Op. cit.*, v.VIII, p. 124.

mente. Seu fundamento é o direito à liberdade de fazer e de não fazer[(24)]. É o "direito a ser deixado em paz", como sustentado pelo magistrado americano Cooley, em 1873[(25)]. Afirma-se, entretanto, que a primeira formulação doutrinária do direito à intimidade se encontra no artigo de *Samuel D. Warren* & *Louis D. Brandeis*, intitulado "The right to privacy e publicado na Harvard Law Review", v. IV, n. 5, 15, XII, 1890, p. 193 e ss. Segundo esses autores, o direito à intimidade consiste "no direito de ser deixado só", na faculdade de se "determinar ordinariamente em que medida seus pensamentos, sentimentos e emoções devem ser comunicados a outrem"[(26)]. Esses conceitos são exaltados, posteriormente (1952), por *Douglas*, magistrado da Corte Suprema dos EUA, quando considera a intimidade pessoal o "direito de ser deixado só, como princípio de toda a liberdade"[(27)]. Não basta, porém, que estejamos sós, para que tenhamos nossa intimidade assegurada. É que ela poderá ser violada a distância, com o uso indevido de teleobjetiva, de escutas telefônicas e dados informativos, sem que haja a presença física do infrator.

O direito à intimidade é, portanto, "o direito a não ser conhecido em certos aspectos pelos demais. É o direito ao segredo, a que os demais não saibam o que somos ou o que fazemos"[(28)].

Sustentam alguns que o direito à intimidade visa a resguardar a vida privada das pessoas da ingerência alheia, sendo o direito à privacidade uma de suas manifestações[(29)].

Outros asseveram que o direito ao respeito à **vida privada** tem **conteúdo mais amplo**, e sua natureza não é tão espiritual como ocorre com o direito à intimidade, compreendendo outras manifestações[(30)].

Portanto, considera-se como "direito ao respeito à vida privada", o que "consiste no poder determinante que todo indivíduo tem de assegurar a proteção de interesses extrapatrimoniais através de oposição a uma investigação na vida privada com a finalidade de assegurar a liberdade e a paz da vida pessoal e familiar"[(31)]. Atribui-se uma dimensão maior ao direito à privacidade, de modo que compreenda todas as manifestações da esfera íntima, privada e da personalidade[(32)].

---

(24) PONTES DE MIRANDA. *Op. cit*, v.VIII, p. 124.

(25) CARRASCOSA LÓPEZ, Valentín. Derecho a la intimidad e informática. *Informática y Derecho*, p. 11.

(26) Cf. RUIZ MIGUEL, Carlos. *Op. cit.*, p. 77.

(27) CARRASCOSA LÓPEZ, Valentín. *Op. cit.*, p.11.

(28) GARCÍA, San Miguel Rodrígues & ARANGO, Luis. Reflexiones sobre la intimidad como límite a la libertad de expresión. *Estudios sobre el Derecho a la intimidad*, p. 18.

(29) BITTAR, Carlos Alberto. *Os direitos da personalidade*. Rio de Janeiro: Forense, 1989, p. 632.

(30) DOTTI, René Ariel. *Proteção da vida privada e liberdade de informação*. São Paulo: Revista dos Tribunais, 1980, p. 69.

(31) SZANIAWSKI, Elimar. *Op. cit.*, p.147.

(32) SILVA, José Afonso da. *Curso de Direito Constitucional Positivo*. 8. ed. São Paulo: Malheiros, 1992, p. 188.

Aderimos a essa corrente, considerando que a esfera privada pressupõe o direito à vida familiar de alguém e confere-lhe o direito de ser "deixado em paz", com um mínimo de ingerência exterior (Universidade de Upsala).

Finalmente, há ainda os que não estabelecem distinção entre "intimidade" e "vida privada"(33).

Pelo que se pode constatar, os autores, em geral, não chegaram a um consenso a respeito de direito à "intimidade" e direito à "vida privada".

5.1. Conceito subjetivo e objetivo do direito à intimidade. Direito à honra e à imagem. Distinção

A doutrina estrangeira distingue entre **conceito subjetivo e conceito objetivo da intimidade**, enquadrando-se o primeiro como "a pretensão de um indivíduo, grupo ou instituição de determinar por si mesmo quando, como e em que grau pode comunicar-se a outros, informação sobre ele"(34), enquanto o segundo destaca o objeto do direito à intimidade como sendo uma "esfera inderrogável de liberdade pessoal em que se desenvolvem a racionalidade e a vida privada dos indivíduos"(35).

Embora historicamente a intimidade e a honra estejam bastante ligadas, a rigor, são direitos da personalidade distintos, pois as normas sobre a **honra** previnem diante de uma descrição inexata da vida privada, enquanto as normas sobre a **intimidade** proíbem qualquer descrição da mesma (*Warren y Brandeis*). O direito de retificação oferece proteção só em face do direito à honra, mas não ante o direito à intimidade. Ademais, pode ocorrer que uma lesão ao direito à honra implique também lesão ao direito à intimidade; é o que sucede quando se divulga uma enfermidade que provoca impotência. Ocorreu, na hipótese, prejuízo à reputação do sujeito e o fato redundou em violação à sua intimidade. Poderá ocorrer, entretanto, lesão à honra sem que afete a intimidade do sujeito, como ocorre quando se atribui a alguém, injustamente, o rótulo de desonesto, de ladrão ou de corrupto(36).

Por outro lado, no tocante ao **direito à imagem** há quem o conceba como derivado do direito à intimidade, apresentando-se como conteúdo característico deste último, mormente quando entendido como "autodeterminação informativa". Situa-se, nessa vertente, **a jurisprudência civil alemã,** quando assevera que o direito à própria imagem protege o direito de auto-

(33) CRETELLA JÚNIOR, J. *Comentários à Constituição de 1988*. v. I, 2. ed. Rio de Janeiro: Forense, 1990, p. 25.

(34) WESTIN, Alan F. Privacy and Freedom. Atheneum, Nueva York, 1970 (6.ed.), p. 13. *Apud* RUIZ MIGUEL, Carlos. *Op. cit.*, p. 77.

(35) SANCHEZ AGESTA, Luis. *Sistema político de la Constitución española de 1978*. Madrid: Edersa, 1989 (5. ed.), p. 125.

(36) RUIZ MIGUEL, Carlos. *Op. cit.*, p. 114.

determinação do retratado de determinar se sua **imagem** deve ou não ser divulgada[37].

Outros (*Prosser*) asseveram que a proteção da **imagem** constitui um conteúdo **característico do direito à intimidade**. E, finalmente, há os que **não vinculam o direito à imagem ao direito à intimidade**, afirmando que o primeiro é uma forma positiva da personalidade, que se manifesta normalmente em público, enquanto a intimidade tem uma dimensão negativa: respeita-se, enquanto não se desvela (*Lucas Murillo*). Concluindo, parece-nos mais acertada a posição dos que distinguem entre a captação da imagem sob o aspecto privado e público, ficando o primeiro inteiramente absorvido pelo direito à intimidade e o segundo, desvinculado deste último, mas devendo ser protegido também na medida em que não deverá ser acrescentado por terceiro aquele contato com a sociedade que cada um tem direito de limitar[38].

A divulgação de fotografias de imagem pelo empregador, sem o consentimento expresso da ex-empregada da empresa e seu filho, quando feto, por meio das ultrassonografias tridimensionais, caracteriza ato ilícito, porque presente o dano, o ato ilícito e o nexo de causalidade. Esse ato configura violação da imagem das pessoas (art. 5º, X, da Constituição), assegurando-se a compensação pelo dano material e/ou moral, inclusve ao nascituro, a teor do art. 2º do Código Civil, que dispõe: "a personalidade civil da pessoa começa do nascimento com vida, mas a lei põe a salvo, desde a concepção, os direitos do nascituro".

Em consequência, à luz da doutrina alemã, assevera-se que o direito à própria imagem protege o direito de autodeterminação do retratado, esclarecendo se sua imagem deve ou não ser divulgada. Outros autores a consideram uma forma da pesonalidade, em geral manifestada publicamente, por meio de campanha publicitária, em jornal, folders, banner ou no site da empresa na *internet*.

Veja-se, a propósito na ementa:

> DANO MORAL. DIREITO À IMAGEM. A divulgação de fotografia obstétrica tridimensional do filho não autorizada pela mãe em material publicitário da empresa, para a qual trabalha configura ato ilícito e atrai a obrigação de indenizar o dano resultante da exposição indevida. A circunstância de as imagens divul-

---

(37) Confira a jurisprudência brasileira em sentido semelhante ao adotado na Alemanha: "**Vendedora que realiza trabalho de modelo. Pedido de Indenização por Danos Morais. Ausência do direito**. Não constitui dano à honra, à moral ou à imagem da empregada a publicação de fotografias em que posou como modelo, para divulgação dos produtos da empresa, quando foi a própria obreira quem solicitou a participação nos trabalhos. Ciente a empregada de que as fotografias seriam expostas, não pode posteriormente alegar utilização indevida da imagem, com sérios danos à sua autoestima e à sua vida particular, mormente quando se trata de trabalho recatado e de bom gosto, que em nada pode abalar a sua reputação. Recurso ordinário a que se nega provimento". TRT-3ª Região — RO-1120-2002-030-03-00-0 (Ac. 4ª T.). Rel.: Juiz Danilo Siqueira de Castro Faria — DJMG 1º**.3.2003,** p. 18.

(38) RUIZ MIGUEL, Carlos. *Op. cit.*, p. 109 e 110.

gadas pela empresa não apresentarem um conteúdo vexatório e não causarem maior constrangimento aos reclamantes é irrelevante, pois a simples divulgação das fotografias, sem o consentimento dos titulares, configura, por si só, ofensa ao dirieto à imagem, assegurado no art. 5º da Constituição (TRT 3ª Região, 7ª T. RO 00088-2008-002-03-00-1, Rel. Des. Alice Monteiro de Barros, j. 19.6.08 e publ. 26.6.08).

No direito brasileiro, a distinção entre direito à intimidade e direito à imagem procede, mesmo porque o texto constitucional trata desses direitos de forma distinta (art. 5º, X), mas ambos como um direito fundamental, integrante dos direitos da personalidade. Eles preservam a dignidade das pessoas diante de intromissões de outrem.

5.2. Natureza jurídica do direito à intimidade

Classifica-se o direito à intimidade como direito individual relativo à liberdade, em contraposição aos direitos sociais. **Sua natureza jurídica é a de um direito fundamental de defesa, um direito subjetivo**[39], inerente à própria pessoa humana.

Alguns autores se insurgem contra essa natureza atribuída aos direitos da personalidade, ao fundamento de que não se pode admitir "direitos sobre a própria pessoa", o que a levaria a ser ao mesmo tempo sujeito e objeto. A essa objeção, os autores respondem, argumentando que o direito subjetivo representa um poder de nossa vontade e, ainda, um dever jurídico de respeitar aquele poder por parte dos outros; ademais, a vontade humana, pressuposto da personalidade jurídica, além de operar sobre o mundo exterior (direitos patrimoniais), também opera sobre "a própria realidade antropológica do ser humano"[40].

5.3. Relação entre conceito geral e sua aplicação no campo do trabalho

Tanto o **direito à intimidade** como o direito à **inviolabilidade da vida privada** têm características comuns, entre elas sua oponibilidade *erga omnes*.

Assim, embora o Direito do Trabalho, no Brasil (CLT) não fizesse menção aos direitos à intimidade e à privacidade, por constituírem espécie dos "direitos da personalidade" consagrados na Constituição, já eram oponíveis

(39) RUIZ MIGUEL, Carlos. *Op. cit.*, p. 119.
A tendência atual e já durante alguns anos é no sentido de aceitar os direitos da personalidade como direito subjetivo (cf. FERNANDES, Milton. *Proteção civil da intimidade*. São Paulo: Saraiva, 1977, p. 40. CUPIS, Adriano de. *Os direitos da personalidade*, p. 22). SILVA, Edson Ferreira. *Direito à Intimidade*. São Paulo. Juarez de Oliveira, 2003, p. 61.

(40) MATTIA, Fábio Maria. *Direitos da personalidade*: aspectos gerais. Estudos de Direito Civil. São Paulo: Revista dos Tribunais, 1979, p. 106/107 (coord. Antônio Chaves). PASCUAL MEDRANO, Amélia. El derecho fundamental a la propría imagen. Fundamento. Contenido, Titularidade y limites. Thomson. Aranzadi, 2003, p. 49. CONCEPCIÓN RODRÍGUEZ, Jose Luis. *Honor, intimidad e imagen*. Barcelona: Bosch, 1996, p. 7.

contra o empregador, devendo ser respeitados, independentemente de encontrar-se o titular desses direitos dentro do estabelecimento empresarial. É que a inserção do obreiro no processo produtivo não lhe retira os direitos da personalidade, cujo exercício pressupõe liberdades civis (art. 14).

Acontece que a mesma Constituição assegura o direito de propriedade; logo, no ambiente de trabalho, o direito à intimidade sofre limitações, as quais não poderão, entretanto, ferir a dignidade da pessoa humana.

A Consolidação das Leis do Trabalho (CLT), que é, após a Constituição Federal, a principal fonte estatal de Direito do Trabalho no Brasil, data de 1º de maio de 1943. Embora o texto consolidado tenha sido acrescentado por preceito alusivo à integridade moral (art. 373-A, VI da CLT, de 1999), demonstra uma preocupação em tutelar a integridade física do empregado no local de trabalho, permanecendo em um plano secundário a esfera privada do empregado, no seio da relação de emprego. Não obstante, o art. 483 da CLT proíbe que o empregador ofenda a honra e a boa fama do empregado. Logo, não só os crimes contra a honra (calúnia, injúria ou difamação), mas outros comportamentos capazes de magoar o empregado na sua dignidade pessoal serão tidos como atentatórios à honra, enquanto a ofensa à boa fama implica expor o trabalhador ao desprezo de outrem. O mesmo artigo proíbe, ainda, seja tratado o empregado com **rigor excessivo**, isto é, repele **violação abusiva do poder diretivo**. Todos esses comportamentos empresariais são ensejadores de rescisão indireta, com o pagamento do que seria devido ao empregado na hipótese de uma despedida injusta, sem prejuízo da indenização por danos morais. Por outro lado, o art. 482, *c*, da CLT, considera justa causa ensejadora da resolução contratual do obreiro a "**negociação habitual por conta própria ou alheia** sem permissão do empregador, e quando constituir ato de **concorrência à empresa** para a qual trabalha o empregado, ou for prejudicial ao serviço"[41]. A falta insere-se no dever de fidelidade e tem sido acolhida em várias legislações do ocidente.

6. Proteção à intimidade do empregado na legislação estrangeira

No que tange à intimidade do empregado, a lei ordinária brasileira limitase, pois, a manifestações isoladas de tutela potencial. Sob esse aspecto, não se identifica com a legislação de outros países, principalmente europeus,

(41) Justa causa. Improbidade. Negociação habitual em concorrência com o empregador. Ficando caracterizado nos autos que o empregado comercializou produtos de sua empresa, em atividade concorrente com o estabelecimento para o qual trabalhava no período noturno, correta a decisão que concluiu pela existência de justa causa, pois tal comportamento revela deslealdade para com o empregador. TRT — 12ª Reg. — 1ª T. Ac. 5.678/96. Rel.Juiz D'Ávila Rufino. DJSC 23.8.96, p. 65. *Revista do Direito Trabalhista,* n. 9, set. 96, p. 67.

Violação. Segredo. — Justa causa. "Dá justa causa para a sua despedida, por violação de segredo da empresa, a empregada que exige para concorrente do empregador o álbum contendo os modelos de suas confecções, ainda que produzidos pela mesma empregada". TRT — 3ª Região — RO 5874/92 — 4ª Turma — Rel.: Juiz Orestes Campos Gonçalves — MG 6.2.93.

os quais demonstram essa preocupação, ainda que através de uma proposta dogmática, como ocorre com o Estatuto dos Empregados da Espanha ou, de forma um pouco mais incisiva, como é o caso do Estatuto dos Empregados da Itália (Lei n. 300/70).

Espanha

O Tribunal Constitucional da Espanha, por meio da sentença de 29 de julho de 1985, decidiu que a empresa não constitui um território imune às liberdades públicas dos trabalhadores, significando que as organizações empresariais não formam mundos isolados da sociedade e que a celebração do contrato de trabalho não priva o trabalhador dos direitos que a Constituição lhe reconhece, tampouco limita injustificadamente os seus direitos fundamentais e liberdades públicas. Dos direitos fundamentais proclamados na Constituição espanhola, encontra-se o de não ser discriminado por motivo de sexo, estado civil, idade, raça, condição social, ideias religiosas ou políticas, filiação ou não a sindicato e por motivo de idioma: esses direitos projetam-se no art. 17.1 do Estatuto do Trabalhador Espanhol (Comunicação apresentada pelo relator espanhol Indalecio Talavera Salomon ao III Congresso Regional Americano de Direito do Trabalho e da Segurança Social, realizado em Montreal, em maio de 1995).

Já o art. 10.1 da Constituição espanhola consagra o respeito à dignidade da pessoa e o art. 18 do Estatuto dos Empregados da Espanha, sob a influência desse preceito, dispõe que "as revistas sobre a pessoa do empregado, seus pertences e efeitos particulares, quando necessárias à proteção do patrimônio do empregador e dos demais empregados da empresa, devem ser feitas dentro do estabelecimento e no horário de trabalho. Na sua realização, respeitar-se-á ao máximo a dignidade e intimidade do empregado, contando-se com a assistência de um representante legal dos empregados ou, em sua ausência, de outro empregado da empresa, sempre que isto for possível".

A **finalidade** do art. 18 é a tutela da propriedade privada, enquanto a **razão** do preceito reside na suspeita de que os empregados possam atentar contra o patrimônio empresarial[(42)].

O dispositivo em exame tem sido objeto de várias críticas pela doutrina, afirmando-se que o empregado poderá resistir a essa ordem, por ser ilegítima; alguns consideram que o preceito vulnera o direito à intimidade do empregado e a presunção de inocência consagrada no art. 24-2 da Constituição da **Espanha**, logo, sua desobediência não implica nenhuma sanção[(43)]. Ou-

(42) DURÁN LÓPEZ, Federico. Inviolabilidad de la persona del trabajador. In: *Comentarios a las leys laborales*. El Estatuto de los Trabajadores. T.IV, Madrid: Edersa, 1983. Efrén Borrajo Dacruz (dir.), p. 537/538.

tros sustentam que, além da violação ao núcleo essencial do direito à intimidade, o preceito consagra uma desigualdade contrária ao art. 14 da Constituição da Espanha, ao outorgar ao empresário um privilégio na proteção de seus bens, o qual não é concedido a outros cidadãos em situações similares (os proprietários de cinemas ou de supermercados em relação a seus clientes)[(44)]. Afirmam os doutrinadores tratar-se o art. 18 de cópia malfeita do art. 6º do Estatuto dos Empregados Italianos.

Por outro lado, o art. 20.3 do Estatuto dos Empregados da **Espanha** delimita as faculdades de controle do empregador ao indicar que: "o empregador poderá adotar as medidas que considera mais oportunas de vigilância e controle para verificar o cumprimento pelo empregado de suas obrigações e deveres trabalhistas, respeitando, em sua adoção e aplicação a consideração devida à sua dignidade humana (...)". O preceito também tem sido alvo de críticas, dada a sua insuficiência na tutela da intimidade; os críticos asseveram que o poder de controle e vigilância está limitado, de um lado, pela finalidade de verificar o cumprimento dos deveres trabalhistas, e de outro lado, pela consideração devida à dignidade do empregado e ao direito à intimidade. Logo, o controle não poderá imiscuir-se em questões que excedam o cumprimento das obrigações do empregado[(45)].

Durante a vigência do contrato, o art. 20.4 do Estatuto dos Empregados da Espanha autoriza que o empresário verifique o estado de enfermidade ou acidente do empregado, alegado para justificar suas faltas ao serviço, mediante reconhecimento a cargo dos seus médicos. A recusa do obreiro implica suspensão dos direitos econômicos, por parte do empresário. O dispositivo vem sendo criticado, com o argumento de que o empregador não deve ter mais direito do que o que consiste em conhecer a causa das ausências e se a justificativa é insuficiente poderá aplicar as medidas próprias. Afirma também a doutrina que o controle médico sobre o empregado que já tenha sido considerado incapaz pela Seguridade Social implica violação à sua intimidade, na medida em que se torna desnecessário o controle, podendo o empregador impugnar o atestado oficial[(46)].

A doutrina espanhola[(47)] reconhece que o direito à intimidade no Estatuto dos Empregados da Espanha não suporta comparação com outros ordenamentos jurídicos, apresentando como modelo o Estatuto dos Empregados da Itália.

---

(43) DURÁN LÓPEZ, Federico. *Op. cit.*, p. 529 ss., p. 549.

(44) GOÑI SEIN, José Luis. *El respeto a la esfera privada del trabajador;* un estudio sobre los límites del poder de control empresarial. Prólogo de Manuel-Carlos Palomeque López. Catedrático de Derecho del Trabajo en la Universidade de Salamanca. Madrid: Civitas, 1988, p. 172.

(45) DEL VALLE, José Manuel. El derecho a la intimidad del trabajador durante la relación de trabajo. *Actualidad Laboral,* n. 39, 27 oct.1991, p. 491, 492 e 498.

(46) GOÑI SEIN, José Luis. *Op. cit.,* 1988, p. 293.

(47) DEL VALLE, José Manuel. *Op. cit.*, p. 488.

Itália

Na Itália, antes mesmo da Lei n. 300, de 1970, o art. 2.087 do Código Civil já impunha ao empregador a adoção de medidas necessárias à tutela da integridade física e da personalidade moral do empregado, que acabou por ser igualmente protegida na Lei n. 300, de 1970, através de "comportamentos permissivos ou absenteístas aos quais o empregador fica legal ou contratualmente vinculado"[(48)].

Assim, por força do **art. 1º** da Lei n. 300, de 1970, os empregados, sem distinção de opinião política, sindical e de fé religiosa, têm **direito de manifestar livremente sua opinião** no local de trabalho, respeitando-se os princípios da Constituição e dessa lei.

No **art. 8º**, a mesma lei **proíbe** que o empregador, pessoalmente ou através de terceiro, **faça indagações** ao empregado no ato da admissão ou no curso da relação de emprego, a respeito de suas opiniões políticas, religiosas ou sindicais, que sejam irrelevantes para a avaliação da aptidão profissional do empregado. Os dispositivos em questão são um corolário da liberdade de pensamento assegurada no **art. 21 da Constituição da Itália.**

E se não bastasse, o **art. 2º da Lei n. 300,** de 1970, assegura aos empregadores a **utilização de guardas particulares** para a defesa de seu patrimônio, os quais não poderão interferir em ações dos empregados que não guardem relação com o patrimônio empresarial, tampouco poderão adentrar nos locais de trabalho, durante a realização das atividades, salvo excepcionalmente, por exigências atinentes às suas funções. Caso sejam inobservadas essas disposições, o inspetor do trabalho poderá requerer, junto à autoridade competente, a suspensão de seus serviços.

Por outro lado, o **art. 4º** da Lei n. 300 **veda o emprego de audiovisuais** capazes de controlar, a distância, a atividade do obreiro, salvo se for necessário à organização produtiva ou à segurança do trabalho; se, entretanto, esses aparelhos audiovisuais implicarem concomitantemente controle sobre a atividade obreira, sua instalação dependerá de acordo com a representação sindical e, na falta desta, com a comissão interna.

Quanto às **revistas,** a legislação italiana também disciplina a matéria.

Dispõe o **art. 6º** da Lei n. 300, de 1970 (Estatuto dos Empregados da Itália), que **as revistas pessoais de controle sobre o empregado são vedadas**, salvo nos casos em que sejam indispensáveis aos fins da tutela do patrimônio empresarial, em relação à qualidade dos instrumentos de trabalho, da matéria-prima ou dos produtos. Nesses casos, as revistas pessoais poderão ser efetuadas só na saída do local de trabalho, salvaguardando-se a dignida-

(48) RIVA SANSEVERINO, Luisa. *Curso de Direito do Trabalho.* São Paulo: LTr, 1976, p. 254. Trad. Elson Gottschalk.

de e a intimidade do empregado, através de sistemas de seleção automática referentes à coletividade ou a grupos de empregados. As hipóteses e condições nas quais será permitida a revista pessoal, como também as correspondentes modalidades deverão ser acordadas entre o empregador e o representante sindical ou, na falta deste, a comissão interna. A ausência de acordo poderá ser provida pelo Inspetor do Trabalho, a requerimento do empregador.

Na prática, o legislador ordinário regulamentou uma forma de controle, que, antes da vigência do Estatuto do Trabalhador Italiano (1970), era de aplicação comum, não obstante o preceito constitucional. Esse controle manifestava-se através de revistas sobre a pessoa do trabalhador e seus pertences.

A constitucionalidade do **art. 6º do Estatuto do Trabalhador** (Lei n. 300/70) foi questionada no parlamento italiano, sob dois argumentos: o primeiro, por contrariar o princípio da igualdade, eis que a suspeita de furto seria uma constante no comportamento de quantos são ocupados em uma empresa[(49)] e o segundo, mais sólido, por ferir o art. 13 da Constituição, o qual não admite de forma alguma "detenção, inspecção ou perquirição pessoal... senão por ato motivado da autoridade judicial e só nos casos e modos previstos na lei".

Parte da doutrina defende a constitucionalidade do citado art. 6º do Estatuto do Trabalhador, ao argumento de que o sacrifício da liberdade do trabalhador é compensado pela possibilidade de contratar em nível coletivo a modalidade de exercício desse poder empresarial. Outros defendem a constitucionalidade do art. 6º, alegando que o art. 13 da Constituição Italiana tem por objetivo a inspeção efetuada pela força pública, recorrendo ao poder coercitivo, enquanto o trabalhador não pode ser constrangido a submeter-se pessoalmente à perquirição; eventual recusa à revista poderá constituir apenas infração disciplinar, a qual encontra o seu fundamento no pacto laboral, que quando estipulado para certas funções poderá comportar obrigações explícitas ou implícitas de submissão a controles desse tipo, nos limites e de acordo com as modalidades previstas em lei. Esse argumento é refutado sob a alegação de que nunca se concedeu ao empregador o poder jurídico de proceder a uma perquirição coercitiva.

A Corte Constitucional Italiana tem sustentado que o art. 6º do Estatuto do Trabalhador enquadra-se no complexo das normas que regulam as relações empregatícias, sendo, pois, "ato de uma realidade necessária". Logo, o preceito da lei ordinária não contrasta com o **art. 13** da Constituição e tampouco lesa a autonomia do indivíduo e a disponibilidade da própria pessoa, porque se trata, em cada caso, de controles que não são nem podem ser coativamente impostos, mas que devem desenvolver-se com o consentimen-

---

(49) NAPOLETANO. Lo Statuto dei lavoratori, Napoli, 1971, p. 32. *Apud* BELLAVISTA, Alessandro. *Il controllo sui lavoratori.* Torino: Giappichelli. 1995, p. 163.

to do interessado, sujeito, no caso de recusa injustificada, apenas à responsabilidade disciplinar. Entende a Corte que a fiscalização realizada dessa forma tem natureza consensual derivada do respeito ao procedimento previsto no corpo do art. 13, que "disciplina a potestade coativa dirigida a limitar a autonomia e a disponibilidade da pessoa, mas não diz respeito a ônus voluntariamente assumidos, os quais não comportam degradação jurídica e que não lesam de nenhum modo a dignidade do sujeito".

França

A França, embora considerada o "país dos direitos do homem", retardou a reconhecer ao empregado as mesmas prerrogativas asseguradas aos indivíduos como cidadãos.

A liberdade contratual, inserida no Código Civil de 1804, conduziu à exploração do mais fraco pelo mais forte. A submissão do empregado acentuou-se, em face do paternalismo que impregnou a relação de emprego ao longo do século XIX e durante a primeira metade do século XX. Naquela época, os assalariados encontravam-se presos às fábricas, não só durante o tempo de serviço, mas também em aspectos de sua vida privada. É que as empresas familiares haviam criado a confusão entre a autoridade do empregador e a do chefe de família. A passagem do artesanato à indústria não fez desaparecer essa confusão. O regulamento interno da empresa constituía um verdadeiro catecismo, impondo ao empregado uma ordem moral e social. Durante longo período, o bom patrão era aquele que se interessava pela vida privada do empregado.

Atualmente, essa situação alterou-se, e vários fatores são responsáveis por essa evolução, entre eles: o desenvolvimento da ação sindical na empresa, que assegura o respeito aos direitos fundamentais do obreiro; o fator ideológico, traduzido pelo **reconhecimento dos direitos da personalidade** nas relações de direito civil, sendo progressivamente estendidos a outros domínios e, naturalmente, às relações empregatícias, e, por fim, um fator de ordem política, ou seja, os partidos de esquerda chegaram ao poder em 1981 e se apresentaram como ardentes defensores das liberdades individuais e dos direitos da pessoa na empresa. A esses fatores, acresce o papel dos juízes franceses, como também dos membros da Corte de Justiça das Comunidades Europeias, que garantem o princípio da liberdade pessoal dos assalariados[(50)].

Assim, o reconhecimento dos direitos fundamentais da pessoa vem inserido no art. 120-2 do Código do Trabalho francês, com a redação dada pela

---

(50) BUY, Michel. *Les droits fondamentaux de la personne dans les relations de travail en France — Actes du colloque — Relation d'emploi et droits de la personne: évolution et tensions*! Dir de Denis Nadeau et Benoît Pelletier. Les Éditions Yvon Blais inc, 1993, p. 242 e ss.

lei de 31 de dezembro de 1992, a qual declara que "ninguém pode opor restrições aos direitos das pessoas e às liberdades individuais... restrições injustificadas pela natureza da tarefa a cumprir nem aos propósitos procurados". Esse dispositivo revela a ambigüidade da situação, pois, como pessoa, o assalariado se beneficia de direitos fundamentais, mas, como empregado, pode ter seus direitos reduzidos(51). Esses direitos concernem à integridade física e psíquica, à liberdade individual e à igualdade das pessoas.

O direito à integridade física do obreiro gera para o empregador o dever de salvaguardar-lhe a saúde e a segurança, sendo igualmente importante assegurar-lhe a integridade moral, respeitando-lhe a dignidade. Assim, não está o empregador autorizado a investigar a fidelidade do empregado ao Governo, tampouco seus sentimentos patrióticos (Cass. Soc. 16 avril 1969: (1969) Droit social 510, note J. Savatier); seguindo a mesma linha de ideias, a jurisprudência condena o empregador por dar ordens ilícitas, vexatórias ou imorais aos seus empregados, assim consideradas as que implicam declarações fiscais falsas ou falsificação contábil (Cass. soc 15 juil. 1955: J.C.P. 69, ed G, II, 15835, note J. Ghestin et 10 avril 1986: Bull.civ V, n. 127).

A jurisprudência condena, ainda, a submissão do empregado a revistas vexatórias (Cass. Soc. 21 nov. 1958: Bull. civ IV, n. 1239), ou realizadas por pessoa de outro sexo (Cass. soc. 19 déc. 1973: Bull. civ. V, n. 677), mas admite o controle nos vestiários onde o empregado guarda os seus objetos pessoais, por motivos de segurança e higiene, e desde que realizado na presença do empregado (Cons. Ét. 12 juin. 1987: Droit social, 1987, 654). Na França, a Corte de Cassação vinha **autorizando a revista corporal de empregados por pessoa do mesmo sexo**. A partir de 1982, a legislação francesa passou a "proibir ao empregador de impor restrições que não sejam justificadas pelo tipo de tarefa a realizar, nem proporcionais ao objetivo procurado". Paira controvérsia em torno da interpretação do texto; para uns, trata-se de proteção dos direitos e das liberdades e, para outros, limite desses direitos (JAVILLIER, Jean-Claude. *Manuel de Droit du Travail.* 4. ed. Paris: LGDJ, 1992, p. 86).

A França editou lei, em 1992, coibindo o assédio sexual no local de trabalho, como será examinado oportunamente.

No tocante à liberdade individual, a jurisprudência, com fulcro no art. 9º do Código Civil, aplicado subsidiariamente às relações de trabalho, vem consagrando a regra da não ingerência do empregador na vida privada do empregado e, em consequência, considera que um empregado é livre para não revelar sua condição de padre, quando da admissão no emprego (Cass. soc. 17 oct. 1973: (1974) Droit social. 290, note J. *Savatier*), e nega validade às cláusulas de celibato inseridas nos contratos de trabalho de aeromoças da *Air France*, com base no fundamento de que o "direito ao casamento é um direito

(51) BUY, Michel. *Op. cit.*, p. 242 e ss.

individual de ordem pública, insuscetível de limites e alienação" (Cour de Paris, 30 avril 1963: D. 1963, 428, note A. *Rouast*).

A jurisprudência condena, ainda, escutas de conversa telefônica dos empregados (T.G.I.Saint 19 avril 1977: D. 1978, 123, note R. Lindon et Paris 22 mars 1989: D. 1989, I.R.121), como também a fiscalização por meio de câmeras sem conhecimento dos assalariados.

A lei de 31 de dezembro de 1992 dá nova redação ao art. 121-6 do Código do Trabalho **Francês** e dispõe que "as informações colhidas de um empregado só poderão ter por finalidade avaliar sua capacidade para ocupar um emprego ou suas aptidões profissionais", deixando evidenciado que o empregador não deverá, pelo menos em princípio, conhecer a vida privada do empregado, embora a avaliação das aptidões do obreiro, ou seja, de suas possibilidades de evolução, possam implicar risco à vida privada[52].

Relativamente à igualdade das pessoas, o princípio tem valor constitucional, sendo transplantado para o Código do Trabalho da **França**, cujo art. 122-45 veda a discriminação fundada em origem, sexo, costumes, situação familiar, etnia, raça, opiniões políticas, atividades sindicais, convicções religiosas, estado de saúde ou *handicap* físico.

Por outro lado, o art. 140-2 do mesmo diploma assegura salário igual, para trabalho de igual valor, independentemente de sexo, e o art. 123-3 estende a igualdade às oportunidades, não obstante haja inúmeras restrições ao mercado de trabalho da mulher[53].

Os direitos fundamentais da pessoa devem ser conciliados com as obrigações contratuais do empregado, principalmente com o dever de lealdade, inserido no art. 1.134 do Código Civil, o qual prevê que os contratos devam ser executados de boa-fé. Essa restrição afeta três prerrogativas do obreiro. Assim, o empregador poderá levar em consideração comportamentos particulares do empregado, capazes de prejudicar os interesses da empresa. Esses limites dos direitos do empregado têm sido justificados com o recurso à perda de confiança, podendo ser citada, a título de exemplo, a dispensa de um empregado por ter praticado furto fora do local de trabalho, mas que poderia ter repercussões na reputação da empresa (Cass. Soc. 17 avril 1991: (1992) Droit Social 79); pode-se citar também a obrigação de não-concorrência que pesa sobre os assalariados, ainda que o contrato esteja suspenso. Registram-se, outrossim, certos limites à liberdade de expressão do empregado, quando se pune o diretor-geral da empresa por ter criticado o comportamento de seu presidente (Cass. soc. 11 oct. 1984: Bull. civ. 5, n. 366).

A limitação dos direitos fundamentais da pessoa é mais forte **nas empresas de tendência**, onde os empregados ingressam para promover as ideias

---

(52) BUY, Michel. *Op. cit.*, p. 246.
(53) MONTEIRO DE BARROS, Alice. *A mulher e o direito do trabalho.* São Paulo: LTr, 1995, p. 301 e ss.

ou doutrinas dessa empresa e descumprem as obrigações contratuais, comportando-se de forma incompatível com as ideias que deverão difundir, como será examinado no Capítulo IV desse livro.

A **liberdade de expressão** dos empregados possui limites, mormente quando ela se exterioriza por intermédio do telefone, sendo permitido ao empregador utilizar-se de controles para evitar abuso das comunicações particulares, como será analisado na ocasião própria.

Se não bastasse, a **liberdade religiosa** também sofre algumas restrições, devendo ser conciliada com os imperativos da organização da empresa, tendo a Corte de Cassação decidido que o fato de um empregado muçulmano recusar-se a se submeter a uma visita médica obrigatória, invocando motivos religiosos, justifica a resolução do contrato (Cass. soc. 29 mai 1986 (1986), Droit social 788). Da mesma forma, a Corte de Paris entendeu como falta suscetível de autorizar a dispensa o fato de um empregado, que termina seu trabalho sexta-feira à tarde, sair uma hora antes, a fim de cumprir obrigação imposta pela sua religião. Pode-se deduzir, dos exemplos citados, que as restrições à liberdade religiosa não podem resultar de decisão discricionária do empregador, mas da impossibilidade de se poder conciliar o exercício da prática religiosa com o bom funcionamento da empresa.

Além dos limites de direito já mencionados, há ainda limites de fato, traduzidos por obstáculos materiais que dificultam a prova dos atentados aos direitos fundamentais da pessoa. O **assédio sexual** constitui um exemplo, como será analisado em **tópico próprio**. Outro exemplo diz respeito aos obstáculos encontrados para comparar tarefas conferidas, a fim de fazer respeitar a igualdade de salários entre homens e mulheres. Ao lado desses obstáculos materiais, existem outros, de ordem psicológica ou ideológica, que aparecem como entraves ao reconhecimento de certos direitos fundamentais da pessoa. Assim, em matéria de assédio sexual, a mentalidade das pessoas leva a condenar o assédio apenas quando se trata de abuso de autoridade, e não também quando o ambiente de trabalho resulte de propósitos graves, como toques nas pessoas, linguagem sexista e outros comportamentos com o objetivo de humilhá-las. Da mesma forma, se a igualdade profissional entre homens e mulheres ainda não constitui uma realidade, grande parte dessa situação decorre do fato de os povos considerarem o salário das mulheres apenas como um complemento. Ora, esses comportamentos favorecem o atentado aos direitos fundamentais da pessoa.

A sanção pelos atentados aos direitos fundamentais da pessoa caracteriza-se, em princípio, pela anulação da decisão ilícita, como se infere dos arts. 122-45 e 122-46 do Código do Trabalho francês, os quais preveem, respectivamente, a nulidade das medidas discriminatórias tomadas em relação a um empregado, da punição disciplinar ou da despedida de um empregado por ter-se recusado a um assédio sexual.

Discute-se sobre a possibilidade de a nulidade ser acatada em relação a um atentado aos direitos fundamentais, quando não há disposição legal a respeito.

A jurisprudência francesa admite a declaração da nulidade, independentemente de previsão legal. O assunto foi objeto de apreciação por ocasião do caso "Clauvaud" (em que o empregado, despedido em seguida à publicação, em um jornal, de uma entrevista na qual criticava suas condições de trabalho, pede a nulidade da dispensa por violar sua liberdade de expressão). O Conseil de Prud'hommes e a Corte de Apelação consideraram que a dispensa se fundou em causa ilícita, devendo a nulidade ser declarada com fulcro no art. 1.131 do Código Civil e no art. 461 do Código do Trabalho, relativo ao direito de expressão na empresa. A Corte de Cassação manteve a decisão, entendendo que, mesmo desprovida de sanção específica, a dispensa atentatória ao direito de expressão é nula (Cass. Soc. 28 avril, 1988).

A nulidade da despedida exige, em princípio, a reintegração no trabalho. Como a eficácia da sanção depende de sua rapidez, certos autores têm sugerido que os juízes autorizem a reintegração liminar até decisão final da ação, quando se arguir a nulidade da dispensa (BUY, Michel. *Op. cit.,* p. 257).

A lei prevê a possibilidade de o empregado ser substituído pelo seu sindicato nas ações que versam sobre reintegração, como se infere do art. 123-6 do Código do Trabalho.

Dispositivos do Código Penal vêm reforçar as sanções previstas para as violações dos direitos da pessoa. Assim, o art. 152-1-1 do referido Código reprime a infração ao princípio da igualdade de remuneração, enquanto o art. 225-2 pune os comportamentos ilícitos em matéria de admissão e de dispensa do obreiro; o art. 222-33 considera delito o assédio sexual, e os arts. 226-1 e 226-2 reprimem a espionagem da intimidade da vida privada de uma pessoa, no que tange a palavras, imagem e conversação.

Em geral, os empregados têm dificuldade de acionar criminalmente seus empregadores, mas os sindicatos podem fazer esse papel, até mesmo para dissuadir outros empregadores de violarem os direitos fundamentais da pessoa. Por outro lado, medidas de prevenção podem ser impostas pelas autoridades administrativas às empresas, mormente em se tratando de acidente do trabalho ou doença profissional.

No que concerne à integridade moral, a lei **francesa** de 2 de novembro de 1992 exige que o empregador tome as medidas necessárias à prevenção da prática do assédio sexual, como será examinado em ocasião oportuna. Existem, ainda, medidas de prevenção destinadas a proteger a liberdade da pessoa, inseridas na lei de 31 de dezembro de 1992, a qual prevê a obrigação de o empregador informar ao Comitê de empresa, previamente, sobre a utilização dos métodos ou técnicas de recrutamento dos candidatos ao emprego, como também dos tratamentos automatizados de gestão do pessoal, que serão usados.

Por outro lado, a lei de 6 de fevereiro de 1978, relativa à informática, impôs ao empregador outras obrigações, entre elas uma declaração à Comissão Nacional de Informática e de Liberdades, a respeito do tratamento automatizado de dados nominativos que se pretende utilizar. Essa comissão poderá assim analisar a situação particular da empresa e exigir do empregador as medidas necessárias que permitam aos empregados exercer um direito de conhecer os processamentos de dados que lhe dizem respeito, concedendo aos representantes do pessoal a possibilidade de exercerem um controle coletivo sobre a utilização dessas novas técnicas.

Há ainda na **França** a prevenção provocada pelos interessados. Assim é que o Comitê de Higiene, Segurança e Condições de Trabalho tem por fim propor ações destinadas a prevenir atentados à integridade física dos empregados e dos empregadores, nos moldes do art. 236-2 do Código do Trabalho.

Ademais, nos termos do art. 422-1-1 do Código do Trabalho **francês**, se um delegado de pessoal constata existir na empresa um atentado aos direitos das pessoas e às liberdades individuais, que não encontrem justificativa pela natureza da tarefa a ser executada, nem proporcionalmente ao objetivo procurado, esse fato deve ser comunicado imediatamente ao empregador. Na hipótese de divergência a respeito desse fato e à falta de solução encontrada junto ao empregador, o empregado vítima dessa situação ou o delegado de pessoal, na condição de representante daquele, poderá recorrer ao Conselho de *prud'hommes*. O juiz poderá, então, tomar as medidas próprias à cessação desse atentado e na decisão culminará multa.

China

A legislação trabalhista **chinesa**, de 3 de abril de 1992[54], sobre a proteção dos direitos e interesses da mulher, após considerar sua liberdade pessoal inviolável, proíbe seja ela submetida a revistas físicas ilícitas.

Argentina

De forma semelhante à da legislação italiana, dispõe a Lei do Contrato de Trabalho (n. 20.744, de 1976) da Argentina. O art. 70 da referida lei prevê que os sistemas de controles pessoais do empregado, destinados à proteção dos bens do empregador, deverão ser usados discretamente, salvaguardando a dignidade do empregado, através de meios de seleção automática destinados à totalidade do pessoal. Os controles do pessoal feminino deverão estar reservados exclusivamente a pessoas do mesmo sexo. Em todas as situações, os sistemas deverão ser postos ao conhecimento da autoridade

(54) DOCUMENTOS DE DERECHO SOCIAL. Ginebra, 1992/3, p. 8.

que fiscaliza a aplicação das normas trabalhistas (art. 71), a qual está autorizada a verificar se os sistemas de controle adotados pela empresa não afetam, de forma manifesta e discriminada, a dignidade do empregado.

Essa mesma lei, no art. 17, proíbe qualquer tipo de discriminação entre os empregados, por motivo de sexo, raça, nacionalidade, religião, política, associação ou idade.

O citado artigo tem seu alcance complementado pelo art. 73, que proíbe ao empregador exigir que o empregado manifeste suas opiniões políticas, religiosas ou sindicais durante a vigência do contrato de trabalho ou com vistas à sua dissolução (art. 73).

Suprimiu-se do texto original a referência feita por ocasião da contratação, porque não havia causa válida para permitir ao empregador a faculdade de examinar livremente os postulantes e, ademais, porque, à época, ainda não havia contrato (MEILIJ, Gustavo Raul. *Contrato de Trabalho*, v. I, Buenos Aires: Depalma, p. 301).

O empregador deverá dispensar a todos os empregados igual tratamento, em face da identidade de situações. Considerar-se-á tratamento desigual quando forem realizadas discriminações arbitrárias fundadas em sexo, religião ou raça, porém não quando o tratamento diverso responda a princípios do bem comum, como o que se sustenta na maior eficácia ou operosidade de suas tarefas por parte do empregado (art. 81).

Em novembro de 1993, a Argentina, através do Decreto n. 2.385, legislou sobre assédio sexual no serviço público, tipificando-o como a coação exercida pelo funcionário que no desempenho de suas funções se aproveita de uma relação hierárquica, induzindo a outrem a concordar com as suas solicitações sexuais, havendo ou não acesso carnal. As denúncias ou ações que correspondam à conduta descrita poderão exercitar-se conforme o procedimento geral vigente ou, por opção do agente, perante o responsável pela área de recursos humanos da respectiva jurisdição (*Revista Relasur* n. 2, 1994, p. 190).

Canadá

As leis canadenses empregam a expressão "direito ao respeito à vida privada", de preferência à noção de "direito à intimidade", dada a proximidade ao termo inglês *privacy* e sob a influência da jurisprudência norte-americana.

No campo do trabalho, não há nenhuma disposição legislativa sobre o assunto e são raras as convenções coletivas contendo cláusulas a respeito.

Entretanto, desde 1982, a Constituição do Canadá compreende uma Carta de direitos e liberdades, cujo art. 8º dispõe: "Cada um tem direito à proteção contra revistas, perquirições ou 'agarramentos abusivos'". A jurisprudência deduziu desse dispositivo um limite à vida privada dos cidadãos.

Como é sabido, o **Canadá** é um país de estrutura federal, onde a competência legislativa em matéria de trabalho pertence, em princípio, às províncias, a não ser que as relações de trabalho constituam uma parte essencial das operações da empresa, quando então ficam sob a jurisdição federal.

Por outro lado, a **Lei Canadense** sobre direitos da pessoa, complementada em 1982, prevalece sobre todas as outras leis de competência federal; essa lei consagra o princípio da não-discriminação no art. 5º, vedando distinção por motivo de raça, origem nacional ou étnica, cor, religião, idade, sexo, estado civil, situação familiar, deficiência física ou mental. Atualmente, a jurisprudência inclui também a orientação sexual como motivo proibitivo.

No tocante aos trabalhadores, o art. 7º da citada lei canadense, sobre direitos da pessoa, considera como atos discriminatórios o fato de se recusar ou desfavorecer um empregado por motivos ou condições ilícitas. E o art. 8º proíbe incluir restrições, condições ou preferências discriminatórias nos formulários ou anúncios de emprego. Já o art. 9º dirige-se, particularmente, aos sindicatos, aos quais proíbe discriminações.

O assédio sexual, por força do art. 14 da lei canadense é tido também como ato discriminatório em matéria de emprego; não se compreende, entretanto, como discriminação, as exigências profissionais justificáveis ou reconhecidas como razoáveis pela Comissão canadense de direitos da pessoa (art. 15).

Por outro lado, a **Carta de Quebec**, no seu art. 5º, contém um enunciado segundo o qual "toda pessoa tem direito ao respeito à sua vida privada", invocado em várias situações, juntamente com o art. 4º, cujo teor prevê "que toda a pessoa tem direito à salvaguarda de sua dignidade, de sua honra e de sua reputação".

Constata-se, em Quebec, uma preocupação dos tribunais superiores e dos árbitros a respeito da proteção geral da vida privada e o campo do trabalho não foge dessa preocupação.

O citado art. 5º tem sido invocado pelos assalariados contra o empregador também nos casos de fiscalização no trabalho e de assédio sexual; contra o próprio sindicato ou contra colegas de trabalho.

Sucede que a invocação desse dispositivo não impede o empregador de exercer seu poder diretivo, convocando os assalariados para exames médicos em caso de absenteísmo, submetendo-os às revistas, fiscalizando-os em suas conversas telefônicas e dispensando-os em decorrência de conflito de interesses, advindos de suas relações íntimas com os concorrentes.

Os empregadores do setor privado não sofrem limitações quanto ao tipo de informação que podem solicitar de um candidato ao emprego, entretanto, não poderão pedir informações capazes de conduzir a uma discriminação proibida, já tendo a Corte Suprema do **Canadá**, na decisão Ação Travail des femmes, na província de **Quebec** — 1987 1 R.C.S. 1.114, denunciado questões e testes neutros na aparência, mas que produzem efeito discriminatório em torno de um grupo de pessoas (cf. Comunicação feita por René Lapperrière, L. L. D. e Me Nicole Kean ao III Congresso Regional Americano de Direito do Trabalho e da Segurança Social, realizado em Montreal, em maio de 1995, p. 42).

Em **Quebec**, pode requerer-se, em princípio, dados necessários aos objetivos visados. Esse critério de necessidade pode ser interpretado restritivamente ou de forma mais ampla; aliás, a jurisprudência tem permitido que o organismo público (Universidade de Montreal — 1988 — CAI 377) obtenha o número do telefone pessoal e confidencial de certos empregados: este dado "não é indispensável, mas é útil" (cf. a citada comunicação apresentada pelos relatores canadenses ao III Congresso Americano de Direito do Trabalho e Seguridade Social, n. 68, p. 43).

Ademais, o art. 5º, já citado, destina-se a proteger os aspirantes ao emprego contra indagações indiscretas sobre a sua vida privada. A propósito, há decisão arbitral anulando dispensa do empregado por não ter ele declarado, no ato da admissão, sofrer de epilepsia, doença que não afetaria a execução do trabalho (H. St- Jean Enr. (division viandes Olympia Ltée) et Union internationale des travailleurs unis de l'alimentation et du commerce, local 625 (**1989**) T.A. 778. D.T.E 89T-887 — arb. Gabriel M. Côte). Seguindo a mesma linha de ideias, o juiz anulou a despedida de empregada que havia deixado de declarar no ato de admissão que se encontrava grávida, não tanto pelo fato de que a questão estivesse efetivamente proibida, mas porque a prova demonstra que ela não poderia saber à esta data que se encontrava nessa condição. Restou evidenciado na apelação ao Tribunal que o comissário do trabalho impediu o empregador de perguntar à ex-empregada se ela havia recorrido aos meios contraceptivos no dia da admissão, em nome de sua privacidade. A propósito, a Lei sobre proteção de dados pessoais no setor privado, em um de seus artigos, permite que o candidato ao emprego se recuse a fornecer dados pessoais não necessários sem, em princípio, ser penalizado pela recusa e, em caso de dúvida, esses dados serão considerados desnecessários (art. 9º).

As convenções coletivas podem estabelecer limites ao poder de comando empresarial, tanto para **controlar o conteúdo** dos questionários como dos **exames grafológicos**, psicológicos, médicos ou ainda dos **detectores de mentira** ou tomada de impressões, o que não é constante em matéria de admissão.

No tocante ao controle pelo empregador durante a execução do pacto laboral, as leis são omissas.

As revistas sobre pessoas do empregado e locais de trabalho são permitidas quando se destinam a prevenir ou reprimir furtos, conforme previsto em convenções coletivas ou no costume; são permitidas, ainda, quando há suspeita fundada para se proceder dessa forma, devendo ser tomadas, entretanto, medidas preventivas razoáveis para evitá-las. Essas revistas consistem em supervisionar visualmente as pessoas e seus objetos ou inspecioná-las, apalpando suas roupas, por exemplo, como medida de segurança, para evitar furtos e, em certas circunstâncias particulares, **para descobrir um crime, mas sempre através de métodos razoáveis**, sistemáticos e não discriminatórios.

O **controle através de câmera de vídeo** também tem sido aceito, desde que utilizado com causa justificada. Assim, a jurisprudência canadense considerou legítima a instalação **de câmera de vídeo, com o objetivo de surpreender dois empregados que espiavam as empregadas**, por meio de um orifício na parede do vestiário das mulheres, mesmo que elas não tivessem sofrido nenhum prejuízo e ignorassem estar sendo observadas. O comportamento foi tido como atentatório à privacidade das empregadas (Hôpital Notre-Dame et Syndicat des travailleurs (euses) de l'hopital Notre Dame, AAS. 91A-247 — arb. Marc. Boisvert, citado na comunicação apresentada pelos relatores canadenses ao III Congresso Regional Americano de Direito do Trabalho e da Segurança Social realizado em **Montreal**, em maio de 1995, n. 93, p. 52).

Relativamente à **exigência de exames médicos**, dispõem os art. 10 e 11 do Código Civil de **Quebec** que ninguém poderá ser forçado a se submeter a um exame médico ou psicológico. Todavia, o empregador poderá exigir que o empregado se submeta a uma avaliação médica para verificar sua aptidão para o trabalho ou para justificar ausências ao serviço; as razões devem, entretanto, ser razoáveis e se restringir ao emprego, vedando-se o abuso, a discriminação e a arbitrariedade. Nesse sentido a jurisprudência anulou punição disciplinar aplicada à trabalhadora, considerando não razoável na situação em exame, a exigência do empregador de que ela se submetesse a exame, para determinar a soropositividade, após tê-la reconhecido na televisão declarando ser portadora do vírus HIV (Centre d'accueil St. Domitille et Union des employés de service, local 298 (FTQ), (1989) T.A. 439, DTF 89 T-453, AAS. 89.A-63 — arb. Jean Pierre Lussier).

No tocante aos **detectores de mentira**, têm sido eles afastados, pelo menos em matéria criminal, havendo várias decisões não admitindo os resultados dessa prova. Em Quebec, não há disposição legislativa regendo especificamente o recurso a esses testes, havendo disposição a respeito, a partir de meados da década de 1980, em Ontário e Nouveau — Brunswick, proibindo sejam os empregados submetidos à "análise da verdade". A temática será analisada mais adiante, à luz do Direito do Trabalho Brasileiro.

Quanto aos **exames para aferir o uso de droga ou álcool**, alguns árbitros entendem que sua exigência encontra-se dentro do poder de comando empresarial, mas deve se ater a motivos razoáveis e corresponder às características do emprego ocupado pelo obreiro, com amparo no art. 2º da Carta de **Quebec**.

Relativamente aos aspectos familiares, em princípio, são considerados intimamente pessoais, só podendo justificar medidas disciplinares se afetarem os legítimos interesses da empresa. Assim, a jurisprudência considerou excessivo o fato de exigir o empregador que os trabalhadores residam a um raio de 40 km do local de trabalho; entretanto, considerou justa a dispensa de uma empregada por coabitar com um ex-agente do empregador que havia constituído uma empresa concorrente. É que neste último precedente jurisprudencial concluiu-se pela existência do conflito de interesses, colocando em risco a lealdade do empregado à empresa (Commission des droits de la personne du **Quebec** C. Immébles Ni/Dia inc., (1992). R.J.Q. 2977 (TDPQ) citado pelos relatores canadenses na comunicação apresentada ao III Congresso Regional Americano de Direito do Trabalho e da Segurança Social, p. 68).

No que pertine aos aspectos pessoais, como intervenção do empregador na roupa, cabelo e uso de barba pelo empregado, confiram o que escrevemos a respeito da jurisprudência canadense no Capítulo IV, item 5, desta obra.

A jurisprudência revela, ainda, que a prisão do empregado, sua condenação por tráfico de drogas e diversas condutas, como o consumo de álcool ou droga, só poderão ser utilizados contra o trabalhador se possuírem vinculação direta com a execução do contrato, representarem um perigo para a saúde ou a segurança dos colegas de trabalho ou clientes, afetarem seriamente a reputação do empregador ou romperem a relação de confiança indispensável à manutenção do vínculo empregatício.

As infrações de conotação sexual, entre elas, propostas obscenas, toques nas pessoas, ou seja, em colegas e clientes, serão também objeto de sanção disciplinar, podendo até mesmo autorizar a resolução do contrato. Esse procedimento se agrava quando traduz abuso de autoridade e visa à obtenção de favores sexuais do empregado. Nas províncias canadenses do *common law*, a decisão mais importante sobre essa matéria (Janzen c. Platy Enterprises Ltd.) reconheceu que **o assédio sexual constitui discriminação sexual**. Na maioria dos casos, tais comportamentos são considerados censuráveis, porque atentam contra a vida privada das vítimas e o empregador deverá ser responsabilizado por esses comportamentos, se os tolera.

A respeito da utilização de provas obtidas ilegalmente, a jurisprudência arbitral de **Quebec** a admite, mas deverá haver uma modificação nessa orientação, em face do art. 2.858 do Novo Código Civil de Quebec, alterado em 1994. Dispõe o citado artigo que o tribunal deverá, mesmo de ofício, rejeitar todo elemento de prova obtido em condições que impliquem atentado aos direitos e liberdades fundamentais e cuja utilização seja suscetível de desconsiderar a administração da justiça. Não se pode inteirar-se desse último critério quando ele traduza uma violação do direito ao respeito do segredo profissional.

Em janeiro de 1994, entrou em vigor também em **Quebec** a lei sobre proteção de dados pessoais no setor privado, cujas normas dizem respeito às pessoas jurídicas e, excepcionalmente, às pessoas físicas. Dispõe o art. 5º desta lei que apenas os dados necessários ao objetivo a que se visa podem ser recolhidos, e ainda assim de modo lícito. Uma novidade que merece destaque diz respeito ao aspirante ao emprego não poder ser penalizado pelo só fato de ter se recusado a fornecer dados desnecessários. A mencionada lei, além de conceder o direito de acesso das pessoas ao seu dossiê, permite-lhes fazer retificações nas informações inexatas, incompletas ou equivocadas. As comunicações de dados a terceiro devem ser autorizadas pela pessoa, cujas informações lhe pertencem, de forma clara e por prazo determinado ou pela lei. Por fim, outro aspecto original consiste no fato de que as informações transmitidas ao exterior deverão estar sujeitas também à autorização da pessoa, na forma mencionada acima, ou da lei[(55)].

São essas algumas considerações a respeito do direito à intimidade do empregado na legislação, na jurisprudência e na doutrina estrangeira.

---

(55) Todos esses dados foram obtidos através do comunicado apresentado pelos relatores canadenses ao III Congresso Americano de Direito do Trabalho e Seguridade Social, realizado em Montreal, em maio de 1995.

CAPÍTULO II

Seleção de Pessoal. Discriminação

1. Dados que podem ser exigidos de um candidato ao emprego. Limites

1.1. Discriminação. Origem. Razões. Racismo. Daltonismo Congênito. Polígrafo

Premido pela necessidade econômica e pela dificuldade de obtenção de trabalho, não raro o aspirante a um emprego "abdica de aspectos de sua personalidade, em garantia da adesão de seu comportamento futuro à vontade ordenadora do empregador"[(1)].

E o empregador, por sua vez, **deveria limitar-se** a obter dados sobre a capacidade profissional do empregado, imprescindíveis a uma eficiente organização do trabalho, mas nem sempre se contenta com esses dados e invade a vida privada do candidato ao emprego, atendo-se a circunstâncias ou características pessoais sem qualquer conexão com a natureza da prestação de serviços, que permitem levar a cabo discriminação, vedada pelo texto constitucional.

O termo discriminação tem **origem anglo-americana** e traduz o caráter infundado de uma distinção em relação a uma qualidade possuída pelo sujeito, capaz de provocar-lhe um dano material ou moral.

Convém lembrar que a **discriminação não se limita ao trabalho**, expandindo-se por um universo muito mais amplo, **embora nosso estudo se restrinja ao emprego**, o que, aliás, já se extrai de um campo amplo.

Para se conhecer bem a discriminação, **não basta identificar suas manifestações, mas principalmente as razões que a ensejam**, as quais poderão ser arroladas da seguinte forma: **o ódio**, a **"superioridade racial", a antipatia, os preconceitos, a ignorância, o temor, a intolerância** e a **política meditada** e **estabelecida**[(2)].

Origem histórica poderá ser responsável pelo **ódio**, sobretudo religioso ou racial; sua persistência, em geral, deve-se ao fato de não se conseguir

(1) *La lucha contra la discriminación en el trabajo.* Ginebra: OIT, 1968, p. 10.

(2) SANTONI, Francesco. *A tutela da dignidade e da privacidade do empregado. Princípios para um Código-Tipo de Direito do Trabalho para a América Latina.* São Paulo: LTr, 1996, p. 184. Coord. Gian Carlo Perone e Sandro Schipani.

"enterrar o passado". **Poderá ocorrer, ainda, que a segregação racial advenha de um sentimento de "superioridade"**, cuja raiz também se encontre no passado, onde uma raça tenha subjugado a outra, ou então, de razões econômicas, considerando que os indivíduos de uma raça monopolizaram a economia de um país, vendo, nas outras raças, intrusos.

A discriminação poderá advir, ainda, de um sentimento natural de **antipatia ou preconceito**, isto é, uma opinião formada, sem se atentar para a realidade dos fatos ou para aspectos racionais que revelam o oposto do que se pensa; nessas situações, a paixão prevalece sobre a razão e induz as pessoas à prática de ações emocionais e injustas; a **ignorância** também poderá produzir as mesmas consequências do preconceito, ou seja, o desconhecimento dos fatos e das pessoas poderá contribuir para que persistam boatos e falsos conceitos, sobre os quais se assentam os comportamentos.

O **temor** que a existência de empregados de outra raça ou sexo possa implicar concorrência aos empregos ou atuar como fator de redução de salário ou deterioração das condições de trabalho conduz também à discriminação.

A **intolerância** é outra responsável pela discriminação, mormente contra pessoas que professem religiões diferentes ou pertençam a partidos políticos também distintos.

Nem sempre a discriminação é consequência de um comportamento individual, podendo ser fruto do desenvolvimento de **políticas** estabelecidas com o objetivo de impor uma separação de raças e proteger uma delas, o que, aliás, tem sido até consagrado em leis de imigração, na regulamentação do emprego, nas práticas laborais, nos programas de formação profissional, nas convenções coletivas e nos estatutos e regulamentos sindicais.

O sistema que vigorava na África do Sul, de reservar certos empregos para determinadas **raças**, traduz um exemplo flagrante de política de discriminação, a qual não desaparece com a simples derrogação de leis, mas com o combate de suas causas, que pressupõem modificação nas atitudes pessoais.

No Brasil, a prática do **racismo** constitui crime inafiançável e imprescritível, sujeito à pena de reclusão, nos termos da lei (art. 5º, XLII, da Constituição da República de 1988), sendo, ainda, punível qualquer discriminação atentatória dos direitos e liberdades fundamentais (art. 5º, XLI, da Constituição de 1988).

Não obstante o preceito constitucional, lamentavelmente, **o preconceito existe e o racismo** tem sido responsável pela dispensa de trabalhadores, como aliás se infere do RO-V-1595/95, que tramitou perante o TRT/SC (Ac. 8320/96), julgado em 16.9.96 e pub. no DJ/SC de 27.9.96, cuja ementa enfatiza:

> "Emprego público. Exoneração por simples ato administrativo sem motivação comprovada da inaptidão do servidor. Ilegalidade, mormente quando o ato vem

maculado pela indignidade moral da prática do **racismo** e confronto com os princípios da valorização da pessoa humana (Constituição Federal, art. 1º, inciso III e art. 5º, *caput* e inciso XLII). O ingresso no serviço público mediante o preenchimento de todos os requisitos exigidos pela Constituição Federal faz nascer o direito, ou melhor, a expectativa de direito à estabilidade e/ou, conforme o caso, à garantia de motivação das decisões, sendo a exoneração ou demissão indispensavelmente precedida, na forma da doutrina e da jurisprudência, da demonstração cabal da inaptidão do servidor às funções desempenhadas. Simples ato administrativo, sem motivação, afronta o poder discricionário e envereda nas raias do arbítrio. Direito à reintegração que merece ser deferido, notadamente ainda quando transparece da prova que a despedida, praticada pelo ente paraestatal, ou melhor, pelo servidor responsável pela escolha dos demitidos, vulnera até os princípios de respeito à dignidade do homem, à ética social, a moralidade, mediante a prática hedionda do racismo, cuja punição social ultrapassa o direito pretendido, por se constituir em crime e gerar o direito também à indenização pelo dano moral daí resultante" (Relator: Juiz Antônio Carlos Facioli Chedid).

No mesmo sentido há acórdãos mais recentes de outros Tribunais Regionais e do TST, como se infere dessas ementas:

"**Discriminação nas relações de trabalho. Raça negra**. Por direito e lei, é firmemente repudiado em nosso país, qualquer ato de discriminação em função de cor, raça, sexo, idade, religião ou condições especiais e individuais que diferencie a pessoa. Nas relações de trabalho, especialmente, não se pode tolerar atos discriminatórios e humilhantes impingidos ao empregado de raça negra, com ofensas verbais assacadas contra sua pessoa em função exclusiva da cor de sua pele. Fatos como tais devem ser denunciados, sempre, a fim de que não se torne comum e usual a violação de um direito garantido constitucionalmente, reforçando preconceito e prática discriminatória inaceitável. RO a que se dá provimento para fixar indenização por danos morais, em função da violação da honra e do sentimento de dignidade própria do empregado, que, como qualquer outra pessoa, merece apreço e respeito de seus superiores hierárquicos, não podendo aceitar ou resignar-se com frases como 'negro safado', 'crioulo', ou 'se voltasse a escravidão eu iria te colocar no tronco'. O dano moral, íntimo, é irreparável, mas o ato discriminatório pode e deve ser estancado por esta Justiça." TRT — 3ª Região — RO-5.207/99 (Ac. 1ª Turma). Rel.: Juiz Washington Maia Fernandes. DJMG 4.10.**2000**, p. 38.

"**Dano moral — Indenização.** Comprovado que o autor sofreu **odiosa discriminação racial** por parte do empregador, razoável a fixação do valor de R$ 48.200,00, que compensará, ainda que parcialmente, a dor, o sofrimento e a humilhação a ele impingidos. TRT-SP-01415-2003-001-02-00-7 -RO- 3ª Turma — 20040568606 — Relª: Silvia Regina Ponde Galvão Devonald. DOE 9.11.**2004**. *Revista Synthesis* 40/**2005**, p. 189.

"**Dano Moral. Indenização. Racismo. Discriminação. Ofensas verbais**. 1. O ordenamento jurídico brasileiro e normas internacionais proíbem ao empregador e a qualquer pessoa a adoção de qualquer prática que implique preconceito ou discriminação em virtude de raça. Constituição Federal, 3º, inciso IV e art.

5º *caput*. Convenção n. 111 da Organização Internacional do Trabalho (OIT), de 1958, ratificada pelo Brasil e promulgada pelo Decreto n. 62150, de 19.1.1968, em que se preconiza a eliminação de toda discriminação em matéria de emprego, inclusive por motivos de raça. Assim também a Declaração da OIT sobre os Princípios e Direitos Fundamentais no Trabalho e seu Seguimento, na qual se reafirmou o compromisso dos Estados-membros, dentre os quais figura o Brasil, de aplicar o princípio da não-discriminação em matéria de emprego e ocupação. Nesse sentido também a Lei n. 9.029, de 13.4.95. 2. A emissão de vocativos de cunho explicitamente racista e de conteúdo depreciativo, dirigidos por chefe imediato a empregado negro, constitui ato injurioso, ofensivo da dignidade da pessoa humana. Patente que constrange e humilha o ser humano, provocando-lhe profunda dor na alma. Comportamento discriminatório e preconceituoso desse jaez não apenas merece o mais candente repúdio da cidadania, como também gera direito a uma compensação pelo dano moral daí advindo. 3. Incumbe ao empregador velar pela respeitabilidade, civilidade e decoro no ambiente de trabalho, como obrigações conexas do contrato de emprego, cabendo-lhe responsabilidade civil por quaisquer danos causados a outrem por seus prepostos (Código Civil de 2002, art. 932, III e 933). 4. Recurso de revista de que não se conhece, no particular." (TST-RR-1011/2001-561-04-00.5, Rel.: Min. João Oreste Dalazen, DJ 26.8.**2005**).

Publicou-se, no Brasil, a Lei n. 9.459, de 14 de maio de 1997, considerando **crimes** as condutas que impliquem na prática, induzimento e incitação da discriminação ou preconceito de **raça**, **etnia**, **cor**, **nacionalidade** ou **religião**. Foi cominada aos infratores a pena de reclusão de um a três anos, além de multa. A mesma lei considera crime: "fabricar, comercializar, distribuir ou veicular símbolos, emblemas, ornamentos, distintivos ou propaganda que utilizem a cruz suástica ou gamada para fins de divulgação do nazismo". A violação desse dispositivo implica **reclusão de dois a cinco anos**, como também multa.

Essa lei esclarece que quando o crime decorrente de preconceito ou discriminação for praticado através dos meios de comunicação social ou pública o juiz poderá determinar, ouvido o Ministério Público ou a pedido deste, antes do inquérito policial e sob pena de desobediência: o recolhimento imediato ou a busca e apreensão dos exemplares do material respectivo; a cessação das respectivas transmissões radiofônicas ou televisivas (incisos I e II do § 3º do art. 20 — Lei n. 9.459/97). Constituirá efeito da condenação transitada em julgado a destruição do material apreendido quando o crime for cometido por intermédio dos meios de comunicação.

O problema, que em regra se põe nos ordenamentos jurídicos, não é a extensão do princípio da não-discriminação, já existente em muitos países, mas a dificuldade de comprovar o tratamento diferenciado, cujo ônus compete exclusivamente ao empregado que se considera discriminado. **Dada a dificuldade de se desincumbir desse encargo, o que inviabiliza a efetivação do princípio em exame, já se sugere a inversão desse ônus em um Código-**

-Tipo do Direito do Trabalho para a América Latina, prevendo-se o ressarcimento dos prejuízos sofridos (3).

A **crendice** dos indivíduos, associada aos seus **preconceitos**, tem sido responsável por inúmeras injustiças e sofrimentos, exigindo-se que o direito interfira e condene suas manifestações, combatendo as atitudes discriminatórias. Trata-se de uma luta difícil e frequente, pois são diversas as manifestações de ignorância e maldade a respeito de quem parece "diferente"(4).

A **discriminação**, como vimos, funda-se em vários fatores, entre eles os de cunho psicossocial, educacional ou econômico. A conjugação desses fatores tem efeitos que se reforçam mutuamente, dando à discriminação um caráter "sistêmico", cuja análise põe em relevo o papel das práticas de emprego das empresas nos processos de discriminação, os quais, por serem injustos, são condenados, independentemente da intenção de prejudicar ou do conhecimento cabal da natureza ou extensão de seus efeitos danosos. Sob o aspecto **econômico,** a discriminação, além de inútil, é perigosa, pois impede o aproveitamento pleno da capacidade das pessoas afetadas, negando-lhes a oportunidade de serem aproveitadas em empregos para os quais estão habilitadas, impedindo-as de aproveitarem seus potenciais, com efeito sobre a produtividade geral.

No Título dos Direitos e Garantias Fundamentais, o art. 5º da Constituição Federal considera "todos **iguais perante a lei**, sem distinção de qualquer natureza, garantindo-se aos brasileiros e aos estrangeiros residentes no País, a inviolabilidade do direito à vida, à liberdade, à igualdade, à segurança e à propriedade."

A tutela antidiscriminatória ali inserida assegura o exercício das liberdades de pensamento, de consciência, de crença religiosa, de convicção política ou filosófica e de associação, consagradas, respectivamente, nos itens IV, VI, VIII e XVII do art. 5º da mesma Carta(5). A par dessas liberdades asseguradas, a tutela antidiscriminatória desenvolve sua virtualidade não só no art. 5º, mas também no art. 7º, XXX. Se não bastasse, a Lei n. 9.029, de 13.4.1995, considera crimes a exigência de teste, exame, perícia, laudo, atestado, ou qualquer outro procedimento relativo à esterilização ou a estado de gravidez, conforme será examinado no item 6, da Parte III, dessa obra. A tutela a que aludimos já era contemplada pelo nosso direito positivo, através da ratificação da Convenção Internacional n. 111 da OIT, que impede sejam determinadas circunstâncias pessoais responsáveis pelo tratamento diferenciado infunda-

---

(3) BOSSET, Pierre. *La discrimination indirecte dans le domaine de l'emploi — aspects juridiques*. Québec. Les Editions Yvon Blais, 1989, p. 2.

(4) Cf., de nossa autoria, *Curso de Direito do Trabalho*. 4. ed. São Paulo: LTr, 2008, p. 638.

(5) GOÑI SEIN, José Luis. *Op. cit.*, p. 91.

do. Esta, no seu art. 1º, assevera que a discriminação "compreende qualquer distinção, exclusão ou preferência, baseada em motivos de raça, cor, sexo, religião, opinião política, ascendência nacional ou origem social, que tenha por fim anular ou alterar a igualdade de oportunidades e de tratamento no emprego e ocupação". Esclarece que as distinções, exclusões, ou preferências baseadas nas qualificações exigidas para um emprego determinado não serão consideradas discriminatórias.

O princípio da não-discriminação possui conexão com a garantia dos direitos da personalidade e atua como limite imposto pela Constituição Federal à autonomia do empregador, quando da obtenção de dados a respeito do candidato ao emprego, e se projeta durante a execução do contrato.

Deverá o empregador, **em princípio, abster-se de fazer perguntas ao candidato a respeito de suas origens raciais**, **opções políticas, convicções religiosas, atividades sindicais**, bem como sobre circunstâncias pessoais capazes de gerar discriminação. É necessário, também, que se reconheça ao candidato ao emprego o direito de ocultar circunstâncias alheias à causa contratual não relacionadas diretamente com o cargo que irá ocupar, diante de situações de imposição coativa.

A propósito, o Repertório para Proteção de Dados Pessoais do Trabalhador (6.5), elaborado pela OIT, preconiza que os empregadores não deveriam obter dados pessoais que se referissem à vida sexual do trabalhador, às ideias políticas e religiosas, aos antecedentes penais do trabalhador (6.5.1), à filiação sindical (6.6) ou aos dados médicos (6.7). De acordo com o Repertório, tais dados não deveriam ser sancionados com o término da relação de emprego ou outra medida disciplinar (6.8).

Essa regra não se aplica se a veracidade da informação tem fundamental importância para a execução das atividades que o trabalhador irá desenvolver. Seguindo essa linha de ideias, **a jurisprudência argentina** considerou ter agido de má-fé o trabalhador que, padecendo de **daltonismo congênito**, conseguiu ingressar como motorista em uma empresa de transporte, amparado por um documento hábil, obtido evidentemente por engano ou dissimulação. Posteriormente, não conseguindo ele o registro perante a Secretaria de Transporte, entendeu a jurisprudência, acertadamente, encontrar-se o empregador desobrigado de mantê-lo no emprego. Ao empregador não foi conferido o dever de ocupação distinta daquela para a qual foi o obreiro contratado, tampouco responsabilidade pela cessação do contrato (PINTOS, Adolfo c/ Empresa General José de San Martin SAI, CNAT, Sala VI, 29.4.77, Lt, XXV-825, citado por LIVELLARA, Carlos Alberto. Informação prestada pela Argentina no III Congresso Regional Americano de Direito do Trabalho e da Segurança Social, realizado em Montreal, em maio de 1995).

2. Métodos utilizados na seleção de pessoal

a) a entrevista pessoal: nela se pode conversar sobre qualquer tópico, ou deve versar unicamente sobre temas relacionados com a aptidão para o trabalho do candidato?

b) o chamado questionário: esse questionário é mostrado previamente a alguma oficina pública ou a alguma entidade sindical?

c) a prova grafológica: pode-se requerer que a solicitação de trabalho ou alguma outra comunicação se apresente de forma manuscrita?

d) o teste psicotécnico;

e) o exame médico;

f) a astrologia empresarial;

g) o detector de mentiras (polígrafo);

h) a prova de honradez.

Desde 200 anos a.C., por ocasião da Dinastia Han, na China, eram os aspirantes ao cargo de funcionários públicos submetidos a provas de competência destinadas à averiguação dos requisitos exigidos para a ocupação desses cargos.

No Reino Unido, as leis de fábrica, desde 1855, exigiam exame médico dos candidatos ao emprego, o que se difundiu, nos EUA, a partir de 1911, com a primeira lei sobre remuneração, em face da pressão dos empregadores visando a reduzir sua responsabilidade financeira nas ações sobre lesões ou enfermidades profissionais.

Já os testes psicológicos foram aplicados pela primeira vez após a Primeira Guerra Mundial, nas forças armadas dos EUA, e logo se estenderam ao setor privado, como política de contratação, principalmente nas décadas de 1920 e 1930.

A OIT tem adotado política sobre a realização de provas relacionadas com o emprego, a começar pela Convenção n. 111, alusiva à proibição de discriminação que se refere tanto aos empregados como aos candidatos ao emprego; pela Convenção n. 159, sobre readaptação profissional, que assegura os mesmos direitos às pessoas com minoração, sendo aplicável àquelas que padecem de deficiências causadas pelo álcool ou drogas ilícitas, portadoras de HIV, enfermas da AIDS e pessoas afetadas pelas anomalias genéticas; a seguir, declaração conjunta da OIT e OMS sobre AIDS, contendo disposições sobre proteção à dignidade e direitos individuais, assinalando os exames de detecção que não podem ser exigidos e, ainda, convenções sobre marítimos, que dispõem sobre prevenção de acidentes e abordam aspectos de provas através de psicotécnicos; enfim, a Recomendação n. 150 da OIT sobre o desenvolvimento de recursos humanos, a qual dispõe também sobre a utilização de provas de capacidade e aptidão.

O ordenamento jurídico brasileiro não possui uma norma dispondo sobre a licitude dos métodos utilizados na seleção de pessoal, sendo comuns, no setor privado, a entrevista, os testes grafológicos, os questionários, os testes psicotécnicos e, com menos frequência, a astrologia empresarial.

Quaisquer que sejam os métodos adotados, deve-se verificar sua aceitação ética e limitar a avaliação da aptidão profissional do candidato para a execução das funções. Informações sobre a esfera da vida privada do empregado só se permitem excepcionalmente, quando apresentam relevância para a execução das funções que serão executadas, em nome da liberdade de contratação conferida ao empregador.

Vale notar, entretanto, que em geral se ultrapassa a "prova de aptidão", penetrando-se na "prova de personalidade".

No Brasil, o empregador tem a faculdade de escolher a pessoa que deseja contratar, não fazendo uso de agências de colocação. Entretanto, a avaliação prévia da aptidão do candidato poderá submetê-lo a exames de seleção, os quais poderão compreender entrevista pessoal, questionário, prova grafológica ou teste psicotécnico. Eles consistem em questionamentos sobre o caráter e a personalidade do candidato, com o objetivo de aferir não só a aptidão para desenvolver a atividade a contento, mas também as suas características psíquicas, a fim de averiguar se poderão repercutir sobre a regularidade da execução do contrato no futuro.

A licitude desses métodos dependerá das cautelas que forem adotadas para não interferir na esfera privada do candidato, além do que for necessário. Logo, nesse sentido devem ser dirigidas **as entrevistas e os questionários**. As perguntas formuladas precisam estar diretamente relacionadas com a aptidão profissional exigida para a prestação do trabalho oferecido. O candidato, por sua vez, deverá responder às indagações com sinceridade, agindo ambos em clima de boa-fé e respeito. O aspirante ao emprego poderá, entretanto, recusar-se a responder a questões sobre **aspectos pessoais,** desde que a veracidade da informação não seja de fundamental importância para a execução do serviço.

Aliás, **a jurisprudência francesa e a alemã** admitem até que o candidato tenha o direito de fazer uma declaração inexata em interrogatórios indiscretos[(6)].

O ideal seria submeter as **indagações ao sindicato de classe** ou ao Ministério do Trabalho, para aferição da relevância das perguntas formuladas, no que tange ao normal desenvolvimento das atividades a serem desempe-

---

(6) *Jornal Estado de Minas*. Belo Horizonte, 27.2.94 (anúncio de empresa locadora de veículos).

nhadas. Note-se, todavia, que tal procedimento não é observado, inexistindo disposição legal a respeito.

A grafologia é outro sistema de aferição de personalidade, que vem sendo utilizado. É comum anunciar-se, na imprensa, que o candidato deverá redigir a solicitação de trabalho a mão(7). Ao que tudo indica, a exigência se destina a submeter o candidato ao teste grafológico.

Sustenta a **doutrina espanhola** que esse critério comporta um conhecimento profundo da personalidade e, contrariamente aos outros testes, não torna possível isolar individualmente certos traços, sem conhecer o restante, logo, não permite analisar apenas os que estão em conexão direta com o cargo a ser ocupado; a **grafologia** implica intromissão ilegítima e por isso mesmo não poderá ser utilizada como critério de seleção, nem mesmo se precedida da aquiescência do candidato. "É que mesmo a autonomia da vontade deverá operar nos limites da lei, da moral e da ordem pública. E não há dúvida de que prestar um consentimento para realizar uma prova grafológica significa bem mais que um parcial desprendimento de alguma das faculdades do direito à intimidade; é renunciar à liberdade do íntimo, o que resulta contrário à moral e à ordem pública"(8).

O **exame grafológico** poderá ser importante, quando o empregado for exercer funções que requeiram preparação de correspondência ou informações manuscritas(9).

Utilizam-se também de **exames psicotécnicos** os candidatos ao emprego. Esses exames, em regra, destinam-se a avaliar a inteligência, o raciocínio, o interesse, a personalidade do candidato e, geralmente objetivam a aferir não só a sua aptidão para realizar a tarefa, mas também suas características psíquicas. Encontra-se, nesses testes, oportunidade para atentar contra a intimidade do aspirante ao trabalho. Logo, deverão ser expostos ao candidato

---

(7) GOÑI SEIN, José Luis. *Op. cit.* (1988), p. 99.

(8) PLÁ RODRÍGUEZ, Américo. Atas do III Congresso Regional Americano de Derecho del Trabajo e de la Seguridad Social. Montreal: Les éditions Yvon Blais inc. 1995, p. 37.

(9) Concurso público. Critérios para investidura em cargo público. Exame psicotécnico. 1. Os critérios para a investidura em cargo público de que trata o art. 37 e incisos da Constituição Federal foram definidos pela Lei n. 8.112/90, de cujos termos se depreende a natureza objetiva das provas de habilitação. A inclusão, no edital de concurso, de critério seletivo de natureza subjetiva, como é o caso do exame psicotécnico, dispõe contra a ordem jurídica vigente e compromete a publicidade do sistema de provimento de cargo público e a igualdade de tratamento devida aos participantes do concurso público. 2. Recurso ordinário provido, para conceder a segurança. TST-RO-MS/61.586/92.7 — DJ 12.11.93 (Rel. Min. Francisco Fausto).

Mandado de segurança. Concurso público para provimento de cargo de procurador da República. Exame psicotécnico ou avaliação psicológica. Exigência de previsão em lei — art. 97 c/c art. 95, § 1º, EC n. 1/69. A exigência de avaliação psicológica ou teste psicotécnico, como requisito ou condição necessária ao acesso a determinados cargos públicos de carreira, somente é possível, nos termos da Constituição Federal, se houver lei que expressamente o tenha previsto. Mandado de Segurança STF 20.973-9 — Rel.: Min. Paulo Brossard. D.J. 24.4.92.

os aspectos da personalidade que interessam ao empregador, evitando os métodos que não guardam correspondência com o fim proposto.

Alguns critérios têm sido acrescidos, como a concordância do empregado com a realização do teste, que deverá ser realizado por psicólogo devidamente habilitado, e desde que os dados em questão não se possam obter por outro procedimento, como diplomas ou certificados (WOLFANG, Daubler. *Derecho del Trabajo*, p. 533). Deve-se, portanto, revelar ao empregador a interpretação feita pelo psicólogo do resultado do teste, relatando-lhe apenas os aspectos que têm relevância, ou seja, a capacidade profissional ou psicológica para executar a função, sempre de forma compatível com a dignidade humana, evitando-se os elementos detalhados e muito pessoais em que se baseou o psicólogo para emitir sua opinião.

Para a investidura em cargo público, no Brasil, o exame psicotécnico não tem sido aceito, por não constar da Lei n. 8.112/90, que definiu os critérios para a investidura nos cargos de que trata o art. 37 e incisos da Constituição Federal, como se infere das decisões do Tribunal Superior do Trabalho e do Supremo Tribunal Federal, em outros cargos públicos(10).

Tem-se recorrido à "astrologia empresarial" na seleção de candidatos ao emprego. No Brasil, sustenta-se que, aos poucos, está sendo vencido "o preconceito da imagem malformada, devido ao charlatanismo dos magos divinatórios, de almanaques e tendas e dos horóscopos por computador vendidos em *shopping centers*"(11).

Os exames médicos também são exigidos, como será analisado oportunamente.

Quanto ao **detector de mentiras ou polígrafo**, muito utilizado nas histórias policiais, encontrava-se em vias de extinção; foi utilizado nos EUA, mas o protesto contra seu uso deu origem à aprovação da Lei de 1988 sobre proteção dos empregados ante a adoção de **polígrafos**, considerada ilegal sua utilização; a partir de então, o uso desses instrumentos pelas empresas privadas nos EUA foi reduzido em 85%(12). Nessa linha de ideias é o Repertório de Recomendações Práticas sobre Proteção de Dados Pessoais dos Trabalhadores elaborado pela OIT.

Não obtivemos dados concretos sobre a utilização desse aparelho após o atentado de 11 de setembro de 2001 nesse país (EUA). No Brasil, a jurisprudência relativamente recente evidencia submissão dos empregados ao de-

(10) TARETTO, Sílvio. O sucesso empresarial escrito nas estrelas. *Jornal Trabalhista*. Brasília. Consulex. Ano XI, n. 502. 25.4.94, p. 378. O autor se baseia em informações prestadas pelo engenheiro químico e astrólogo Maurício Bernis, fundador da empresa Planum Consultoria Empresarial, sediada em São Paulo, que iniciou atividades em 1989, com estudos voltados para processos decisórios em negócios, contando com nove consultores especializados em astrologia empresarial.

(11) Período de prueba para los examinadores. Trabajo. *Revista da OIT* n. 11, 1994, p. 26.

(12) Trabajo. *Revista da OIT*, n. 11, 1995, p. 28.

tector de mentiras (polígrafo) por empresa aérea americana. Há decisões, a **cujo ponto de vista aderimos**, que não permitem a submissão do empregado ao polígrafo ou detector de mentiras, pois, além de dúvida quanto à esfera íntima do trabalhador, infringe-lhe a proteção à intimidade. Confiram, a propósito, a jurisprudência trabalhista:

> "**Continuidade da prestação de serviços condicionada a resultado obtido através de teste de polígrafo (detector de mentiras). Violação à intimidade. Dano moral configurado.** O polígrafo ou 'detector de mentiras' (lie-detector), máquina inventada no ano de 1921, foi introduzida no Brasil nos anos sessenta e banida uma década depois. Registra, de forma simultânea, mudanças nos processos fisiológicos, através da medição de batidas do coração, respiração e pressão arterial. Parte-se da premissa de que, enquanto mentimos, sofremos alterações fisiológicas. Contudo, é sabido que indigitadas mudanças não derivam apenas de mentiras, mas também por causas diversas, como tristeza, timidez, angústia, entre outros. Fato concreto é que estudiosos do mundo todo são unânimes em asseverar que não há qualquer prova de que o polígrafo possa medir, de maneira inconteste, se o ser humano está mentindo ou sendo honesto, razão pela qual muitos países não têm admitido como meio de prova os resultados obtidos através de testes de polígrafos. Ademais, as perguntas formuladas pelo empregador não guardam qualquer relação com o vínculo empregatício mantido entre os litigantes e configuram notória violação aos termos expressamente consubstanciados pelo art. 1º da Lei n. 9.029/95 e dispostos nos incisos do art. 5º da Carta Magna vigente. Não se pode olvidar, outrossim, que a inserção da empregada no ambiente do trabalho não lhe retira os direitos da personalidade, dos quais o direito à intimidade constitui uma espécie. Portanto, não há dúvida de que o uso do polígrafo por parte da recorrente apresenta-se como ilegal e ao permitir essa lógica do mercado de aviação, é dizer, essa política equivocada de gerenciamento, estaríamos reduzindo a importância do Direito do Trabalho brasileiro e a força normativa de seus princípios, restringindo o trabalhador à condição de objeto. O empregador deve exercer seu poder diretivo, e esse exercício não lhe autoriza jamais dirigir a vida do empregado. Configurado o ilícito praticado pela reclamada, para atender exigência da empresa aérea 'American Airlines', a condenação ao pagamento de indenização por danos morais é medida que se impõe". TRT/SP-01275-2003-311-02-00-9-RO-6ª Turma-20050694051 — Rel.: Valdir Florindo — DOE 14.10.**2005**. Synthesis 42/**2006**, p. 214.

Em sentido diverso e afastando a violação à intimidade e à imagem, há decisões favoráveis ao teste por meio de polígrafo. Sustenta-se que o mesmo se aproxima do psicotécnico, sendo necessário no uso de função de segurança, o qual ampara a empresa, e não demonstra caráter vexatório. Nesse sentido pronunciou-se a 6ª Turma do TRT da 3ª Região:

> "**Dano moral. Ambiente laboral. Intimidade do empregado protegida. Função de controle e segurança. Normas específicas e uso legítimo do *ius variandi*. Polígrafo.** A relação de emprego, com as peculiaridades do ambiente de trabalho inerentes ao próprio poder diretivo do empregador, não pode amesquinhar

intimidade e imagem do empregado. O exame através de polígrafo muito se aproxima do psicotécnico e, na ativação como segurança, era absolutamente necessário. Cuidando a espécie de medida preventiva a amparar a empresa e a comunidade envolvida, justifica-se o procedimento no qual se pautou o empregador. Não se denota, então, abuso do direito na formulação de perguntas, não divulgadas; tampouco o caráter vexatório do teste, causando tribulação ou dor íntima, restando claro o caráter sigiloso e impessoal do teste, sendo mesmo medida de segurança necessária. Dano moral não caracterizado". TRT- 3ª Região — RO 00316-2003-092-03-00-4- Ac. 6ª T. — Relª: Juíza Emília Facchini. DJMG 3.6.**2004**, p. 15. In: Dano Moral. Múltiplos Aspectos nas Relações de Trabalho. 3ª ed. Irany Ferrari e Melchíades Rodrigues. *Op. cit.,* p. 203.

Parte da fundamentação do citado acórdão relata que:

"O Autor se sentiu atingido em sua honra por ter sido compelido a prestar informações anuais que o constrangiam. Afirma que, para conseguir o emprego, foi submetido ao polígrafo e, no correr da contratualidade, conforme os documentos vindos com a exordial, fora reiteradamente submetido a questionamentos como: Você reside em casa própria? Esteve hospitalizado nos últimos dez anos? Alguma vez pediu indenização no trabalho? Usa bebidas alcoólicas? Usa narcóticos? Vende ou já vendeu narcóticos? Cometeu crime ou foi preso? Tem antecedentes de desonestidade? Deve para alguém? Quem? Quanto? Cometeu violações de trânsito? Teve acidentes com veículo automotor? Foi suspenso em sua habilitação? Acresce que havia também os testes trimestrais com as seguintes indagações: Você roubou qualquer propriedade do local onde trabalha? Desde seu último teste, usou quaisquer drogas ilegais? Com seu conhecimento, permitiu contrabando em alguma aeronave? Permitiu que alguém violasse os procedimentos de segurança? Transportou qualquer droga ilegal em um avião? Intencionalmente permitiu que alguém viajasse com documentos falsos? (...) Você está ligado a qualquer pessoa envolvida em contrabando ou tráfico de drogas ilegais ou narcotráficos? Durante sua entrevista anterior para entrar na *American Airlines*, você escondeu sua participação em algum ato ilegal? Você já participou de alguma atividade subversiva? Assevera que sempre trabalhara em área de segurança do aeroporto, das aeronaves e passageiros, mas todo direito tem seus limites."

A douta relatora concluiu, diante do caso concreto, não se ter violado a honra, a dignidade, tampouco o princípio da não-discriminação. Logo, sigiloso o teste submetido, concluiu-se não ter sido revelado dano à dignidade do autor, tampouco aos outros envolvidos no evento.

Adotadas nos setores de comércio e em instituições financeiras são as **provas escritas de honradez** aplicadas aos candidatos a empregos que impliquem acesso a dinheiro ou a determinadas mercadorias. Sua validade é controvertida. Os adeptos da seleção por esse meio não o consideram atentado à intimidade e o justificam em face das chamadas "fraudes de tempo", cometidas pelos empregados, entre elas a impontualidade, o abuso das licenças médicas ou o absenteísmo.

Outros consideram a prova de honradez inaceitável, pois as perguntas implicam intromissão na vida privada das pessoas, as quais, em regra, se comportam de forma honrada, esclarecendo-se que o grau de risco de erro nessa prova é inadmissível(13).

3. A investigação prévia e a tutela antidiscriminatória

a) Antecedentes laborais

b) Preparação para o desempenho da tarefa (estudos, títulos, experiências anteriores)

c) Trabalho anterior e razões do desligamento

d) Situação familiar

e) Diversões preferidas, modos de passar o tempo livre ou férias

f) Preferências políticas

g) Crenças religiosas

h) Filiação sindical

i) Origem étnica

j) Antecedentes criminais

É notório o estado de inferioridade do indivíduo aspirante a um trabalho e as oportunidades do empregador de violar seu direito à intimidade. Portanto, a necessidade de delimitar o alcance das indagações surge desde as **investigações prévias.**

Dessa forma, **a investigação prévia,** qualquer que seja o critério adotado, deve, em princípio, restringir-se a avaliar a aptidão do candidato para realizar as funções alusivas ao cargo que irá ocupar. Logo, a exploração psicológica deverá ater-se às qualidades pessoais consideradas essenciais ao exercício da função, sob pena de violação do direito à intimidade do indivíduo.

Em geral, as perguntas compatíveis com a aptidão funcional dizem respeito **a experiências obtidas, certificados, diplomas, local de trabalho anterior e outros assuntos ligados à capacidade profissional do empregado.**

A Constituição Brasileira (1988), ao assegurar a liberdade de crença religiosa, de convicção política ou filosófica (art. 5º, VIII), e a liberdade de associação (art. 5º, XVII), a rigor, está preservando o respeito à esfera pessoal de liberdade do indivíduo. **Devem, portanto, ser evitadas indagações sobre opiniões políticas, crença religiosa, filiação sindical e origem étnica,** que supõem intromissão na vida privada do empregado. O direito à intimidade atua aqui como "coluna sustentadora da liberdade", garantindo a liberdade individual.

---

(13) MASCARELLO, Graziella. Brevi riflessioni su alcuni nuovi profili interpretativi in materia di collocamento e di divieto di indagini sulle opinioni dei lavoratori. *Rivista Giuridica del Lavoro*, 1978, IV, p.497.

No que concerne à **liberdade religiosa**, os juízes franceses consideraram que um trabalhador é livre para não revelar **sua condição de padre** quando da admissão no emprego (Cass. Soc. 17 oct. 1973: (1974) Droit Social 290, note J. *Savatier*). Sobre convicções religiosas e políticas confiram o Capítulo IV e o tópico 4 do Capítulo V desse estudo.

A doutrina italiana considera ilegítimos os questionamentos estranhos à causa contratual, **como situação familiar, diversões preferidas, vida social, modos de passar o tempo livre ou férias**, quando não interferem na avaliação profissional do candidato e possam levar o empregador a fazer deduções a respeito das tendências do empregado ao absenteísmo, e, em conclusão, segregá-lo[(14)]. Questionamentos dessa ordem nem indiretamente devem ser feitos, a menos que sejam essenciais ao desenvolvimento da atividade, como ocorre com as chamadas “empresas de tendência”, **o que será examinado oportunamente**.

Os autores franceses admitem seja o candidato submetido a um questionário **sobre funções e *hobbies* dos familiares** e assevera que ele poderá minimizar a questão advinda do fato de um deles trabalhar para empresa concorrente, mas não solucionará a questão das relações surgidas depois da contratação (cf. RAY, Jean-Emmanuel. *Fidelité et exécution du contrat de travail.* Droit Social. n. 5, maio de 1991).

A Constituição da República do **Brasil**, no art. 7º, inciso XXX, ao proibir diferença de critério de admissão por motivo **de sexo, idade, cor ou estado civil,** está vedando expressamente a inserção desses critérios pessoais como fator de segregação profissional. A pergunta sobre tais circunstâncias não é considerada intromissão ilegítima, mesmo porque, em geral, até constam dos documentos de identidade, sendo inadmissível que se tornem suscetíveis de provocar discriminação.

Indagação sobre o **estado de gravidez** da candidata ao emprego fere também o princípio da não-discriminação, salvo se for ela exercer funções, em que a gravidez constitua obstáculo à realização das tarefas, como, por exemplo, se for trabalhar em uma clínica radiológica. Maiores considerações sobre o assunto poderão ser encontradas **no Capítulo III desse estudo**.

Com o desenvolvimento da legislação antidiscriminatória, os empregadores têm procurado neutralizar a **discriminação direta**, ou seja, aquela que pressupõe um tratamento desigual fundado em razões proibidas. Práticas **neutras**, entretanto, poderão traduzir uma **outra forma de discriminação, a indireta**, reveladora de um tratamento formalmente igual, mas que produzirá efeito diverso sobre determinados grupos. Assim, a exigência de experiência em uma atividade tradicionalmente considerada masculina, onde as mulhe-

---

(14) MONTEIRO DE BARROS, Alice. *A mulher e o Direito do Trabalho.* São Paulo: LTr, 1995, p.130 e ss.

res não tiveram chance de trabalhar, poderá conduzir a resultados discriminatórios[(15)].

Relativamente aos **antecedentes criminais**, consideramos que a **indagação é indiscreta** e implica intromissão na esfera pessoal do indivíduo, **a não ser que a conduta delituosa tenha significado contratual**, ou seja, guarde coerência com as obrigações que irá assumir. Aliás, a legislação brasileira inclina-se nesse sentido, ao abolir a exigência de atestados de bons antecedentes em várias situações.

4. Obrigatoriedade de destruição dos dados referentes aos candidatos não designados

4.1. Em algum caso, surgiu alguma queixa ou reclamação depois de proceder-se ao exame de seleção?

a) pela forma de realizar a investigação prévia?

b) pela utilização de critérios discriminatórios?

4.2. Meio de defesa no caso de a investigação ultrapassar os limites considerados adequados

4.3. Meio de defesa na hipótese de discriminação diante das razões vinculadas à pessoa do empregado

4.4. Interesse do sindicato na proteção do solicitante de trabalho nas circunstâncias relatadas

4.5. Convenção coletiva que proteja nesse aspecto os candidatos ao emprego

A legislação brasileira não prevê obrigatoriedade de destruição de dados armazenados em fichários ou computadores da empresa, embora devesse fazê-lo ou pelo menos exigir sigilo das pessoas que se encarregam destes, manuseando-os.

Ocorre que não são comuns queixas ou reclamações depois de se proceder a um exame de seleção por empresa privada, nem pela forma de se realizar a investigação prévia, nem sequer pela utilização de critérios discriminatórios, talvez porque o candidato tema a possibilidade de represálias em futuros empregos, ou porque não há meios legais para exigir que o empregador o selecione.

Ademais, lamentavelmente, não há interesse dos sindicatos, que mereça registro, em intervir na proteção do empregado nessa circunstância, inexistindo disposição a respeito em convênios coletivos.

---

(15) RUIZ MIGUEL, Carlos. *Op. cit.*, p. 187.

Questão interessante diz respeito à destruição de laudos, pareceres e testes psicológicos referentes ao serviço de psicologia organizacional de uma empresa. Indaga-se a quem pertencem esses elementos, ao psicólogo ou à empresa?

A jurisprudência registra um caso concreto, em que as **psicólogas**, vinculadas a uma empresa, **sob a égide da CLT**, tinham como atribuições a avaliação de candidatos a emprego, através de aplicação de testes psicológicos e entrevistas, elaborando laudos e pareceres. A indústria empregadora acionou as empregadas, por terem incinerado tais documentos e obteve em juízo indenização pelo ilícito, na forma da lei civil. Na apelação, as psicólogas alegaram que esses documentos não eram de propriedade da empresa e que a sua eliminação visara a preservar o caráter sigiloso dos trabalhos de Psicologia, agindo no exercício regular de um direito, sob o imperativo de um dever ético. Entretanto, a **2ª Câmara Civil do TJRS, em acórdão de 25.10.90, AP n. 590.011.490, ADV 53.276**, entendeu que a conduta das apelantes resvalou para a seara do interesse individual, pois o material destruído poderia, eventualmente, servir para as colegas que as sucedessem no Departamento de Psicologia da empresa, sem falar nos primeiros destinatários, os empregados. Entendeu o Tribunal que a determinação da empresa, exigindo a não destruição de informações relativas a aptidões funcionais de candidatos não extrapola, nem concede a profundidade ontológica que esse trabalho deve ter. Ficou esclarecido que não se exigiu dos profissionais que revelassem fatos de natureza íntima dos candidatos, até porque o direito à privacidade é assegurado, hoje, em preceito constitucional, logo, as profissionais e os candidatos poderiam recusar-se a fazê-lo (Cf. CHAVES, Antônio. Direitos da Personalidade e dano moral. *Rev. LTr* 59-3/342).

Na hipótese de a investigação ultrapassar os limites adequados, com violação da esfera da vida íntima do indivíduo, este poderá reivindicar indenização por dano material ou moral, com amparo no art. 5º, X, da Constituição. O mesmo ocorre se ficar clara a discriminação por motivos vinculados à pessoa do empregado, que, em última análise, possam implicar também violação da sua intimidade. **Acontece que a prova da discriminação não é fácil. Logo, exigir-se prova da discriminação ou da intenção de discriminar inviabiliza o reconhecimento da igualdade de oportunidades e de tratamento no emprego. Assim, entendemos que, para evidenciá-la, a pessoa considerada discriminada deverá apresentar fatos que permitam deduzir "indícios racionais" de discriminação, e o empregador deverá destruir a presunção, apresentando o motivo capaz de justificar o tratamento desigual.**

Na Espanha, a Lei n. 2, de 7 de março de 1991, sobre direitos de informação dos representantes de empregados em matéria de contratação (LIRT), autoriza seja a cópia do contrato do empregado entregue pelo empregador ao representante sindical, contendo os dados do ajuste, exceto o número da carteira de identidade, o domicílio, o estado civil e qualquer outro elemento capaz de afetar a intimidade pessoal do obreiro. Afirma-se que a inovação legislativa retrocedeu, em termos de proteção à intimidade, pois, anteriormente, o controle das condições contratuais era permitido, com fulcro nos art. 64.1.8 e 65.1 do Estatuto do Trabalhador, desde que houvesse o consentimento do obreiro. A supressão desse consentimento implicou violação ao direito fundamental da intimidade, sendo, portanto, segundo parte da doutrina, inconstitucional(16). O Tribunal Constitucional, entretanto, considera "constitucionalmente justificável o virtual sacrifício da esfera do indivíduo em função dos interesses coletivos tutelados pela representação do pessoal, o qual (...) não só é incompatível, com o âmbito de liberdade pessoal, senão que os assegura atuando como garantia básica de situações jurídicas individualizadas". A mesma Lei n. 2, de 7 de março de 1991, reporta-se à Lei Orgânica de proteção civil do direito à honra, à intimidade pessoal e familiar e à própria imagem (LODHI), quando especifica dados contratuais que não devam ser exibidos aos representantes sindicais; a legislação em exame, por sua vez, considera ilegítima apenas a revelação de dados particulares conhecidos através da atividade profissional ou oficial de quem os revela, o que leva, não à proibição dirigida aos representantes dos empregados de conhecer certas intimidades, senão à proibição da difusão destas, com quebra do dever de diligência que os obriga(17).

(16) DEL VALLE, José Manuel. *Op. cit.*, p. 489-490.
(17) RUIZ MIGUEL, Carlos. *Op. cit.*, p. 187.

CAPÍTULO III

O Controle da Atuação Laboral

1. Procedimentos utilizados para controlar o trabalho

Ressaltamos, de início, que não existe, na legislação brasileira, nenhum dispositivo legal vedando expressamente a inspeção e perquirição pessoal, à semelhança do texto constitucional italiano, embora a Constituição Federal assegure o direito à intimidade do cidadão brasileiro em geral, como já foi salientado (art. 5º, inciso X).

Sucede que o art. 3º da CLT, ao conceituar a figura do empregado, considera-o a pessoa física que presta serviços sob a dependência do empregador. Encarada como uma subordinação jurídica, essa dependência consente que o empregado renuncie, em parte, à sua liberdade de ação, aceitando, até certo ponto, o controle do empregador.

E, se não bastasse, o art. 2º da Consolidação das Leis do Trabalho (CLT) confere ao empregador o poder diretivo, pois a este compete dirigir a prestação pessoal de trabalho. Esse poder diretivo manifesta-se através do controle, da vigilância e da fiscalização, como forma de avaliar o cumprimento da obrigação do empregado, para, eventualmente, adotar medidas disciplinares.

Logo, o legislador ordinário, reconhecendo o poder diretivo, legitima a limitação da esfera de intimidade do empregado, imposta pelas exigências do desenvolvimento da atividade laboral, mas o poder de direção também está sujeito a limites, aliás, inderrogáveis, como o respeito à dignidade do empregado e à liberdade que lhe é reconhecida no plano constitucional. A dificuldade consiste em estabelecer limites entre o direito à intimidade do trabalhador e o direito de dirigir a atividade do empregado, conferido ao empregador pelo art. 2º da CLT. Aliás, a jurisprudência tem revelado a dificuldade, na prática, de definir até onde esse poder de direção é exercido legitimamente, como boa administração de pessoal, e a partir de quando ele se torna intolerável, por implicar invasão da intimidade dos empregados.

a. Revistas pessoais. Fundamentos. Local de realização da revista

Com fundamento no poder diretivo e à falta de disposição específica na legislação trabalhista, os doutrinadores nacionais admitem as revistas pessoais[(1)], outros a condicionam a um ajuste prévio ou à previsão no regulamento da empresa[(2)].

Existe, todavia, divergência doutrinária a respeito do assunto.

Há autores que se insurgem **contra a revista,** por considerá-la atentatória ao direito individual do empregado, diante do qual a autoridade na empresa deve curvar-se[(3)].

A jurisprudência brasileira inclina-se, há muitos anos, pela possibilidade da revista pessoal, mormente quando prevista em regimento interno da empresa[(4)], com o fundamento de que é um direito do empregador e uma salvaguarda ao seu patrimônio. Entende-se que a insurgência do empregado contra esse procedimento permite a suposição de que a revista viria comprovar a suspeita que a determinou contra a sua pessoa, autorizando o reconhecimento da justa causa[(5)].

Há decisões do TST, **bem mais recentes** (2005 e 2006), admitindo revistas em bolsas, sacolas ou pastas, de forma moderada, desprovidas de atos capazes de violar os direitos da personalidade, entre os quais o da honra e o da intimidade do empregado. É o que se infere das ementas desses acórdãos:

> "**Dano moral. Incompetência da Justiça do Trabalho. 1. Nulidade. Negativa de prestação jurisdicional inexistente.** Não há que se cogitar de nulidade, por negativa de prestação jurisdicional, quando o Regional se pronuncia sobre os aspectos fáticos e jurídicos oportunamente debatidos pela Parte, embora de forma contrária aos seus interesses. Recurso de revista não conhecido. **2. Dano moral. Incompetência da Justiça do Trabalho. Decisão moldada à jurisprudência uniformizada do TST**. Estando a decisão regional moldada à diretriz da Súmula n. 392 desta Corte, impossível o conhecimento da revista, com alicerce em violações legais e constitucionais e em dissenso pretoriano (CLT, art. 896, § 4º; Súmula n. 333/TST). Recurso de revista não conhecido. **3. Dano moral. Revista em bolsas. Inocorrência**. 3.1. Encontrando lastro no art. 159 do

---

(1) MAGANO, Octavio Bueno. *Manual de Direito do Trabalho. Direito individual do trabalho.* São Paulo: LTr, v. II, 1993, p. 212. RIBEIRO DE VILHENA, Paulo Emílio. *Revista. Direito de Revista* (Antessupostos constitucionais). *Direito do Trabalho e Fundo de Garantia.* São Paulo: LTr, 1978, p. 66. Afirma esse autor que, "no resguardo à propriedade do empregador, reconhece-lhe a ordem jurídica o direito de proceder à "revista" em seus empregados, cujo exercício regular traduz um direito subjetivo público". A legislação do trabalho, quando criou o "ato de improbidade", como justa causa, deixou virtualidade ao direito de "revista, como caso típico de medida preventiva".

(2) BARATA SILVA, Carlos Alberto. *Compêndio de Direito do Trabalho.* São Paulo: LTr, 1978, p. 259.

(3) MESQUITA, Luiz José de. *Direito disciplinar do trabalho.* 2. ed.. São Paulo: LTr, 1991, p. 56.

(4) Acórdãos TST 3.069/46. DJ 19.12.46, p. 2.287 e TST 10.364/47. DJ 24/2/49, p. 821. MESQUITA, José Luiz de. *Op. cit.*, p. 56.

(5) Acórdão TST 3.186/48 — DJ 13.1.49 — citado em nota de pé de página por MESQUITA, Luiz José de. Direito disciplinar do trabalho. 2. ed. São Paulo: LTr, p. 56. No mesmo sentido: "Constitui falta grave a recusa do empregado a submeter-se a determinado tipo de revista" (Embargos no TST, Proc. n. 3.120/66, acórdão de 22.11.1967; relator Min. Charles E. Moritz; *Revista do TST* 67/68, p. 85). LAMARCA, Antonio. *Manual das justas causas*, São Paulo: Revista dos Tribunais, 1977, p. 462.

Código Civil de 1916, à época dos fatos, a obrigação de reparar o dano moral (Constituição Federal, art. 5º, *caput* e incisos V e X), pressupõe ação ou omissão ilícitas, assim não se caracterizando o exercício regular de direito (Código Civil de 1916, art. 160). 3.2. O exercício do poder diretivo não constituirá abuso de direito, quando não evidenciados excessos, praticados pelo empregador ou seus prepostos. 3.3. A tipificação do dano, em tal caso, exigirá a adoção, por parte da empresa, de procedimentos que levem o trabalhador a sofrimentos superiores aos que a situação posta em exame, sob condições razoáveis, provocaria. 3.4. **A moderada revista em bolsas e sacolas ou pastas, quando não acompanhada de atitudes que exponham a intimidade do empregado ou que venham a ofender publicamente o seu direito à privacidade, não induz à caracterização de dano moral** sobretudo quando o prejuízo íntimo sequer é alegado. Dano moral não configurado. Recurso de revista provido. 4. INDENIZAÇÃO POR DANO MORAL. REDUÇÃO DO VALOR ARBITRADO. REVISTA PREJUDICADA. Diante da exclusão da indenização por dano moral, resta prejudicada a análise da revista, no particular. Recurso de revista prejudicado. 5. DESCONTOS PREVIDENCIÁRIOS. DECISÃO MOLDADA À SUMULA N. 368, III, DO TST. A decisão regional, ao autorizar a dedução dos valores devidos pela reclamante a título de contribuição previdenciária, calculados mês a mês, está em consonância com a Súmula 368, III, desta Corte. Recurso de revista não conhecido. 6. DESCONTOS FISCAIS. INCIDÊNCIA. MOMENTO. Segundo a diretriz traçada no art. 46 da Lei n. 8.541/92, os descontos fiscais devem ser calculados com base nos critérios da época em que os valores se tornarem disponíveis para o autor da ação. O tema está pacificado pela Súmula 368, II, desta Corte, quando pontua que os descontos fiscais devem incidir sobre o valor total da condenação, referente às parcelas tributáveis, calculados ao final. Recurso de revista conhecido e provido". TST-RR-615.854/99 — Ac. 3ª Turma — Rel.: Min. Alberto Bresciani. DJU 10.11.2006. *Revista TST*, v. 72, n. 3, set./**dez. 2006.**

"**Dano moral. Indenização. Revista em bolsas e sacolas ao término do expediente.** A revista de bolsas e sacolas dos empregados como procedimento interno e geral da empresa, **em que o próprio empregado abre sua bolsa**, não configura prática excessiva de fiscalização, capaz de atinar contra a dignidade e o bem-estar de seus empregados. Essa prática não atenta contra o princípio da presunção de **boa-fé** ínsito das relações interpessoais, visto que a potencialidade de ofensa das revistas é mínima e passível de ser suportada pelo senso comum. Recurso de Revista de que se conhece e a que se dá provimento." TST-RR-301/2003-009-04-00.0- Ac. 5ª Turma. Rel.: Min. João Batista Brito Pereira. DJ 19.8.**2005.**

"**Revista rotineira na bolsa e sacolas de funcionários. Horário de saída do trabalho. Local reservado. Caráter não abusivo nem vexatório. Ausência de ofensa à honra e dignidade da pessoa. Dano moral. Inocorrência.** A revista rotineira de bolsas e sacolas do pessoal da empresa, no horário de entrada e saída do serviço, constitui procedimento legítimo a ser utilizado pelo empregador como meio de proteção de seu patrimônio, ou como forma de tutela de sua integridade física e de seus empregados. Efetivamente, a maneira como realizada a revista, é que definirá a ocorrência ou não de dano moral. Nesse contexto, somente enseja o pagamento de indenização por dano moral, a revista em que o empregador extrapola o seu poder diretivo, mostrando-se abusiva, por constranger os empregados, colocando-os em situações de ultrajante, em frontal desrespeito à honra e à intimidade da pessoa humana. Na hipótese dos autos, segundo o quadro fático definido pelo Regional, não se pode considerar abusiva, nem vexatória, a revista, não ensejando, portanto, a condenação à indenização por dano moral, já que a revista foi realizada mediante o exame de sacolas e bolsas ao final do expediente, **sem que o segurança sequer tocasse no empregado**. Recurso de revista conhecido e provido." TST-RR-250/2001-661-09-00 — Ac. 4ª Turma — Rel.: Juiz Convocado José Antônio Pancotti, DJ 3.2.2006. *Revista TST*, Brasília, v. 72, n. 3, set./dez. **2006**.

A recusa por parte do empregado será legítima quando a revista passa, por força do poder diretivo ou disciplinar do empregador, a envolver circunstâncias ofensivas ou injuriosas atentatórias à dignidade humana.

A nosso ver, **a revista se justifica**, não quando traduza um comodismo do empregador para defender o seu patrimônio, mas quando constitua recurso necessário à satisfação do interesse empresarial, à falta de outras medidas preventivas; essa fiscalização visa à **proteção do patrimônio do empregador e à salvaguarda da segurança das pessoas**. Não basta a tutela genérica da propriedade, devendo existir circunstâncias concretas que justifiquem a revista; é mister que haja, na empresa, bens suscetíveis de subtração e ocultação, com valor material, ou que tenham relevância para o funcionamento da atividade empresarial(6).

A jurisprudência nacional revela fatos consensuais abusivos e estabelecidos pelas partes, restando incontroversos documentos comprobatórios de exigência de nudez.

Cumpre ressaltar que a circunstância de a empresa possuir como atividade-fim o transporte e a guarda de dinheiro, bem suscetível de subtração e ocultação, realmente justifica a utilização de uma fiscalização mais rigorosa.

Ocorre, entretanto, que, mesmo se necessária a revista, a forma como for levada a efeito poderá ser desrespeitosa e humilhante. A conduta do empregador, nesse caso, traduz atentado ao pudor natural dos empregados, além de violar-lhes a intimidade e a dignidade, emergindo, daí, o dano moral que se procura reparar(7).

---

(6) DURÁN LÓPEZ, Federico. *Op. cit.*, p. 539.

(7) **Princípio da dignidade humana. Revista que exige o desnudamento do empregado.** O princípio da dignidade humana ocupa posição de destaque no exercício dos direitos e deveres que se exteriorizam nas relações de trabalho e aplica-se em várias situações, principalmente para evitar tratamento degradante do trabalhador. Sob a ótica laboral, o direito à intimidade é uma das variáveis mais importantes da dignidade, situando-se aqui a proteção do empregado frente aos controles pessoais no emprego, entre os quais se incluem as revistas que exigem seja o empregado desnudado.TRT- 3ª Região — 7ª T. — RO-1065-2005-005-03-00-0. Rel.: Juíza Alice Monteiro de Barros, julgado em 11.4.**2006**. Nesse sentido nos

Se o autor assinou, no ato de sua admissão no emprego, documento por intermédio do qual declarava estar ciente das peculiaridades das suas funções e da necessidade da revista pessoal, naquele momento visava garantir a contratação e, portanto, a sua sobrevivência, razão pela qual a declaração deve ser tomada com reserva. Além disso, pesa a circunstância de a revista, na forma como era efetuada, atentar não só contra a intimidade do trabalhador, mas também comprometer, inclusive, a sua dignidade. A meu ver, se o empregador não confiava em seus trabalhadores, não deveria sequer contratá-los.

Há orientação (de 2008) do TST na mesma direção:

"**Dano moral. Revistas íntimas diárias de empregada. Violação à honra e à intimidade da recorrente. Inteligência do art. 373-A da CLT e do art. 5º, inciso X da Constituição.** I Consignada na decisão recorrida a ocorrência de submissão da recorrente a revistas íntimas diárias, em que pese o registro de que se tratava de empresa de transporte de valores, cuja natureza do trabalho exigia tal procedimento, e o fato de as revistas serem procedidas por pessoa do mesmo sexo, **desacompanhadas de comentário desairoso, resulta ainda assim incontrastável a agressão à sua honra e intimidade**, emblemática da caracterização do dano moral. II — É que se acha subjacente ao sistema de vistoria, com revista íntima, claríssimo abuso do poder diretivo do empregador, pois embora lhe caiba dirigir e fiscalizar a prestação pessoal de serviço, **não lhe é dado exceder-se no exercício desse poder** a ponto de atingir os valores íntimos da pessoa humana. III — Aliás, o art. 373-A, inciso IV da CLT, contém norma incisiva sobre a proibição de o empregador ou preposto proceder a revistas íntimas nas empregadas ou funcionárias, cuja infringência se deduz a ofensa à sua dignidade e intimidade como indivíduos, reforçando a convicção sobre a caracterização do dano moral do art. 5º, inciso X da Constituição. IV — Nesse sentido, é forte a jurisprudência desta Corte ao qualificar como dano moral a realização de revista pessoal de controle ou ato equivalente, conforme se constata dos seguintes precedentes: E-RR-641571/2000, DJ 13.8.2004, Min. Maria Cristina Peduzzi; RR-2195/99-009-05-00.6, DJ 9.7.2004, Min. João Oreste Dalazen; RR-641571/2000, DJ 21.2.2003, Min. Antônio José de Barros Levenhagen; RR-360902/1997, DJ 8.6.2001, Min. Vantuil Abdala. 2. DO VALOR DA INDENIZAÇÃO. I — É sabido que a indenização por dano moral deve observar o critério estimativo, diferentemente daquela por dano material, cujo cálculo deve observar o critério aritmético. Na fixação da indenização do dano moral, deve o juiz se nortear por três vetores, isto é, a gravidade do dano causado, a estatura econômico-financeiro do ofensor e o intuito inibidor de futuras ações lesivas à honra e boa fama dos empregados. II — Considerado o fato notório de a reclamada se constituir em empresa de médio porte, a relativa gravidade do dano, visto que as revistas eram procedidas por funcionários do mesmo sexo, desacompanhadas de qualquer comentário desairoso, julga-se razoável arbitrar-se à indenização o valor de R$ 3.000,00, suscetível inclusive de se prestar como instrumento dissuasório da prática de revistas íntimas diárias. Recurso conhecido e provido". TST-RR-

---

pronunciamos também no julgamento dos processos TRT — 3ª Região — 00325-**2005**-005-03-00-0-RO e 01610-**2004**-108-03-00-5-RO, ambos da 7ª Turma, dos quais atuamos como relatora.

58/2004-025-01-40- 4ª T. — Rel.: Min. Barros Levenhagen — DJ **7.3.2008**. *Revista Justiça do Trabalho*. Porto Alegre: HS, p. 125.

A **tecnologia** também poderá ser utilizada para evitar ou reduzir os efeitos da revista na intimidade dos empregados. A título de exemplo, a colocação de etiquetas magnéticas em livros e roupas torna desnecessária a inspeção em bolsas e sacolas, nos estabelecimentos comerciais. Quando utilizada, a revista deve ser de **caráter geral, impessoal,** para evitar suspeitas, através de critério objetivo (sorteio, numeração, todos os integrantes de um turno ou setor), **mediante ajuste prévio com a entidade sindical ou com o próprio empregado, na falta daquela, respeitando-se, ao máximo, os direitos da personalidade (intimidade, honra, entre outros).**

Geralmente, a revista **deverá ser realizada** no âmbito da empresa. O exercício do poder diretivo conferido ao empregador, no caso, não se estende para fora do estabelecimento da empresa, ainda que haja fundadas suspeitas contra o obreiro; nessa circunstância deverá o empregador recorrer às autoridades competentes(8).

Note-se, entretanto, que a jurisprudência canadense, excepcionalmente, **aceitou como prova a revista em lixo da casa de seu ex-empregado, depositado ao longo da rua**, onde havia garrafas de vinho correspondentes àquelas que haviam sido furtadas em uma caixa de vinho da empresa, fato ensejador da resolução contratual desse empregado (Société des alcools du Quebec et sindicat des travailleurs (euses) de la SAQ, D.T.E. 90 T-1198 — arb. Paul Imbeau) In: Informação prestada pelo Canadá ao III Congresso de Direito do Trabalho e Seguridade Social, realizado em Montreal, em maio de 95, n. 89, p. 50.

A revista deverá ser realizada, em geral, na saída; na entrada do trabalho ou durante a execução do serviço, justifica-se, excepcionalmente, não só em face da intensificação do fenômeno terrorista no mundo, mas também pelo fato de que, em determinadas atividades (minas, por exemplo), deverá ser evitada a introdução de objetos como explosivos ou outro objeto capaz de colocar em risco a segurança das pessoas ou o patrimônio empresarial. Sugere-se, para tal fim, o sistema automático de detecção de objetos, não seletivo, geralmente usado nos aeroportos; a partir daí, pode-se justificar a revista individualizada de certos empregados, em relação aos quais funcionou o sinal de alarme(9), sempre com a menor publicidade possível, na presença de um colega de trabalho, dependendo da circunstância, de colega do mesmo sexo, e respeitando-se sua dignidade pessoal. A utilização desses controles, ainda que de maior custo econômico do que as revistas manuais impõe-se, em nome da tutela da dignidade do empregado. A revista feita por várias vezes ao dia, sem um motivo excepcional, vem sendo considerada abusiva e por isso mesmo inadmissível(10).

---

(8) DURÁN LÓPEZ, Federico. *Op. cit.*, p. 545.

(9) DURÁN LÓPEZ, Federico. *Op. cit.*, p. 544.

(10) "Indenização por dano moral. Revistas a empregados. Critério de cálculo. A Justiça do Trabalho é competente para apreciar o pedido de indenização por dano moral, quando o ato praticado pelo empre-

A revista individual só se justifica quando fundada em sérias razões. **A revista** efetuada em uma ou poucas pessoas, ainda que de forma superficial e respeitosa, poder-lhe-á ser altamente lesiva, pois elas se tornarão suspeitas. Daí a inadmissibilidade de controles discriminatórios, arbitrários, dos quais advenha predisposição contra os empregados selecionados.

Outro aspecto diz respeito **à revista que pressupõe inspeção direta sobre o corpo do empregado suspeito de furto** de pequenos objetos de grande valor (joias, pedras preciosas).

Com razão está a doutrina estrangeira(11) quando assevera que a inspeção nessas condições poderá traduzir atentado contra o pudor natural da pessoa, mas dependerá da intensidade do exame. Portanto, considera-se atentatória à intimidade a inspeção que exige que o indivíduo se desnude completamente, ainda que perante pessoas do mesmo sexo, e se submeta a exame minucioso, detalhado, prolongado ou em presença de outros. Vejamos:

> **"Revista. Desrespeito à intimidade do trabalhador. Dano moral.** A circunstância de a empresa trabalhar com drogas valiosas, muito visadas pelo comércio ilegal, justifica a utilização de fiscalização rigorosa, inclusive a revista, até porque o empregador está obrigado a zelar para que esses medicamentos não sejam objeto de tráfico ilícito, evitando a sua comercialização indiscriminada. Sucede que a revista deverá ser admitida como último recurso para defender o patrimônio empresarial e salvaguardar a segurança dentro da empresa, à falta de outras medidas preventivas; mesmo assim, quando utilizada, deverá respeitar a dignidade do trabalhador, evitando ferir-lhe o direito à intimidade. Se a revista implica no fato de o empregado desnudar-se completamente e ainda ter que caminhar por pequeno percurso, a fiscalização atenta contra o direito à intimidade do empregado e autoriza o pagamento de indenização por dano moral (art. 5º, X, da Constituição da República/1988, no título "Dos Direitos e Garantias Fundamentais"). Ora, "numa época em que os imperativos econômicos do mercado questionam os dogmas tradicionais" do Direito do Trabalho, inclusive o princípio da proteção, o vigor dos direitos fundamentais dos trabalhadores nas empresas poderá traduzir "um antídoto para emancipar o contrato de trabalho" de sua excessiva subordinação à economia, permitindo que

---

gador decorre da prestação de serviços. Na espécie, a obreira autora teve seu direito à intimidade violado, ao estar sujeita a constrangimentos e desgastes emocionais, ao se ver exposta a "revistas" rotineiras, duas a quatro vezes ao dia. Trata-se de lesão a um direito personalíssimo, constitucionalmente assegurado. O contrato de trabalho tem por princípio a confiança e a boa-fé dos contraentes. Se há dúvidas quanto a idoneidade dos empregados, não pode o empregador, a seu bel prazer, submetê-los a situações constrangedoras, indiscriminadamente. Se não mais lhe agradam os serviços prestados, seja por indícios de furto ou cometimento de qualquer outra transgressão, caberá à empresa representar o obreiro perante órgão criminal competente ou demiti-lo. Por certo que ao empregador é conferido poderes na direção, regulamentação, disciplinamento e fiscalização na prestação de serviços. Entretanto, o poder fiscalizatório, também chamado poder de controle, não poderá sobrepor-se à dignidade da pessoa do trabalhador". (TRT — 9ª Reg. — 5ª T. — Ac. n. 20413/97 — Rel. Juiz Haj Mussi — DJPR — 1º.8.97 — p. 1038). *Rev. de Direito Trabalhista.* ano 3, n. 9, set. 97, p. 71.

(11) PLÁ RODRÍGUEZ, Américo. El derecho laboral y la protección de la intimidad del trabajador. *Revista Derecho Laboral,* T. XXIX, n. 144, oct./dic.1986, Montevidéo, p. 595. No mesmo sentido: GOÑI SEIN, José Luis. *Op. cit.* (1988), p. 197.

essa disciplina recupere seu papel de assegurar a auto-realização do empregado como cidadão (cf. Miguel Rodriguez — Pinñero. Constituzione, diritti fundamentali e contratto di lavoro. Giornali di Diritto del Lavoro e di Relazioni Industriali, n. 65, 1995). Julgado em 5.8.1997. TRT- 3ª Região — RO-313/97 — 2ª Turma. Rel.: Juíza Alice Monteiro de Barros. DJMG 5.9.1997.

Na mesma direção e em época mais recente, manifesta-se a jurisprudência[(12)].

A Justiça do Trabalho tem entendido, ainda, que as revistas consistentes em abaixar a calça ou levantar a saia e abrir a blusa vêm sendo consideradas como ato ofensivo à intimidade do trabalhador. É o que se infere dessa ementa:

> **"Dano moral. Caracterização. Revistas 'completas'. Extrapolamento ao limite do poder potestativo do empregador. Danos morais sofridos.** Desnecessária a publicidade do ato ilegal para caracterização. Constitui-se em ato abusivo da reclamada a realização de revistas 'completas' (incluindo abaixar a calça/saia e abrir a camisa/blusa), extrapolando o limite do poder potestativo que detém, ainda que realizadas em locais reservados. O ato ilícito ofende ao obreiro em sua intimidade psíquica em seus valores subjetivos, exigindo a reparação. O poder potestativo, nestes casos, deve ficar restrito ao necessário, respeitando a **dignidade** e intimidade do trabalhador, a qual deve prevalecer sobre o excesso de zelo com o patrimônio". TRT — 9ª Reg. 1ª T. Ac. n. 3869/97. Rel.: Juiz Wilson Pereira. DJPR 21.2.97. p. 322. *Revista de Direito Trabalhista.* Ano 3, n. 03, março de 97, p. 50.

Na mesma linha de ideias manifestou-se a 37ª Vara Criminal do Rio de Janeiro, através da sentença proferida pelo Juiz Sérgio de Souza Verani, ao condenar o proprietário da empresa De Millus a elevada multa, por incorrer na prática de crime de constrangimento ilegal, ao submeter 3.000 empregadas do setor de produção a revistas periódicas, no final do expediente. As operárias eram encaminhadas a cabines sem cortina, em grupos de trinta, e recebiam instruções para levantar as saias e blusas ou abaixar as calças compridas, a fim de que fossem examinadas as etiquetas das peças íntimas e, quando ocorria de estarem menstruadas, deveriam mostrar a ponta do absorvente higiênico, para provar que não havia peças escondidas no local (cf. *Revista Veja*, 19 de junho de 1991, p. 24).

---

(12) "**Recurso Ordinário. Revista Íntima de Empregados. Dano moral configurado.** Importa em dano moral o ato do empregador que impõe revista íntima aos empregados despidos, com a agravante de filmá-los durante tal ato, distanciando tal procedimento da razoabilidade média exigível na utilização de métodos de segurança". TRT 1ª Reg. — RO-00010-2002-069-01-00-0- Ac. 9ª T. — Rel.Juiz José da Fonseca Martins Júnior — DJRJ 10.9.**2003**, p. 303.

"**Danos morais. Revista vexatória.** Em regra, a revista ao final da jornada não é suficiente para, por si só, gerar constrangimento ou violação à intimidade da pessoa, máxime atuando a reclamada no comércio de medicamentos. Todavia, tal precaução deve ser manifestada de forma razoável, respeitando-se a dignidade do empregado, sem lhe submeter a situações vexatórias ou nitidamente constrangedoras. A exigência de que os empregados se dispam e passem nus diante de um encarregado revela abuso do poder diretivo, principalmente diante da possibilidade de adoção de meios menos vexatórios". TRT — 3ª Região — RO- 00530-2005-036-03-00-4- Ac. 6ª Turma — Rel.: Juiz Ricardo Antônio Mohallen, DJMG 20.10.**2005**, p. 12.

Entretanto, o Tribunal de Justiça do Rio de Janeiro, à época, ao apreciar pedido formulado por Marilena de Almeida Silva contra De Millus S/A. Indústria e Comércio, entendeu não configurar-se o dano moral na hipótese de revista, argumentando que:

> "A inspeção pessoal *per se*, é expediente legítimo, corriqueiro em determinados estabelecimentos industriais, adotado com prévio conhecimento dos empregados, estando essa legitimidade na observância dos procedimentos normais, desenvolvidos com discrição e indiscriminadamente, preservado o devido respeito ao ser humano, não consistindo, consequentemente, em ato abusivo. Competência da Justiça Comum Estadual e não da Justiça do Trabalho para processar e julgar a causa" (TJ-RJ- Ac. unân. da 1ª Câm. Cív., reg. em 27.9.95 — AP 5.365/94 — Rel. Des. Sérgio Fabião).

A matéria processual está hoje superada pela Súmula n. 392 do TST, considerando-se a competência da Justiça do Trabalho para apreciar o feito. Vejamos:

> "DANO MORAL. COMPETÊNCIA DA JUSTIÇA DO TRABALHO. Nos termos do art. 114 da CF/1988, a Justiça do Trabalho é competente para dirimir controvérsias referentes à indenização por dano moral, quando decorrente da relação de trabalho" (ex-OJ n. 327 da SBDI-1 — DJ 9.12.2003).

A controvérsia que persistiu, logo após a Emenda Constitucional n. 45 do final de 2004, foi relativa à competência para apreciação de pedido de compensação por dano material e/ou moral decorrente de acidente do trabalho.

A jurisprudência trabalhista majoritária, anteriormente à Emenda Constitucional, já defendia a competência da Justiça do Trabalho, para apreciar a matéria (TST-E-RR-483.206/1998 — Ac. SDI Redator designado Min. Vantuil Abdala — DJU 17.10.03).

O STF entendia de forma contrária. Após alguma hesitação (9.3.2005 — RE 438/639.9 MG) em 29 de junho de 2005, o STF, ao decidir conflito de competência (n. 7.024), alterou seu posicionamento e definiu, por unanimidade, pela competência da Justiça do Trabalho para apreciar e julgar ação reparadora de dano decorrente de acidente do trabalho.

b. Revistas em objetos do empregado, veículo ou em espaços a ele reservados

Constrangedoras poderão ser, entretanto, não só as **revistas nas bolsas e sacolas, mas também no bolso**[13]**, carteiras, papéis, fichários do emprega-**

---

(13) "**Dano moral. Revista Íntima.** Ainda que o obreiro não seja tocado, a revista na presença de clientes e de empregados, consistente em mostrar o conteúdo dos **bolsos** e levantar as barras das calças e a camisa, é sempre constrangedora e vexatória, motivo pelo qual é ilegal e abusiva, uma vez que infringe o disposto no art. 5º, X, da Carta Magna". TRT 12ª Região — RO-V-01475-2004-035-12-00-3 (Ac. 3ª T. 085577/05, 17.05.05). Relª Juíza Lília Leonor Abreu. DJSC 13.7.**2005**, p. 265.

do ou espaços a ele reservados, como armários(14)**, mesas**(15)**, escrivaninhas, escaninhos e outros, que se tornam privados por destinação.** A partir do momento em que o empregador concede aos obreiros espaços exclusivos, obriga-se, implicitamente, a respeitar sua intimidade. Encontra-se, aqui, um clima de confiança que os empregadores, em outras situações, exigem espontaneamente de seus empregados(16). Em consequência, a revista realizada nessas circunstâncias implica violação da intimidade do empregado, a qual é vedada pela Constituição da República (art. 5º, X), logo, só deve ser permitida quando necessária à salvaguarda do patrimônio do empregador e como medida de segurança dos demais empregados. Inclui-se dentro do conceito de objetos do empregado, nos quais se permite a revista, nas condições relatadas, o veículo do trabalhador que, pelas suas características, poderá resultar adequado para a ocultação de bens da empresa.

A revista vem sendo considerada, com acerto, como verdadeira atividade de polícia privada, portanto, só poderá ocorrer, de forma geral, não discricionária e apenas em circunstâncias excepcionais, respeitando-se ao máximo a esfera de privacidade do empregado. Entendimento contrário afronta o preceito constitucional, que considera inviolável a intimidade do cidadão brasileiro.

Em face das peculiaridades que envolvem o assunto e para limitar esse poder de fiscalização do empregador, recomenda-se que tais revistas se verifiquem, geralmente, na saída do trabalho, por meio de critério objetivo, não seletivo (sorteio, numeração, etc.), mediante certas garantias, como a presença de um representante dos empregados, ou, na ausência deste, de um colega de trabalho, para impedir abusos. Em determinadas circunstâncias,

---

(14) "Na situação presente, de conformidade com a vestibular, a Ré procedia revistas pessoais no Reclamante e vistorias em seus pertences. Segundo descreve, estas eram efetuadas apenas em empregados menos graduados hierarquicamente, mediante sorteio, e em sala separada com a presença de uma testemunha. No tocante a seus pertences, estes eram retirados de suas bolsas ou mochilas na presença de estranhos **e seu armário** era revistado, em média, três vezes por mês... As partes pactuaram adotar prova emprestada quanto aos danos morais, reconhecendo a Ré a identidade de situações entre um caso e outro e 'que havia circuito interno de TV em toda a loja e (...) que os empregados não levavam bolsas, sacolas ou mochilas até seu local de trabalho" ... "a prova indica no sentido de que havia o caráter discriminatório das revistas, tanto que os chefes e superiores não eram submetidos a igual tratamento...". TRT da 9ª Região — Proc. 3707-2001-661-9-00-7 (RO 12523/02) (Ac. 12.874/02). Rel.: Juíza Sueli Gil El-Rafihi — DJPR **6.6.2003**, p. 475.

(15) "**Dano moral. Configuração.** Configura-se o dano moral quando a prova demonstra que a autora foi ofendida moralmente, pois a empresa determinava que a obreira colocasse sobre sua **mesa de trabalho tartaruga de brinquedo** a fim de identificar o descumprimento de metas fixadas. Isso era recebido com constrangimento pelos demais colegas. O gerente chamava a reclamante de Magda, em alusão a personagem vivida por Marisa Orth no programa da TV Globo, que era considerada burra e também que a reclamante deveria 'parar de comer bananas'. Evidente o dano moral, que deve ser reparado pela empresa". TRT — 2ª Reg. — 00981-2003-051-02-00-8- (Ac. 2ª T. — 20050370507) Rel.; Juiz Sérgio Pinto Martins — DJSP-28.6.2005, p. 63. In: *Dano Moral. Múltiplos aspectos nas relações de trabalho.* Irany Ferrari e Melchíades Rodrigues Martins. 3. ed. São Paulo: LTr, p. 275.

(16) D'AOUST, Claude. *Relation d'emploi et droit de la personne. Actes du colloque Relation d'emploi et droits de la personne:* évolution et tensions! Québec: Éditions Yvon Blais, 1994, p. 44. Direction de Denis Nadeau et Benoit Pelletier.

sugere-se, até mesmo, que a revista se faça na presença de colegas do mesmo sexo, para se evitar situações constrangedoras[17].

A propósito desse assunto, as legislações italiana e argentina, já citadas, poderão traduzir um "modelo normativo suficientemente protetor a ser adotado em outros ordenamentos latino-americanos", através de um Código-Tipo de Direito do Trabalho para esses países, como vem sendo sugerido pela doutrina[18].

c. Circuito interno de televisão. Câmera de vídeo. Observações telescópicas. Vigilância eletrônica. Revistas em salas espelhadas. Mensagens eletrônicas

Já faz alguns anos que a jurisprudência nacional vem permitindo também a fiscalização da atividade do empregado por meio de **circuito interno de televisão**[19]. Pelo que consta da jurisprudência citada, a observação visual permitida objetivou melhor funcionamento do processo produtivo e não aspectos de caráter íntimo do empregado.

A instalação de **câmera de vídeo** foi considerada legítima pelo **Tribunal Suíço**, mas para controlar o funcionamento de máquinas automáticas não operadas por empregados, embora ocasionalmente pudesse permitir a vigilância do pessoal[20].

---

(17) "Rescisão do contrato de trabalho. Justa causa inocorrente. A empresa pode acautelar-se, determinando que seus empregados submetam seus pertences **a revista**, antes de abandonarem o local de trabalho. A recusa por parte da empregada, porém, é lícita, quando tal ato passa a envolver circunstâncias que afrontam a dignidade do ser humano". (TRTSC RO-V-A-1.389/91 — 1ª T. — 12ª Região. Relator Juiz Arthur E.Kilian, publicado DJSC de 4.11.1992). Nos fundamentos do acórdão, ficou evidenciado que a empregada não permitiu fosse vistoriado seu guarda-pó "porque enrolava uma peça íntima, ou seja, calcinha e forro de pano, em virtude de sua menstruação." Quando da realização da revista estavam presentes apenas a empregada e um guarda, que, ao depor, informou que foi a primeira vez que ela se negou à revista, em mais de cinco anos de trabalho. Entendeu o Tribunal, em decisão de 1991, **que a revista deve resguardar a dignidade do ser humano** e que o motivo apresentado pela empregada era compreensível, "sendo de se lamentar que a empresa não dispusesse de uma pessoa do sexo feminino disponível para solucionar tais questões íntimas e pessoais".

Atenta a aspectos dessa natureza, a Lei do Contrato de Trabalho da Argentina (Lei n. 20.744), no art. 70, prevê que os controles do pessoal feminino deverão estar reservados, exclusivamente, a pessoas do mesmo sexo.

(18) SANTONI, Francesco. *Op. cit.*, p. 193.

(19) Poder disciplinar. Abuso. Fiscalização com aparelho de TV em circuito fechado. Não pratica abuso de direito empregador que, na busca de melhor produtividade, coloca *circuito fechado de televisão*, com o intuito de fiscalizar os empregados e o andamento dos serviços". (TRT-SP-RO 2.217/89. Antonio Mazzuca, 4ª T. Ac. 10.767/89). Nova Jurisprudência em Direito do Trabalho. CARRION, Valentin, 1990, p. 371. Na mesma direção o TRT da 3ª Região pronunciou-se no mesmo sentido, como se infere da seguinte ementa: Dano moral — Indenização. A prática da revista visual efetuada nos empregados no final do expediente, assim como a existência de câmeras de vídeo, "encontram-se dentro do âmbito do poder diretivo do empregador". Logo, não há que se falar em indenização por dano moral, até porque não ocorreu antijuridicidade do ato praticado pelo reclamado. (TRT — 3ª Região — 2ª Turma — RO-337/98 — Rel.: Juiz Gilberto G. Pessoa. DJMG 16.10.98, p. 11). *Revista do Direito Trabalhista.* Brasília: Consulex, novembro/98, p. 49.

(20) Tribunal Cantonal do Jura (Sala do Cível), sentencia de 19.9.1989. La semaine judiciaire (Ginebra), 24.4.1990. *Revista Internacional del Trabajo.* n. 1, v. 110. 1991, p. 79.

A doutrina **estrangeira (Espanha) e a nacional** têm admitido o controle através de **observações telescópicas** instaladas em **banco ou caixas de segurança**(21), **joalherias, mesas de jogos em cassino**, ainda que simultaneamente permita observar-se o empregado nas atividades correspondentes(22). Há, todavia, quem se insurja contra esse tipo de controle, considerando-o atentatório à intimidade do empregado, pelo fato de registrar todos os seus atos, inclusive os de caráter íntimo(23).

Na Itália, o art. 4º do Estatuto do Trabalhador disciplina a implantação de sistemas adequados para controlar a distância a atividade dos empregados. A normativa em questão proíbe o "controle intencional", por meio desses sistemas, sancionando-o criminalmente, mas o permite quando implantado mediante acordo com os sindicatos ou por uma providência dos órgãos administrativos encarregados da inspeção do trabalho(24).

A legislação brasileira não proíbe que o poder de direção conferido ao empregador se verifique por meio de aparelhos audiovisuais de controle de prestação de serviços. O fato é uma decorrência do avanço da tecnologia e poderá consistir em um instrumento probatório valioso na análise da conduta do empregado. Inadmissível é entender que o conjunto de locais do estabelecimento esteja sob total controle do empregador e autorizar a introdução de aparelhos de audiovisuais indistintamente. Ora, há certos locais privados por natureza ou destinados ao descanso do empregado, logo, não se pode permitir a instalação de um sistema de vídeo, segundo doutrinadores, em uma cantina(25), ou em banheiros, como se infere dessas decisões:

> "**Dano moral. Câmara instalada em local indevido. Configuração**. Empregador que, a pretexto de evitar procedimento indevido dos seus empregados, instala, **em banheiro**, câmara de vídeo, pratica ato atentatório à dignidade da pessoa humana e transgride a garantia constitucional de inviolabilidade da intimidade. Ao assim agir, o empregador fica sujeito à obrigação de reparar o

---

(21) "**Dano moral. Revista vexatória**. Injustificável a adoção de medidas de constrangimento pessoal como aquelas adotadas pela Ré, quando o empregado ficava apenas de cuecas ou eventualmente nu, na frente do segurança, para **adentrar e sair da tesouraria ou caixa forte**. Considerando-se a disponibilidade de inúmeros **recursos de vigilância e fiscalização**, como circuito interno de filmagem, que permitem ao empregador desincumbir-se de sua necessidade de zelo com o patrimônio sem que seja necessário tratar empregados como agentes delituosos e submetê-los a constrangimentos invasivos de sua privacidade e intimidade, a despeito de que se trate de relação que por definição é baseada na fidúcia. Seja como forma de atenuar o constrangimento já sofrido, seja como forma de incitar o empregador a rever seus procedimentos, de modo a não causar constrangimentos desnecessários e inadequados em seus empregados, provejo o recurso para deferir a indenização por danos morais". TRT- 9ª Região — RO-09027-2004-652-09-00-9 (Ac. 4ª T. 14.948/05). Rel.: Juiz Arnor Lima Neto — DJPR **17.6.2005**, p. 615.

(22) PLÁ RODRÍGUEZ, Américo. *El derecho laboral y la protección de la intimidad del trabajador*. Derecho Laboral, T. XXIX, n. 144, oct./dic.1986, p. 607. No mesmo sentido, DEL VALLE, José Manuel de. *Op. cit.*, p. 497.

(23) GOÑI SEIN, José Luis. *Op. cit.* (1988), p. 172.

(24) C. PISANI. *I controlli a distanza sui lavoratori*, en Gion. dir. lav. rel. ind., 1987, 121 ss, *apud* SANTONI, Francesco. *Op. cit.*, p. 193, n. 74.

(25) Essa prática foi repelida pelo Tribunal de grande instance, Saint-Étienne, 19 avril/977, D.1978, 123. In. D'AOUST, Claude. *Op. cit.*, 44, n.27.

dano moral daí emergente, do qual não se desvencilha imputando a terceiro prestador de serviço a culpa pela instalação indevida do equipamento eletrônico, porquanto, nos seus domínios, exerce poder de mando e é o responsável pelo que ocorre no seu âmbito".TRT — 3ª Região — 8ª Turma — 01927-2003-044-03-00-6-RO — Rel.: Juiz José Marlon de Freitas — DJMG 8.5.**2004**, p. 23.

"**Indenização por dano moral.** Conforme inciso X do art. 5º da Constituição Federal de 1988, são invioláveis a intimidade, a vida privada, a honra e a imagem das pessoas, o que assume maior relevância no âmbito da relação de emprego, onde o empregado é a parte hipossuficiente, que depende de sua própria força de trabalho para sobreviver. Comprovada a instalação de **câmeras de vídeo dentro do banheiro**, pouco importa se dispositivo estava ou não filmando os usuários ou se a instalação decorreu de má-fé ou negligência da reclamada. Configurada a violação à intimidade dos empregados, enseja o pagamento de indenização que deve ser compatível com o dano causado." TRT — 3ª Região — RO-01660-2003-044-03-00-7 (Ac. 8ª T.). Rel.: Juiz Heriberto de Castro. DJMG 29.5.**2004**, p. 19.

"**Poder de direção. Uso de aparelhos audiovisuais em sanitários. Invasão da intimidade do empregado.** A legislação brasileira permite que o poder de fiscalização conferido ao empregador, em determinadas circunstâncias, se verifique, por meio de aparelhos audiovisuais, como decorrência do avanço tecnológico, desde que o empregado deles tenha ciência. Inadmissível é entender que o conjunto de locais do estabelecimento esteja sob total controle do empregador e autorizar a introdução desses aparelhos, indistintamente, como **no banheiro**, lugar que é privado por natureza. A utilização de câmera de vídeo nos sanitários gera compensação por dano moral, em face da flagrante violação ao direito à intimidade do empregado, assegurado por preceito constitucional (art. 5º, X) e conceituado como a faculdade concedida às pessoas de se verem protegidas 'contra o sentido dos outros, principalmente dos olhos e dos ouvidos'. A vigilância eletrônica poderá ter um futuro promissor, desde que usada de forma humana, combatendo-se os abusos na sua utilização. Instalação de aparelho audiovisual no banheiro caracteriza o que a OIT denomina 'química da intrusão', comportamento repudiado pelo ordenamento jurídico nacional e internacional." TRT-3ª Região — 2ª Turma — 00117-2004-044-03-00-3-RO, Relª: Juíza Alice Monteiro de Barros, julgado em 17.8.2004, DJMG 25.8.**2004**.

"**Dano moral. Câmeras de filmagem nos banheiros. Caracterização.** É dever do empregador zelar pela segurança, conforto e integridade de seus empregados, oferecendo um ambiente de trabalho seguro e digno. A presença de câmera de filmagem no **banheiro** feminino, ainda que não instalada pelo empregador, viola a segurança, a privacidade e a dignidade dos empregados, fato que caracteriza a ofensa moral denunciada pela autora. Recurso ordinário não provido." TRT — 10ª Região — 1ª Turma — RO-01079-2005-101-10-00-9 Rel. Juiz Oswaldo Florêncio Neme Júnior. DJU 28.4.**2006**, p. 22.

A instalação de câmera de vídeo ou de filmagem constitui, entretanto, uma medida ajustada ao "**princípio da proporcionalidade**"(26) considerando que

---

(26) GOÑI SEIN, José Luis. *La videovigilancia empresarial y la protección de datos personales.* Thompson/Civitas, **2007**, p. 30, 31, 37, 50 e 54.

a instalação em local onde o empregado executa suas atividades é medida justificada, equilibrada e imprescindível. Esse princípio não é o único limite que existe nas instalações de câmeras de vídeo. O poder de fiscalização do empregador é limitado ao uso dos banheiros como proteção à intimidade do empregado. **Entretanto, poderá ser admissível, excepcionalmente, quando o empregado viola suas obrigações, passando no banheiro um tempo claramente desnecessário para fumar, ler ou realizar outras atividades**(27). Alguns autores sustentam que o âmbito de espaços reservados ao uso privativo dos empregados (serviços higiênicos, vestuários e zonas de descanso) é preservado, permitindo-se a colocação de câmara de vídeo, excepcionalmente, até a porta dos lavabos, mas localizados em lugares públicos insuscetíveis de visualização dos setores **privados reservados aos empregados**(28).

No Brasil, não nos parece prudente adotar locais para uso privativo dos obreiros, **próximos ao setor público**. Aliás, o empregado já se submete até mesmo a uma violação à intimidade quando o empregador lhe exige despir-se perante colegas em local de possível **visualização por terceiro**(29).

A mensagem de correio eletrônico, também conhecido como *e-mail*, desprovida de assinatura, possível de alteração entre remetente e destinatário, além de cadastramento de dados pessoais, não servem como meio de prova. É o que se infere das ementas desses acórdãos:

> "**Dano moral. Mensagem de correio eletrônico dirigida ao trabalhador com conteúdo ofensivo. Prova.** O serviço de correio eletrônico, conhecido como e-mail, isoladamente, não constitui meio de prova fidedigno. A falta de assinaturas, a possibilidade de alteração no 'percurso' entre o remetente e o destinatário, bem como a facilidade de cadastramento de dados pessoais sem comprovação, desaconselham a adoção irrestrita dessa espécie de prova. Faz-se necessário a demonstração, por outros meios, da autenticidade do documento, como, por exemplo, pela prova oral. Confirmadas a veracidade e a autoria da mensagem, a prova do dano na esfera psíquica do trabalhador, em função de ato ilícito praticado pelo supervisor da empresa, não depende de atividade probatória semelhante à utilizada em casos de dano material ou patrimonial. Bastam as presunções simples, formadas na consciência do juiz, quanto às conseqüências que qualquer homem criterioso, em face do que ordinariamente acontece, extrairia dos fatos da causa. A dignidade da pessoa humana e o valor social do trabalho são fundamentos da República Federativa do Brasil,

---

(27) GARCIA CALLEJO, José Maria. *Op. cit.*, p. 94.

(28) GOÑI SEIN, José Luis. *Op. cit.*, **2007**, p. 30 e 31.

(29) "**Dano moral. Indenização. Revista vexatória.** Merece ser mantida a sentença que condenou a reclamada ao pagamento de indenização por danos morais, porquanto restou evidenciado que o reclamante era, com freqüência, submetido à revista em que lhe era ordenado a despir-se diante de outros colegas e num **local que possibilitava a visualização por terceiros**. Esta excessiva fiscalização adotada pela reclamada constitui extrapolação do seu poder disciplinar e implica a violação da integridade, honra e imagem da pessoa que está assegurada no inciso X do art. 5º da Constituição Federal." TRT 12ª Região — RO-V-10.237/00 (Ac. 2ª T. 07.238/01, 26.6.01) — Rel.: Juiz Jorge Luiz Volpato. DJSC 26.7.01, p. 78.

nos termos do art. 1º, III e IV, da Constituição Federal, e a garantia de reparação de dano moral integra a categoria dos direitos e garantias fundamentais relacionados no art. 5º, V e X, da Carta. Recurso provido para reconhecer a ocorrência de abalo moral e impor condenação aos réus." TRT — 9ª Reg. — Proc. 21883-2004-010-09-00-1 — Ac. 2ª T. 17744/07 — Relª Marlene T. Fuverki Suguimatsu — DJPR 6.7.**2007**.

"**Indenização por dano moral. Mensagens eletrônicas discriminatórias. Responsabilidade.** A circulação de mensagens eletrônicas de cunho discriminatório dentro de uma empresa, através dos correios eletrônicos particulares de seus empregados, só pode implicar responsabilidade desta se provado que sua teria sido a iniciativa ou, não sendo esta a hipótese, que teve ciência e não tomou nenhuma atitude no sentido de coibi-la. Do contrário, a Justiça do Trabalho estaria servindo a enriquecimento sem causa, dando azo, ainda, a grave precedente para a 'indústria' de inconseqüentes ações por dano moral". TRT — 9ª Região — RO- 20024-2003-001-09-00-3 (Ac. 1ª T. — 13.180/05). Rel.: Juiz Ubirajara Carlos Mendes. DJPR 31.5.**2005**, p. 257.

À combinação de ameaças, à privacidade de dados, de invasão crescente da intimidade física e de maior vigilância de pessoal, a OIT atribui a denominação: "química da intrusão"(30).

A vigilância eletrônica e/ou o correio eletrônico poderão ter um futuro promissor, desde que utilizada de forma humana, combatendo-se os abusos na sua utilização e permitindo-se o acesso do empregado às informações que lhe digam respeito.

Torna-se, entretanto, indispensável que esses instrumentos não sejam utilizados ilegalmente, com o **objetivo de gravar**, reproduzir ou divulgar aspectos de caráter íntimo ou pessoal do empregado. Logo, a inovação tecnológica na fiscalização é eficaz; inadmissíveis são as atividades que impliquem utilização indevida dos avanços mecânicos, técnicos de vigilância ou correio eletrônico.

No que tange aos **vidros** que só permitem ver-se em um sentido, há jurisprudência brasileira sobre as revistas visuais, ligadas por uma sala espelhada, nas quais estava o empregado obrigado a se despir completamente, comprometendo sua intimidade e a honra, devendo o empregador ressarcir o dano. Veja, a propósito, o C. Tribunal Superior do Trabalho:

"**Recurso de Revista. Danos morais. Realização de revista íntima**. 1. O Eg. Tribunal Regional consignou que o Reclamante era submetido a revistas visuais cotidianas, nas quais estava obrigado a se despir, em uma sala espelhada, sem que pudesse ver quem o estava observando. 2. O poder fiscalizatório do empregador de proceder a revistas encontra limitação na garantia de preservação da honra e intimidade da pessoa física do trabalhador, conforme preceitua o art. 5º, inciso X, da Constituição da República. 3. A realização de revistas

(30) Cuidado: un ojo electrónico lo vigila! Trabajo. *Revista da OIT*, n. 10, 1994, p. 24.

sem a observância dos limites impostos pela ordem jurídica acarreta ao empregador a obrigação de reparar, pecuniariamente, os danos morais causados. Precedentes do Eg. TST. Recurso de Revista conhecido e provido." TST-RR-688.679/2000.1 — Ac. 3ª Turma. Rel.: Ministra Maria Cristina Irigoyen Peduzzi. DJ 27.5.**2005**.

O controle é ilícito, quando exercido de forma desleal, atentatória à dignidade do empregado.

d. Instrumentos auditivos

Os **procedimentos auditivos** que **permitem escutar à distância** são lícitos, desde que necessários para transmitir dados alusivos ao sistema operativo, como ocorre com **o piloto de aeronave.**

Igualmente abusivo é exigir-se que o empregado trabalhe com um **microfone na lapela,** sendo legítima a sua recusa em usá-lo, salvo quando relevante ao exercício da atividade.

Na França, a jurisprudência decidiu que o **apartamento situado acima de uma farmácia** e ocupado por uma empregada farmacêutica não poderia ser espiado por um microfone instalado no teto da oficina[31], porque atentatório à sua intimidade.

2. Controle de objetos, fotos, enfeites que se colocam no escritório, ao redor do empregado

A proteção à intimidade estende-se ao estabelecimento onde o empregado exerce sua profissão "e quem ali adentrar ou permanecer sem autorização do titular do direito violará seu domicílio e praticará um ataque ao direito do segredo domiciliar"[32], configurando-se um atentado à liberdade pessoal. **Em consequência, resulta lesivo à privacidade o controle de objetos, fotos ou enfeites que o empregado coloque no escritório ou ao seu redor, a não ser que tenham um caráter escandaloso ou possam comprometer a imagem da empresa, de alguma forma. Evidentemente que deverão ser estabelecidos parâmetros diversos para os que trabalham em estabelecimentos onde seja corriqueira a fixação de cartazes ou calendários, que em outros ambientes seriam considerados indecentes ou pornográficos. Portanto, controles dessa ordem devem ser realizados sempre com prudência e dentro de um contexto de razoabilidade.**

2.1. Controle dos erros do empregado

Os procedimentos relatados, associados a outros que objetivam controlar-lhe os **erros**, mantêm o empregado "em estado de tensão contínua

(31) D'AOUST, Claude. *Op. cit.*, p. 44, n. 29.
(32) SZANIAWSKI, Elimar. *Op. cit.*, p. 137.

pela autocensura nas micropausas (presentes em toda a prestação de serviços; não se esqueça de que o trabalho do homem é, antes de tudo humano)"[33]. Tais exigências implicam rigor excessivo, podendo permitir ao empregado postular a despedida indireta, com o pagamento de danos morais reivindicados.

Entendemos que a redução da esfera de privacidade do empregado, admitida pela legislação ordinária, ao reconhecer o poder diretivo do empregador, do qual são corolários o poder de controle e o poder de fiscalização, autoriza, em princípio, os procedimentos visuais, auditivos e revistas pessoais, por necessidade técnica (funcionamento dos meios de produção), para melhor funcionamento do sistema operacional ou para segurança da empresa e do próprio empregado. Esses procedimentos devem ser usados com o conhecimento do empregado e **nunca de forma clandestina, a título de espionagem**, sob pena de se ferir a dignidade do indivíduo, menosprezando o seu senso de responsabilidade. Aliás, caso o empregado infrinja o dever de fidelidade, obediência ou diligência, o empregador já conta com as sanções disciplinares, as quais, dependendo da gravidade da falta, iniciam-se com a advertência, seguida da suspensão, em nenhum caso superior a 30 dias, chegando até a penalidade máxima, que é a dispensa por justa causa.

Assim, os procedimentos de controle citados anteriormente, introduzidos de forma sorrateira, a fim de tomar conhecimento de todos os atos, palavras e movimentos do empregado, são considerados abusivos e não encontram respaldo no poder diretivo, tampouco na posição de subordinação jurídica em que se encontra o trabalhador, por ferir a sua intimidade, aspecto da dignidade humana.

3. Serviços de polícia privada

Os serviços de polícia privada e vigilância são também utilizados no Brasil. Destinam-se, especialmente, a proteger o patrimônio do empregador de subtrações, sendo comuns nos bancos, estabelecimentos análogos, nas grandes lojas (*magazins*), com mercadorias expostas ao público.

Não existe, na legislação ordinária brasileira, um elenco de cautelas que devam revestir os serviços privados de polícia ou vigilância. Entretanto, como a normativa constitucional (art. 5º, X) considera invioláveis a intimidade e a vida privada do empregado, qualquer atividade que implique intromissão nessa esfera, eliminando o espaço de liberdade da pessoa, sem correlação com aspectos técnicos da função desenvolvida pelo trabalhador, é inconstitucional.

A atividade dos vigilantes deverá, portanto, restringir-se à segurança da empresa, sob pena de exorbitar de suas atribuições e até mesmo adentrar as funções dos gerentes, fiscais ou encarregados.

---

(33) FONTANA, Antonio. *Impianti audiovisivi. Quando é necesario l'accordo con le R.S.A?* "Il diritto del lavoro", II, 1984, p. 460-461.

a. Possibilidade de uso de detetives. Chamamento de polícia militar

Quanto às **investigações privadas,** feitas por pessoas que simulam ser clientes ou mesmo por **detetives,** só se justificam quando se visa a "perseguir malfeitores em flagrante". Mesmo assim, a informação dos detetives só terá valor se confirmada perante o Poder Judiciário.

A jurisprudência repudia, faz tempo, apurações sigilosas a respeito da vida do empregado, salvo na hipótese mencionada anteriormente, considerando-*as* "pressão moral que atinge a sua dignidade, caracterizando a rescisão indireta" (34).

Considera-se **ofensivo à dignidade** do empregado **o chamamento de polícia militar ao estabelecimento empresarial**, com prisão do empregado, sem qualquer indício de fato delituoso que o autorizasse. Essa atitude implica abuso de direito, expondo o empregado ao desprezo dos colegas, magoando-o em sua dignidade pessoal, além de submetê-lo a terrível humilhação. A consequência do comportamento do empregador foi a decretação da rescisão indireta do contrato de trabalho(35), não tendo havido condenação à compensação por dano moral, porque não foi reivindicada. **Ocorreu, na hipótese, convocação de polícia com o objetivo de apurar fatos imputados ao empregado. A ação do empregador gerou danos, violando o direito à honra do empregado e ensejando-lhe pagamento da indenização por dano moral.**

Os efeitos da rescisão indireta, frise-se, equiparam-se aos de uma despedida injusta, com todas as reparações legais, inclusive indenização por dano material, moral e/ou estético, se postulado.

4. Limites estabelecidos para ir ao toilette *ou para chamadas telefônicas*

Em princípio, não se pode também estabelecer **limitações ao empregado para ir ao *toilette* ou para as chamadas telefônicas feitas por ele ou para ele,** sob pena de incorrer o empregador em rigor excessivo, ensejador de rescisão indireta por parte do empregado. Excetua-se a hipótese de uma empresa que, visando controlar gastos, limita o número e duração das cha-

---

(34) "Direito do Trabalho. Despedida indireta. Ofensa à dignidade da empregada. A servidora que sempre desempenhou funções de relevo na autarquia e é marginalizada, em virtude de acusações infundadas de outra servidora que veio a ser despedida, pode considerar rescindido o seu contrato de trabalho. Sua permanência em serviço sob suspeita, com apuração sigilosa de sua vida funcional, constitui pressão moral que atinge a sua dignidade, caracterizando a despedida indireta". TFR., 3ª T., Proc. RO-5.877-DF — Rel. Min. Hélio Pinheiro; D.J. 22.6.84. TEIXEIRA FILHO, João de Lima. *Repertório de Jurisprudência Trabalhista*, v. 4, Rio de Janeiro: Biblioteca Jurídica, Freitas Bastos, 1986, p. 844.

(35) Acórdão TRT 3ª Região — Recurso Ordinário 8056/91 — Relatora Juíza Alice Monteiro de Barros. Publicado no DJMG de 17.7.1992. No mesmo diapasão, porém autorizando o dano moral. "**Indenização por danos morais. Procedência.** Se a convocação da **polícia** para apurar os fatos imputados ao empregado mostrou-se exagerada diante da realidade fática verificada, procede o pedido de indenização por danos morais, tendo em vista que a ação patronal acabou por ocasionar sérios prejuízos à imagem do reclamante perante seus colegas de trabalho." TRT — 3ª Região — RO-2312 — (Ac. 1ª T.). Relª: Juíza Cleube de Freitas Pereira. DJMG 25.8.2000, p. 6.

madas telefônicas(36), instalando sistemas de controle por números de telefones chamados, datas, hora e duração; nesse caso, o objetivo do empregador é cobrar do empregado essas despesas, e não invadir-lhe a privacidade. A liberdade de expressão do empregado poderá manifestar-se por telefone, mas sofrerá restrições quando a finalidade consistir em controlar as despesas, frise-se.

Se for o empregado que — sem justificativa plausível — se utiliza do ***toilette*** ou do **telefone** de forma abusiva, poderá violar o dever de diligência e autorizar a despedida por justa causa (desídia). Isso porque ao empregador é assegurado o direito de despedir o empregado improdutivo, por negligência, desinteresse e falta de exação no cumprimento do dever.

A gravação de conversa telefônica poderá, entretanto, configurar prova ilegítima obtida por meio de ato ilícito (art. 5º, XII, da CF), executada com o objetivo de favorecer uma parte, no caso, o reclamante, juntamente com terceiro, seu conhecido. Esse último, pretenso contratante, visou, ao lado do ex-empregado, provar, através de telefonema com o reclamado, que estariam sendo fornecidas informações desabonadoras do ex-empregado, as quais poderiam conceder-lhe pleito alusivo a compensação por dano moral. Os preceitos contidos no art. 5º, X e XII, têm por objetivo proteger a intimidade e a honra da pessoa humana(37), logo, qualquer procedimento contra elas deverá ser rechaçado.

Quanto à possibilidade de o empregador escutar a **conversa telefônica** do empregado, a **doutrina espanhola** estabelece o critério mais correto e para isto parte da seguinte distinção: se o telefone é utilizado como meio de execução das tarefas, o empregador poderá intervir e controlar as chamadas,

---

(36) PLÁ RODRÍGUEZ, Américo. *Op. cit.*, p. 608. No mesmo sentido, manifesta-se BUY, Michel. *Op. cit.*, p. 251.

(37) **"Dano moral. Gravação de conversa telefônica. Prova imoral e ilícita.** A gravação de telefonema em que dialogam o ócio da empresa e um terceiro, feita com a participação do reclamante e sem o conhecimento do empregador, mediante a qual se busca provar que estariam sendo fornecidas informações desabonadoras do ex-empregado, não pode ser admitida como prova no processo, pois, além de implicar divulgação de conversa privada e violação de conversa telefônica (artigo 5º, X e XII, da Constituição Federal), caracteriza prova obtida por meios ilícitos. Isso porque a prova assim produzida nada mais constitui do que um ardil utilizado pelo reclamante e pela terceira pessoa que se faz passar por seu pretenso contratante, 'interessado' na sua referência, no sentido de levar a reclamada a cair no deslize de fornecer informações desabonadoras do ex-empregado, sobre as quais poderia ser pedida a compensação de dano moral. Os preceitos legais aplicáveis à espécie buscam resguardar tanto a intimidade das pessoas, quanto a ética e a honra humana na sua dimensão maior, e qualquer procedimento que atente contra esta, ainda que a título de produção de prova, deve ser veementemente rechaçado. A atitude do reclamante, ao produzir esse tipo de prova, viola a honra do empregador, buscando fazer com que este incorra em ilícito, e, por outro lado, desmerece a grandeza do instituto da responsabilidade civil." TRT — 3ª Região — RO- 2ª T. — Relª Juíza Alice Monteiro de Barros — DJMG 23.6.**2004**. Justiça do Trabalho. HS Editora. n. 183, setembro 2004, p. 87. **No mesmo sentido**: **"Gravação clandestina. Prova ilícita. Inadmissibilidade.** A gravação de conversa telefônica sem o conhecimento de um dos interlocutores consiste em prova obtida por meio ilícito, violadora do direito à intimidade do comunicador, inadmissível no processo, a teor do art. 5º, incs. X e LVI, da CF." TRT — 12ª Região — RO-V-00833-2002-029-12-00-7 — Ac. 3ª T. — 00603/2004, 25.11.2003. Rel.; Juíza Gisele P. Alexandrino — DJSC 20.1.**2004**, p. 106.

pois não é considerado terceiro a respeito da conversa; outra será a situação se o telefonema se verificar nos descansos e pausas ocorridos dentro do horário de trabalho; nesse caso, a interferência do empregador afetará o direito à intimidade do empregado[38].

5. Imposição a exames médicos e tratamentos

Indaga-se sobre a possibilidade de o empregador exigir certos exames médicos do empregado.

É tradição, no Direito do Trabalho Brasileiro, o sistema de exames médicos periódicos, independentemente de epidemia.

O art. 168 da Consolidação das Leis do Trabalho estabelece a obrigatoriedade de exame médico, por conta do empregador, quando da **admissão** e **despedida** do empregado, e, ainda, **periodicamente**, mesmo nas atividades que não ofereçam nenhum grau de insalubridade.

O Ministério do Trabalho, diante do risco da atividade e do tempo de exposição a que estiver sujeito o empregado, fixará a periodicidade dos exames. A investigação clínica consistirá em exame de **aptidão física, mental e abreugrafia.** A exigência desta última é resultado das estatísticas que mostraram o aumento das enfermidades pulmonares, especialmente da tuberculose. Entretanto, a Portaria n. 3.720, de 31.10.1990 (DOU de 1º.11.90), excluiu a abreugrafia do conjunto dos exames obrigatórios constantes da NR-7 (Ministro de Estado do Trabalho e da Previdência Social).

Exames complementares devem ser realizados, a critério médico e em decorrência de investigação clínica e/ou radiológica, a fim de averiguar a capacidade física ou mental do empregado para a função que irá desempenhar.

Por força do art. 168 da Consolidação das Leis do Trabalho, o resultado desses exames será comunicado ao empregado, observados os preceitos da ética médica. Na hipótese de moléstia infecto-contagiosa, deve o médico comunicá-la à saúde pública, sob pena de incorrer em delito (art. 269 do Código Penal).

A notificação dessas doenças não compete apenas ao médico ou enfermeiro, mas a familiares do empregado, ou a outras pessoas que o acompanhem, além de diretores do estabelecimento onde estiver o funcionário doente ou com suspeita da doença. No caso de lepra, o próprio doente deve fazer a notificação.

Ressalte-se que apenas o médico está sujeito às sanções penais citadas, pois tem ele o dever jurídico de impedir **o contágio**, tutelando a coletividade exposta ao perigo[39].

---

(38) DEL VALLE, José Manuel. *Op. cit.*, p. 493.
(39) MAGALHÃES NORONHA, E. *Direito Penal.* 18. ed. São Paulo: Saraiva, v. IV, 1988, p. 12, 13.

Em geral, exigem notificação compulsória à autoridade sanitária as doenças infecto-contagiosas, "não havendo preocupação com as psíquicas ou com as intoxicações pelo álcool ou entorpecentes"[(40)].

E, se por ocasião do desligamento do empregado, o exame médico diagnosticar doença profissional ou do trabalho, ou dela se suspeitar, a empresa deve encaminhar o empregado imediatamente ao órgão previdenciário, para os devidos fins (art. 7.2.2 da NR-7 — aprovada pela Portaria n. 3.214, de 1978, do Ministério do Trabalho).

Inexiste, no Direito do Trabalho Brasileiro, a obrigatoriedade de exigir que o empregado se submeta a um tratamento, como prevê o art. 32 da Constituição italiana, mas sim a exame médico nas condições relatadas. Entretanto, a Lei n. 8.213, de 1991, sobre benefícios previdenciários, dispõe no art. 101 que:

> "O segurado em gozo de auxílio-doença, aposentadoria por invalidez e o pensionista inválido estão obrigados, sob pena de suspensão do benefício, a submeter-se a exame médico a cargo da Previdência Social, processo de reabilitação profissional por ela prescrito e custeado, e tratamento dispensado gratuitamente, exceto o cirúrgico e a transfusão de sangue, que são facultativos." (Redação dada pela Lei n. 9.032, de 28.4.95).

Pelo que se pode constatar, o Direito Previdenciário faz alusão à obrigatoriedade de tratamento ao segurado.

5.1. AIDS e local de trabalho

No tocante à **AIDS**, afirma-se[(41)] que 90% das pessoas contaminadas ou que tenham contraído o vírus HIV encontram-se na faixa etária capaz de integrar a população economicamente ativa, gerando, a par de prolongados sofrimentos, consequências de ordem econômica, provocadas pela perda de mão-de-obra qualificada, pelos custos trabalhistas, por absenteísmo, produtividade e custos da seguridade.

Analisando-se o problema da AIDS sob o prisma das relações de emprego, **direitos fundamentais contrapõem-se: de um lado, o direito ao trabalho, a não ser discriminado, e, de outro lado, o direito da comunidade à saúde**; torna-se, portanto, urgente a definição de políticas a serem adotadas pelo governo e por entidades sindicais, para tornar efetivo o exercício desses direitos. Apesar de não existir convenção ou recomendações específicas dos organismos internacionais, há instrumentos que poderão fornecer critérios para a formulação de políticas que protejam os direitos dos empregados e a saúde pública.

---

(40) MAGALHÃES NORONHA, E. *Op. cit.*, p. 14.

(41) ERMIDA URIARTE, Oscar. AIDS e Direito do Trabalho. *Revista de Direito do Trabalho*, n. 83, p. 48. No mesmo sentido: TREBILCOCK, Anne M. El sida y el lugar de trabajo. Orientaciones deducibles de las normas internacionales del trabajo. *Revista Internacional del Trabajo*, v. 108, 1980, n. 2, p. 219.

Instruções gerais sobre o assunto podem ser encontradas na Declaração da Reunião Consultiva sobre a AIDS e o Local de Trabalho, formulada pela Organização Mundial de Saúde em associação com a OIT; consta da Declaração que, na grande maioria dos ofícios ou profissões e das situações laborais, o trabalho não acarreta nenhum risco de contaminação ou transmissão do vírus HIV, seja de um empregado para outro, seja de um empregado para um cliente ou de um cliente para um empregado (seção II, § 4º). A mesma Declaração acrescenta que as pessoas soropositivas, sem sintomas da doença, devem ser tratadas como qualquer empregado e às que apresentam sintomas ou enfermidade relacionados com o HIV ou com a AIDS deve-se atribuir o mesmo tratamento do empregado enfermo (seção III, § 1º).

A Declaração citada recomenda sejam adotados, pelas autoridades públicas, procedimentos e políticas sobre o HIV/AIDS, tanto no âmbito nacional como no âmbito empresarial, ouvidos sempre os interlocutores sociais, através de seus sindicatos, os quais poderão sugerir medidas visando a combater as discriminações e a oferecer as salvaguardas, quando sejam necessárias precauções sanitárias especiais.

No Brasil, desde agosto de 1988, a Portaria Interministerial MTb/MS n. 3.195 instituiu, em âmbito nacional, a Campanha Interna de Prevenção da AIDS (CIPAS), a ser realizada permanentemente pelos órgãos da Administração Direta, Indireta, empresas públicas e privadas, sob a supervisão do Ministério do Trabalho e do Ministério da Saúde. A finalidade dessa Campanha é divulgar conhecimentos e estimular, no interior das empresas e em todos os locais de trabalho, a adoção de medidas preventivas contra a AIDS/SIDA. Essas medidas compreendem atividades como a realização de palestras, debates, divulgação educativa, através da imprensa falada e escrita, confecção e distribuição gratuita de cartazes, livretos, cartilhas, exibição de filmes e *slides* sobre o assunto. Às Comissões Internas de Prevenção de Acidentes compete, no âmbito das empresas em que se encontram organizadas, a promoção de campanhas de prevenção contra a AIDS, e as empresas não obrigadas a constituir CIPA deverão participar da campanha, através de seu representante junto ao órgão regional do MTb ou outra instituição, com a cooperação das entidades sindicais.

O mesmo instrumento internacional sugere não se deva exigir a investigação do HIV/AIDS prévia à contratação como parte da prova para o trabalho (seção V, A), e que o empregado não deve estar obrigado a informar ao empregador acerca de sua situação relacionada com o HIV/AIDS (seção V, B, 3). No mesmo sentido, têm-se pronunciado os Ministros da Saúde dos Estados-Membros da Comunidade Econômica Europeia. E, nessa linha de ideias, o Conselho Federal de Medicina, através da Resolução n. 1.359/92, após prever a obrigatoriedade de os médicos atenderem aos pacientes portadores do

HIV, assevera estarem esses profissionais, quando prestam serviços à empresa, proibidos de revelar ao empregador o diagnóstico de empregado ou candidato a emprego, cabendo-lhe informar, exclusivamente, quanto à capacidade ou não de exercer determinada função (art. 3º da Resolução n. 1.359, publicada no DOU de 19.11.1992).

O Tribunal do Distrito de **Columbia, EUA**, por meio da decisão proferida em 1º de julho de 1992, considerou discriminatória a não-contratação de **bombeiro** aprovado nos exames físicos e intelectuais pertinentes. Embora tivesse recebido carta comunicando sua nomeação, o empregado foi recusado pelo fato de haver revelado ao futuro empregador ser portador do vírus HIV. O empregado insurgiu-se contra a recusa, e o tribunal considerou inaplicável à hipótese a Lei de reabilitação de 1973, cujo art. 504 dispõe que não está amparada pelas disposições que proíbem a discriminação a pessoa portadora de infecção contagiosa e que, por esse motivo, pode constituir uma ameaça direta à saúde ou à segurança de outros indivíduos ou que, pela mesma razão, não pode cumprir as obrigações inerentes ao trabalho. O Tribunal classificou o autor como pessoa minorada devido à contaminação com o vírus HIV, tendo reduzidas, de forma significativa, algumas de suas atividades, mas considerou, em face das formas limitadas de transmissão da enfermidade, que não se tratava de ameaça direta à saúde ou à segurança de outras pessoas, nas funções de luta contra o fogo ou em outras tarefas de urgência. E, quanto à aptidão para o trabalho, ficou comprovado ser o autor plenamente apto para o desempenho da função; em consequência, ordenou o Tribunal que fosse ele admitido com o pagamento dos salários retroativos e que se lhe pagasse uma indenização pelo sentimento de angústia e dano moral, bem como lhe fornecessem uma declaração assinalando a ilegalidade dessa classe de discriminação(42).

A Declaração da OMS e da OIT opõe-se à constatação da existência da doença, tanto por meios diretos, como é o caso da investigação do vírus, como por meio indireto, avaliando os comportamentos de risco; assim, a Declaração, além de proibir discriminação baseada no estado de saúde, refere-se também aos preconceitos que possa ter a sociedade contra pessoas que se pensa serem particularmente propensas a contrair o vírus HIV, por integrarem grupos de risco.

A propósito da investigação do vírus da AIDS sem o conhecimento do empregado, pronunciou-se a Câmara Nacional Contencioso-Administrativa Federal da **Argentina**, em sentença de 7 de julho de 1994. Entendeu a jurisprudência argentina ter-se configurado **desrespeito à dignidade do autor, subcomissário de polícia**, o fato de a autoridade policial tê-lo submetido a exame psicofísico e, na oportunidade, sem seu conhecimento, **investigar e**

---

(42) *Revista International del Trabajo*, 1993/3, v. 112, n. 43, p. 424.

concluir ser ele portador assintomático do HIV, iniciando os trâmites de sua **saída obrigatória da polícia**. O comportamento da autoridade policial violou a Lei n. 23.798 e o decreto que a regulamentou, os quais estabelecem que todo teste de detecção desse vírus deve contar com o consentimento da pessoa interessada, a que não poderá ser prejudicada ou discriminada por sua condição de infectada, sob pena de violar o direito à **privacidade e à intimidade**, que encontram fundamento no art. 19 da Constituição argentina. Assinalou-se, no acórdão, o comportamento contraditório da autoridade, quando destaca que a retirada do autor visou a preservar terceiros de um eventual contágio do vírus, entretanto, admite que desde a data em que se realizou a análise clínica (29 de outubro de 1992) até aquela em que se lhe outorgou a licença (setembro de 93) continuou executando suas funções, sem limitação alguma.

Concluindo, **a jurisprudência tornou sem efeito a retirada obrigatória do autor**, determinando-lhe novos exames médicos, sem considerar os resultados da reação de Western-Blot (detecção de AIDS), a fim de que se **lhe confira uma função adequada, que não implique risco para a saúde da população**[43].

E se não bastasse a Declaração já referida, a OIT editou a Convenção n. 111, ratificada pelo Brasil e por mais de cem países, inclusive a **Argentina**, a qual veda discriminação no acesso à formação profissional, admissão no emprego, como também nas condições de trabalho, por motivo de raça, cor, sexo, religião, opinião política, ascendência nacional ou origem social (art. 1º, § 1º, *a*). A mesma Convenção oferece aos Estados a possibilidade de acrescentarem, como discriminatória, após consulta aos organismos sindicais de empregados e empregadores, "qualquer outra distinção, exclusão ou preferência que tenha por efeito anular ou alterar a igualdade de oportunidades ou de tratamento no emprego ou ocupação"; entretanto, não se considera discriminatória a distinção, exclusão ou preferência, baseada na qualificação exigida para um emprego determinado. Logo, entre os motivos de discriminação vedados, poderá ser incluído o estado de saúde, atribuindo-se ao HIV/AIDS o mesmo tratamento concedido a outras enfermidades, inclusive provocadas por certos defeitos genéticos, que autorizam, em muitas situações, que as pessoas continuem trabalhando por determinado período.

Aliás, a jurisprudência, desde meados da década de noventa, já começava a se inclinar nesse sentido, ao entender que:

> "O despedimento injusto de empregado portador do vírus HIV, ainda que assintomático, presume-se discriminatório e, como tal, não é tolerado pela ordem jurídica pátria, impondo-se, via de conseqüência, sua reintegração." Referências: Constituição Federal, art. 2º, IV e 7º, XXXI." TRT — 3ª Região — RO 16.691/94. Julgado em 26.7.95. Ac. 3ª T. Rel.: Juiz Levi Fernandes Pinto. Trabalho em Revista n. 161, dez. de 1995, p. 32.

---

(43) Cf. *Revista de Relasur*, n. 6, Montevidéu, 1995, p. 221.

"REINTEGRAÇÃO. EMPREGADO PORTADOR DO VÍRUS DA AIDS — CARACTERIZAÇÃO DE DESPEDIDA ARBITRÁRIA. Muito embora não haja preceito legal que garanta a estabilidade ao empregado portador da Síndrome da Imuno-deficiência Adquirida, ao magistrado incumbe a tarefa de valer-se dos princípios gerais do Direito, da analogia e dos costumes para solucionar os conflitos ou lides a ele submetidas. A simples e mera alegação de que o ordenamento jurídico nacional não assegura ao aidético direito de permanecer no emprego, não é suficiente a amparar uma atitude altamente discriminatória e arbitrária que, sem sombra de dúvida, lesiona de maneira frontal o princípio da isonomia insculpido na Constituição da República Federativa do Brasil. Revista conhecida e provida". TST — 2ª T — Ac. 3473/97 — Rel.: Min. Valdir Righetto, DJ 6.6.1997, p. 25.270. Revista do Direito Trabalhista, n. 7, julho de 1997, p. 61.

Comprovado cientificamente o risco de transmissão do vírus HIV no local de trabalho, torna-se necessário proteger os clientes e outros empregados contra uma possível infecção, adotando critérios que permitam determinar quando está indicado recorrer a provas de investigação do vírus, as quais deverão limitar-se aos que exercem funções que os exponham ao perigo de transmitir o vírus ou de ser infectados por ele. Caso o candidato ao emprego não esteja em condições físicas ou mentais de executar as funções sem constituir um perigo para os demais, inviável se torna estender-lhe as medidas citadas, pois a pessoa não possui a "qualificação exigida para o emprego".

E, seguindo essa diretriz, a **Corte Constitucional Italiana** (n. 218, Casavola Pres, Mirabelli Rel), em 2 de junho de 1994, considerou inconstitucional o art. 5º, § 3º e 5º da Lei n. 135, de 5 de junho de 1990, **sobre programa de intervenção urgente para a prevenção e luta contra a AIDS**, na parte em que não prevê certificados sanitários de ausência de soropositivo à infecção do HIV, como condição para o exercício de atividades que comportem riscos para a saúde de terceiros. A questão foi levantada em ação ajuizada por Patrizia Marchioro contra a Associação de Obra Imaculada Conceição, visando à reintegração liminar ao trabalho, após ter sido suspensa do serviço, sem prejuízo da retribuição, por haver-se recusado a submeter-se a exames sanitários, junto à divisão de doenças infecciosas do Hospital de Pádua, destinadas a constatar a existência de infecções pelo HIV. O citado art. 5º da **Lei Italiana n. 135, de 1990**, estabelece que ninguém poderá ser submetido, sem o próprio consentimento, a análise tendente a atestar infecção do HIV, senão por motivos de necessidade clínica no seu interesse, e que o atestado de infecção não pode constituir motivo de discriminação em particular, entre outros, para acesso a cargos no trabalho ou para manutenção daquele já ocupado. O art. 6º da mesma Lei proíbe o empregador de fazer perguntas diretas para atestar a existência de um estado de soropositividade em um empregado ou candidato ao emprego.

A jurisprudência, embora considerasse a legislação em exame informada por princípios de alto valor social, como o de não discriminar ou isolar, nem mesmo acerca do trabalho, as pessoas soropositivas ou afetadas pela AIDS, entendeu que a **legislação italiana** citada contraria o **art. 32 da Constituição**. Esse dispositivo constitucional considera a saúde direito fundamental do indivíduo e interesse da coletividade, cuja tutela compreende não só a pretensão do indivíduo a condições de vida, de ambiente e de trabalho que não ponham em risco esse bem essencial, estendendo-se também ao dever de não pôr em risco, com o próprio comportamento, a saúde de outros. E, no caso em exame, entendeu a Corte Constitucional que a exigência de atestado médico feita à autora, longe de configurar controle sanitário de massa, constituía um ônus da atividade por ela exercida, a qual comporta um sério risco de contágio das pessoas assistidas. Verifica-se, portanto, que o respeito à dignidade do indivíduo compreende o direito à reserva sobre o próprio estado de saúde e à manutenção da vida de trabalho, quando compatível com esse estado, mas encontra um necessário limite na exigência de tutela à saúde como interesse da coletividade e de terceiros. Considerou-se, pois, que a defesa do contágio por doenças infecto-contagiosas corresponde não só a um interesse geral e social, mas a um verdadeiro direito subjetivo de cada cidadão de ser preservado dos sujeitos portadores de um mal, ao qual corresponde um dever inderrogável de solidariedade social, que torna exigíveis de todos os cidadãos formas de colaboração (voluntária ou coagida) com os fins da proteção do bem comum[44].

A Declaração já mencionada reconhece que **a informação e a educação são fundamentais** para se manter um clima de confiança mútua, indispensável para proteger as pessoas infectadas pelo HIV/AIDS, contra toda estigmatização e discriminação (seção V, B4). Aliás, a Recomendação n. 111 (§ 4º) já sugere aos Estados que promovam "políticas tanto no emprego público como no particular, no sentido de adotarem medidas que façam com que o público compreenda e aceite os princípios da não-discriminação".

Com os mesmos propósitos traçados pela Declaração da OMS, o Tribunal de Direitos Humanos do **Canadá** autorizou a rescisão indireta do contrato de trabalho de um empregado, **cozinheiro de cantina**, que servia à companhia ferroviária Canadian Pacific. O empregado confessou ser portador do vírus da AIDS e, a partir daí, a confidência foi divulgada entre os colegas de trabalho, tendo o capataz se recusado a provar a comida, advertindo a empresa de serviços de cantina que não seria possível conter os membros da brigada se decidissem agredir o cozinheiro. O Tribunal, após reconhecer o vínculo empregatício com a Canadian Pacific e admitir que a empresa não discriminava as pessoas soropositivas, entendeu que a mesma **deixou de fornecer instruções claras com respeito à AIDS no local de trabalho, o que obrigou os empregados, como o capataz, a essas situações, em função de seus própri-**

---

(44) Cf. *Rivista Il Diritto del Lavoro.* Roma. Anno LXVIII; nov./dic.1994, p. 478-486.

os preconceitos. Em consequência, condenou a empresa a pagar ao cozinheiro indenização pela perda dos salários e dano à sua reputação, bem como a enviar-lhe uma carta de desculpas[45].

A Recomendação n. 169, de 1984, complementar da Convenção n. 122/64, sobre política de emprego, preconiza que os planos, programas e políticas de promoção do emprego deverão eliminar toda discriminação, assegurando a todos os empregados igualdade de oportunidades e tratamento no que tange ao acesso ao emprego, condições de trabalho, salários e formação profissional; são recomendadas, ainda, medidas que satisfaçam às necessidades de pessoas que tenham, frequentemente, dificuldade para encontrar emprego duradouro, podendo ser incluídos aí os portadores do HIV/AIDS.

Por outro lado, a Declaração da OMS/OIT dispõe que a infecção pelo HIV não é motivo capaz de ensejar a cessação do contrato de trabalho e, como ocorre com as demais enfermidades, as pessoas deverão continuar trabalhando, quando estão em condições de ocupar um emprego apropriado (Seção V, B8). A alusão a "emprego apropriado" induz à conclusão de uma possível alteração nas condições de trabalho das pessoas infectadas pelo HIV, mas que continuam aptas para o trabalho.

A jurisprudência **argentina** revela precedente em que o empregado**, trabalhando na limpeza de camarotes e enfermaria de navio**, foi dispensado, sob arguição de justa causa, por padecer da síndrome HIV. Entendeu o Julgado Nacional de Primeira Instância do Trabalho n. 47, através da sentença de 30 de setembro de 1994, sobre despedida de enfermo portador de AIDS, que, em primeiro lugar, o autor deveria ter prestado expresso consentimento para que se efetuasse a análise de seu sangue, o que não ocorreu; em segundo lugar, a empregadora, ciente de que o autor padecia do mal, omitiu-se em comunicar-lhe o fato, deixando que a Prefeitura Naval Argentina — tomadora dos seus serviços — o fizesse e, finalmente, o dispensasse, invocando justa causa. Considerou a jurisprudência que, embora o art. 991, inciso 4 do Código de Com. considere justa causa qualquer ocorrência que inabilite o homem do mar ao exercício de suas funções, o referido Código fora promulgado e sancionado em 1859, logo, não poderia contemplar uma situação tão grave como a dos autos. O comportamento do empregador foi considerado discriminatório e infringente da Lei n. 23.798, ao dispensar o obreiro, quando deveria conferir-lhe atividade em terra. Afastou a falta grave com o argumento de que, no mundo contemporâneo de tantos padecimentos, pelo fato de ser portador da AIDS, enfermidade jamais adquirida voluntariamente, pudesse ser pensada e executada como ato doloso, capaz de eximir o empregador das indenizações legais, inclusive de antiguidade e outras verbas rescisórias[46].

---

(45) *Revista Internacional del Trabajo*. 1992/2, v. 111, n. 2, p. 182.

(46) Cf. *Revista Relasur*, n. 6, p. 227.

Ademais, a Convenção n. 158, de 1982, sobre término da relação de emprego, ratificada recentemente pelo Brasil e denunciada em seguida (Decreto n. 2.100, de 20 de dezembro de 1996), não autoriza a ruptura do vínculo sem uma "causa justificada", relacionada com sua capacidade ou conduta, baseada nas necessidades de funcionamento da empresa, estabelecimento ou serviço. Não se poderá invocar como "causa justificada", o fato de o obreiro ser infectado pelo HIV, encontrando-se em condições de trabalhar e tendo comportamento irreprovável. Também não se enquadra como "causa justificada" ou "necessidade de funcionamento" o medo de colegas ou clientes diante de pessoas portadoras do HIV, em locais de trabalho, que não ofereçam risco algum[47].

Nem mesmo as ausências temporárias do empregado ao serviço, provocadas pelas enfermidades advindas do HIV, autorizam a dispensa com causa justificada (art. 6º da Convenção n. 158), assim entendidas aquelas que se fundam na impossibilidade de o obreiro trabalhar. As normas coletivas poderiam precisar os critérios definidores da "ausência temporária".

Convém registrar que a maioria das pessoas infectadas com o HIV deseja prosseguir trabalhando, para melhorar seu bem-estar físico e mental, a par das consequências econômicas que revestem o fato de continuar em atividade o maior tempo possível; é que o tempo de serviço do empregado poderá repercutir na duração do seguro de enfermidade, no valor da indenização por despedida, nas prestações da aposentadoria e pensões ou do seguro-desemprego acaso devidos ao empregado[48].

A Convenção n. 142 e a Recomendação n. 150 da OIT referem-se, especialmente, à formação e orientação profissionais das pessoas minoradas, recomendando-se assessoramento individual além de medidas para garantir a integração ou a reintegração dos minorados físicos ou mentais na vida produtiva, em um ambiente normal de trabalho. Registre-se, por outro lado, a preocupação do citado organismo internacional em preservar a saúde do empregado através dos instrumentos atinentes à segurança e higiene do trabalho.

A jurisprudência brasileira do TST, seguindo essa diretriz, negou provimento ao Recurso Ordinário interposto contra decisão proferida em Mandado de Segurança impetrado perante o TRT da 3ª Região (MS 76/93), mantendo liminar de reintegração no serviço concedida pela 12ª JCJ de Belo Horizonte, através de Cautelar Inominada, de empregado aidético, com base no fundamento de ter sido ele discriminado por ocasião da dispensa. A respeito, assim se pronunciou o C. TST, através da seguinte ementa:

---

(47) TREBILCOCK, Anne. El sida y el lugar de trabajo. *Op. cit.*, p. 226.
(48) TREBILCOCK, Anne. *Op. cit.*, p. 227.

"Mandado de Segurança. Sendo o empregado portador de doença que pode levá-lo à morte, estando prestes a adquirir o direito à estabilidade no emprego, havendo sido demitido de forma obstativa e sendo absolutamente necessário o exercício de sua atividade profissional no combate ao mal que o aflige, o transcurso do tempo é imprescindível para que se evite o perecimento de seu direito. O *periculum in mora* é o próprio risco do perecimento da vida do empregado. De que adiantaria o empregado sagrar-se vencedor numa ação trabalhista após a sua morte? O direito deve ser ágil e ser aplicado no momento certo, sob pena de tornar-se inócuo, mormente neste caso concreto, onde mais importante que os eventuais valores monetários em discussão é a própria vital necessidade de o empregado exercer suas funções enquanto apto para tal. (TST-RO- MS-110.056/94.5 — Rel.: Min. Armando de Brito, sessão de 7.3.95, do SDI).

E, coerente com o raciocínio constante da ementa citada acima, o mesmo tribunal vinha concedendo cláusula assecuratória de estabilidade no emprego ao portador do vírus da AIDS, em processo de dissídio coletivo, como se infere da ementa que ora se transcreve:

"Aidético — Dissídio coletivo — Estabilidade. Cláusula asseguradora de estabilidade no emprego ao portador do vírus da SIDA (AIDS). A despedida por força de preconceito do paciente da SIDA deve ser evitada, para que mantenha suas condições de vida, trabalhando, até eventual afastamento pela Previdência. Recurso Ordinário ao qual, no particular, é negado provimento". TST — RO — DC 89.574/93.8 — TRT 02 — Ac. SDC — 1.335/94. Rel. Min. Almir Pazzianotto Pinto — DJ 10.2.95 — p. 2.023.

Constatado que o empregado estava acometido pelo vírus HIV e ausente motivo disciplinar, econômico ou financeiro para a despedida, considera-se arbitrária e discriminatória essa dispensa, assegurando-se a indenização (art. 4º, inciso II, da Lei n. 9.029/95)[(49)].

As decisões atuais do TST (2003 e 2006), por meio da SBDI-1 e da 7ª Turma, afastam a estabilidade legal diante da imprevisão da lei, mas reconhecem a dispensa discriminatória ao empregado portador do HIV, reintegrando-o ao serviço.

São esses os fundamentos:

"**Reintegração. Empregado portador do vírus HIV. Dispensa discriminatória.** 1. Caracteriza atitude discriminatória ato de Empresa que, a pretexto de motivação de ordem técnica, dispensa empregado portador do vírus HIV sem a ocorrência de justa causa e já ciente, à época, do estado de saúde em que se encontrava o empregado. 2. O repúdio à atitude discriminatória, objetivo fundamental da República Federativa do Brasil (art. 3º, inciso IV), e o próprio respeito à dignidade da pessoa humana, fundamento basilar do Estado Democrático de Direito (art. 1º, inciso III), sobrepõem-se à própria inexistência

---

(49) TRT — 12ª Região — RO-V 03957-2002-036-12-00-2 (Ac. 2ª T. 10.877/03, 14.10.03) — Rel.: Juiz Dilnei Ângelo Biléssimo. DJSC 11.11.2003, p. 173.

de dispositivo legal que assegure ao trabalhador portador do vírus HIV estabilidade no emprego. 3. Afronta aos arts. 1º, inciso III, 5º, *caput* e inciso II, e 7º, inciso I, da Constituição Federal não reconhecida na decisão de Turma do TST que conclui pela reintegração do Reclamante no emprego. 4. Embargos de que não se conhece. Recurso não conhecido" TST-TST-E-RR-439.041/98.5 — Ac. SBDI-1 — Rel. Min. João Oreste Dalazen — DJU 23.5.2003. Revista TST, Brasília, vol. 69, n. 1, jan./jun.**2003**, p. 355.

"**Recurso de Revista. Ação trabalhista proposta por empregado contra empregador. Obrigação inerente ao contrato de trabalho. Dano moral. Competência da Justiça do Trabalho.** É competente a Justiça do Trabalho para apreciar lide entre empregado e empregador, visando ao pagamento de indenização por dano moral em razão de conduta discriminatória da empresa, que teria promovido a rescisão contratual por ser o autor portador do vírus da AIDS (art. 114 da Constituição Federal/88). Recurso de revista não conhecido. REINTEGRAÇÃO NO EMPREGO. EMPREGADO PORTADOR DO VÍRUS HIV. DISPENSA DISCRIMINATÓRIA. O fato de, no sistema jurídico, não haver texto de lei prevendo a estabilidade de empregado portador do vírus HIV não impede a sua reintegração no serviço, uma vez constatada a dispensa discriminatória, em evidente afronta aos princípios gerais do direito, especialmente no que se refere às garantias constitucionais do direito à vida, ao trabalho, à dignidade da pessoa humana e à igualdade (arts. 1º, III e IV; 3º, IV; 5º, *caput* e XLI, 7º, I, 170 e 193 da Constituição Federal). Recurso de Revista conhecido e não provido". TST-RR-366/2000-021-15-00- Min. Relator: Aloysio Corrêa da Veiga. 5ª Turma. DJ 24.2.**2006**.

A prova da despedida discriminatória autoriza a reintegração do empregado portador do vírus HIV (art. 114 da CF) e pagamento de dano moral, independentemente de ser ele amparado por estabilidade.

Sustenta, parte da jurisprudência, ser válida a dispensa do portador do vírus HIV, não encontrando amparo legal o pedido de reintegração[(50)], posto que a despedida traduz direito potestativo do empregador.

Há também julgado que afasta a compensação por dano moral postulada pelo empregado com fulcro na dispensa discriminatória infectada pelo vírus HIV, por entender que a moléstia foi diagnosticada com conhecimento geral da empresa e de seus empregados dois anos antes da resilição contratual (cf. TRT — 3ª Região — RO-01320-2005-065-103-00-9 — Ac. 7ª T. — Rel.: Juiz Jessé Cláudio Franco de Alencar. DJMG 13.7.**2006**, p. 18). Outra decisão atribui ao autor o ônus da prova quando alega discriminação pelo estado de saúde[(51)].

---

(50) "Carece de amparo legal a sentença que determinou a reintegração no emprego, pelo fato de o reclamante ser portador do vírus da AIDS. Cabia ao empregador o direito potestativo de demitir sem justa causa, não se tratando de hipótese de lacuna na lei". TRT — 4ª Reg. — RO-574/89- Ac. 5ª T. — Rel. Juiz Flávio O. Sirângelo. *Revista LTr* 55-7/795.

(51) "**Empregado portador do vírus da AIDS. Ausência de discriminação**. A contaminação pelo vírus HIV e a doença AIDS dela decorrente, como é sabido tem causado grande impacto na humanidade, e os portadores desta enfermidade sofrem, sem dúvida, discriminação e dificuldades muitas vezes até para

A partir do momento em que uma pessoa infectada pelo HIV ou AIDS está incapacitada para realizar seu trabalho, surgem problemas não só em decorrência da extinção do pacto, mas também com a determinação de sua minoração, para que sejam conferidas as medidas especiais. É, aliás, o que se infere da Declaração da OMS/OIT, quando recomenda que as pessoas que tenham enfermidades relacionadas com o HIV se lhes deva permitir o trabalho enquanto estejam em condições de ocupar um cargo apropriado.

Por outro lado, a Convenção n. 159 da OIT sobre readaptação profissional considera inválida "a pessoa cujas possibilidades de obter e conservar um emprego adequado e de progredir no mesmo, fiquem substancialmente reduzidas por causa de uma deficiência física ou mental devidamente reconhecida". Ora, o funcionamento defeituoso do sistema imunológico do organismo, característico da AIDS e das enfermidades relacionadas com o HIV, constitui, sem dúvida, uma deficiência desse tipo. E os Estados que ratificaram a Convenção se obrigam a formular, aplicar e rever periodicamente a política nacional sobre a readaptação profissional e o emprego de pessoas inválidas. Essa obrigação de revisão tem particular interesse no caso da AIDS, pela necessidade de saber se a legislação nacional tem considerado essas enfermidades como causa de invalidez e, em caso afirmativo, a partir de quando. Os Estados que ratificaram o Convênio devem adotar políticas para assegurar aos minorados igualdade de oportunidades, não se considerando discriminatórias as medidas positivas especiais adotadas, objetivando obter a igualdade efetiva; entre essas medidas especiais, a Recomendação n. 168 da OIT enumera: emprego em tempo parcial, fomento da difusão de informação sobre exemplos de casos de integração com êxito de pessoas inválidas no emprego, o que seria útil, tendo-se em vista a necessidade de se promover o espírito de compreensão e de facilitar uma informação essencial para manter um clima de confiança indispensável à obtenção da proteção das pessoas infectadas pelo HIV/AIDS (seção V, B4).

Poderá ocorrer a possibilidade de o empregado ser contaminado pelo HIV no exercício de suas funções, daí a Declaração OMS/OIT recomendar os cuidados necessários para evitar o perigo da transmissão de infecção sanguínea (seção V, B9). Em alguns casos, são necessárias precauções especiais, devendo conceder-se roupas e equipamentos de proteção especial, sem qualquer ônus para o empregado, informando-o sobre os riscos, por meio de dados científicos e ministrando-lhe formação profissional adequada. E, quando não for possível tomar as precauções especiais, o empregado poderá abster-se de realizar suas atividades no setor, aguardando as medidas cabíveis.

---

sobreviver. Entretanto, quando o empregado alega discriminação pelo seu estado de saúde por parte do empregador, deve fazer a competente prova". TRT- 9ª Reg — Proc. 01282-2003-664-09-00-2- RO (Ac. 19127/2004). Rel.: Juiz Arnor Lima Neto. DJPR 3.9.2004.

5.2. Controle de ausências em razão de enfermidade ou acidente do trabalho

A permissão de fiscalização relacionada com outros aspectos da relação trabalhista, como ausências ao serviço, que poderão ser responsáveis pela dispensa do empregado por justa causa, dada a violação do dever de diligência ou o não-pagamento dos salários nos períodos de afastamento por doença, legitima o controle de suas ausências ao trabalho por motivo de enfermidade ou de acidente do trabalho. O controle é feito, de preferência, por médico da empresa e, na ausência deste, observa-se a seguinte ordem preferencial: instituição previdenciária a que estiver filiado o empregado, por médico do Serviço Social da Indústria ou do Serviço Social do Comércio, por médico de repartição federal, estadual ou municipal, incumbido de assunto de higiene ou saúde, ou, inexistindo na localidade médicos nas condições especificadas, o atestado deverá ser fornecido por médico do sindicato a que estiver filiado o empregado.

O art. 59 do Código de Ética Médica determina que o paciente seja informado do diagnóstico, do prognóstico, dos riscos e objetivos do tratamento. **Somente se essa comunicação puder acarretar-lhe dano é que se pode revelar o fato ao seu responsável legal, que quase sempre é um familiar direto.**

A legislação brasileira não prevê a possibilidade de visitas à casa do empregado para conversar, com seus familiares, a respeito de algum mal que o tenha acometido, tampouco a intervenção do serviço social sem o seu consentimento, pois a casa é considerada pelo texto constitucional, como "asilo inviolável" (art. 5º, XI). Só se permite que alguém penetre no domicílio de outrem sem o seu consentimento em caso de flagrante delito, desastre, para prestar socorro ou, durante o dia, por determinação judicial.

Logo, permitir-se a visita à casa do empregado com tal amplitude poderá conduzir a situações de arbitrariedade e gerar abusos na ausência de um parâmetro legal.

Registre-se que a **jurisprudência francesa** não considerou ilegal o fornecimento de endereço de um empregado feito pela empresa a um médico, com o objetivo de levar a cabo uma visita médica. Sustentou que o afastamento do empregado por doença lhe dava o direito a uma indenização complementar do auxílio-doença, desde que se submetesse a um exame, por médico indicado pelo empregador, conforme fora previsto em convenção coletiva. Logo, o fornecimento do endereço do empregado ao médico, ainda que sem sua autorização, não violou sua intimidade e vida privada[52].

---

(52) *Revista Internacional del Trabajo*. Ginebra: OIT, v. 102, n. 1, 1983, p. 57.

O Estatuto do Trabalhador Italiano, no art. 5º, proíbe que o empregador se utilize de seu pessoal para apurar doença ou acidente do trabalho, os quais só poderão ser investigados por meio da inspeção dos órgãos previdenciários.

Convém acrescentar que o acidente do trabalho é disciplinado, no Brasil, pela Lei n. 8.213, de 27.7.1991. O art. 19 dessa lei o conceitua como o que ocorre pelo exercício do trabalho na empresa ou pelo exercício do trabalho dos segurados referidos no inciso VII do art. 11 desta Lei, provocando lesão corporal ou perturbação funcional que cause a morte, a perda ou a redução permanente ou temporária da capacidade para o trabalho.

A teor do art. 20 da Lei n. 8.213, de 1991, consideram-se acidente do trabalho as seguintes entidades mórbidas:

"I — doença profissional, assim entendida a produzida ou desencadeada pelo exercício do trabalho peculiar a determinada atividade e constante da respectiva relação elaborada pelo Ministério do Trabalho e da Previdência Social;

II — doença do trabalho, assim entendida a adquirida ou desencadeada em função de condições especiais em que o trabalho é realizado e com ele se relacione diretamente, constante da relação mencionada no inciso I" (art. 20).

"Art. 21. Equiparam-se também ao acidente do trabalho, para efeitos desta Lei:

I — o acidente ligado ao trabalho que, **embora não tenha sido a causa única**, **haja contribuído diretamente** para a morte do segurado, para redução ou perda da sua capacidade para o trabalho, ou produzido lesão que **exija atenção médica para a sua recuperação;**

Obs.: A hipótese versa sobre "teoria da concausa", que reforça o processo causal, com o caráter **antecedente** (diabético que sofre um pequeno ferimento), **superveniente** (infortúnio do trabalho com complicações causadas por micróbios — *stafilococo* — e consequente **perda de um dedo**). Finalmente, causas concomitantes que se realizam com perda auditiva (disacusia). (Cf. MONTEIRO, Antônio Lopes e outro. *Acidentes do Trabalho e doenças ocupacionais*. 2007, p. 17).

II — o acidente sofrido pelo segurado no local e no horário do trabalho, em conseqüência de:

a) ato de agressão, sabotagem ou terrorismo praticado por terceiro ou companheiro de trabalho;

b) ofensa física intencional, inclusive de terceiro, por motivo de disputa relacionada ao trabalho;

c) ato de imprudência, de negligência ou de imperícia de terceiro ou de companheiro de trabalho;

d) ato de pessoa privada do uso da razão;

e) desabamento, inundação, incêndio e outros casos fortuitos ou decorrentes de força maior;

III — a doença proveniente de contaminação acidental do empregado no exercício de sua atividade;

IV — o acidente sofrido pelo segurado ainda que fora do local e horário de trabalho:

a) na execução de ordem ou na realização de serviço sob a autoridade da empresa;

b) na prestação espontânea de qualquer serviço à empresa para lhe evitar prejuízo ou proporcionar proveito;

c) em viagem a serviço da empresa, inclusive para estudo quando financiada por esta dentro de seus planos para melhor capacitação da mão-de-obra, independentemente do meio de locomoção utilizado, inclusive veículo de propriedade do segurado;

d) no percurso da residência para o local de trabalho ou deste para aquela, qualquer que seja o meio de locomoção, inclusive veículo de propriedade do segurado.

§ 1º Nos períodos destinados a refeição ou descanso, ou por ocasião da satisfação de outras necessidades fisiológicas, no local do trabalho ou durante este, o empregado é considerado no exercício do trabalho.

§ 2º Não é considerada agravação ou complicação de acidente do trabalho a lesão que, resultante de acidente de outra origem, se associe ou se superponha às conseqüências do anterior."

Obs.: O conteúdo do inciso IV e alínea "d" do art. 21 (equiparação a acidente do trabalho) poderá ser descaracterizado se o tempo de deslocamento for alterado substancialmente. (Cf. OLIVEIRA, Sebastião Geraldo de. *Indenizações por acidente do trabalho ou doença ocupacional.* 4. ed. São Paulo: LTr, p. 54.)

"**Art. 20**: § 1º Não são consideradas como doença do trabalho:

a) a doença degenerativa;

b) a inerente a grupo etário;

c) a que não produza incapacidade laborativa;

d) a doença endêmica adquirida por segurado habitante de região em que ela se desenvolva, salvo comprovação de que é resultante de exposição ou contato direto determinado pela natureza do trabalho.

§ 2º Em caso excepcional, constatando-se que a doença não incluída na relação prevista nos incisos I e II deste artigo resultou das condições especiais em que o trabalho é executado e com ele se relaciona diretamente, a Previdência Social deve considerá-la acidente do trabalho". (art. 20, da Lei n. 8.213/91).

O inciso XXVIII do art. 7º da Constituição assegura aos trabalhadores urbanos e rurais, além de outros que visem à melhoria de sua condição social: "Seguro contra acidente de trabalho, a cargo do empregador, sem excluir a indenização a que está obrigado, quando incorrer em dolo ou culpa". Essa indenização não se deduz do seguro-acidente e tampouco do valor da indenização do direito civil (Súmula n. 229 do STF).

Sustentávamos que se a competência para julgar acidente do trabalho ou a doença profissional ainda estava indefinida pelo judiciário, a competência para apreciar a ação era do Juízo a que estivesse afeta a questão do acidente(53).

Ocorre que o STF passou a sustentar que a Justiça do Trabalho era incompetente para apreciar pedido de indenização de danos decorrentes de acidente do trabalho ou doença profissional, que a ele se equivale. Aderimos a esse posicionamento.

Em 29 de junho de 2005, decidindo conflito de competência (CC n. 7204-1), o E. STF alterou seu entendimento e, por unanimidade, definiu pela competência da Justiça do Trabalho para apreciar e julgar ação reparadora de dano resultante de acidente do trabalho ajuizada pelo empregado contra o empregador.

Defere-se a indenização correspondente(54) comprovado, inclusive por perícia, ter o reclamante sofrido dano material e ou moral proveniente de acidente

---

(53) Nosso ponto de vista era nesse sentido: "**Acidente de trabalho. Dano moral.** Se o acidente do trabalho ou a doença profissional ainda não foi **definido pela justiça comum**, ou a matéria encontra-se *sub judice*, a competência para apreciar a ação de dano moral é do juízo a que está afeta a questão do acidente, ao contrário corre-se **o risco de decisões conflitantes**. No caso dos autos, trata-se de dano que teve lugar no curso da relação de emprego, havido durante a prestação de serviços e tanto que a perícia responsabilizou o reclamado pela doença profissional que acometeu a autora, a que está até mesmo aposentada por invalidez em decorrência disto. Se já foi reconhecida oficialmente a ocorrência da doença profissional, com manifestação do órgão de Previdência, caberá a esta Justiça Especializada apreciar a questão relacionada com a culpa do empregador pelo evento." TRT — 3ª Região — RO-7883/99 — Relª: Juíza Alice Monteiro de Barros — DJMG 17.5.**2000**, p. 13.

(54) "**Acidente de trabalho. Indenização por dano moral.** Comprovado que os acidentes (de **trajeto e de trabalho**) desencadearam lesões que se agravaram e se consolidaram em decorrência da atividade laboral do reclamante, reduzindo sua capacidade laboral, resta configurado o dano suscetível de reparação. Por outro lado, a restrição perante o mercado de trabalho, numa época de escassez de emprego, certamente acarreta abalo psíquico ao trabalhador, que se traduz no abalo de sua auto estima e segurança, trazendo reflexos no convívio familiar e social. Impõe-se assim o deferimento da indenização postulada." TRT/ES- 00306.2005.012.17.00.6-RO- Ac. 3774/2007 — Rel.: Juiz José Luiz Serafini — DO 18.05.**2007**.

"**Acidente. Desossador de carne. Perfuração do abdômen. Omissão na entrega de EPI. Negligência da empresa. Dano moral.** Comprovada a negligência da empresa no acidente que resultou na **perfuração do abdômen do trabalhador**, vez que não fornecia equipamento de proteção adequado em **número suficiente (colete de aço e luvas)**, resulta inequívoco o dever de indenizar os danos morais decorrentes de grave infortúnio sofrido. Inequívoco o **alto risco do trabalho do desossador de carne**, que manipula instrumento de corte. Recurso patronal a que por maioria se nega provimento." TRT — 2ª Região — RO-02551200503002001 — Ac. 20080013079 — 4ª T. — Rel.: Juiz Ricardo Artur Costa e Trigueiros — DOESP 15.2.**2008**.

do trabalho (trajeto, perfuração de abdômen do empregado, alto risco do trabalho, perda auditiva ou de visão, doença ocupacional — **silicose** — e morte do trabalhador na construção civil, em pedreira e no uso de trator em fazenda).

Deverá responder pelo dano moral causado à família do operário (filhos e companheira), a empresa que, negligenciando as normas de segurança do trabalho, permite o labor em andaimes da **construção civil** sem os necessários equipamentos de proteção, expondo o obreiro ao risco de queda previsível, a qual, no caso, veio a ocorrer, ocasionando a morte do trabalhador. (TRT — 3ª Região — 7ª Turma — 00613-2005-042-03-00-5 RO. Relª Juíza Alice Monteiro de Barros, julgado em 22.9.2005. DJMG de 4.10.**2005**)..

Evidenciada, por prova técnica, a morte do empregado pelo soterramento, decorrente de culpa do empregador ao mantê-lo na pedreira, extraindo ardósia, sem zelar pela sua completa segurança e prevenção de riscos, responderá pela reparação do dano moral devido à mulher e aos filhos do *de cujus* (TRT — 3ª Região — 7ª T. — RO-00527-2005-050-03-00-7. Rel.: Juíza Alice Monteiro de Barros, julgado em 15.12.**2005**).

Procede o pedido de compensação por danos morais e o pagamento de pensão mensal vitalícia, nos moldes do pedido inicial, quando comprovada a

---

Prescrição. Dano moral. Doença profissional. O Supremo Tribunal Federal, anteriormente à decisão do CC 7.204-1, proferida em 29.06.2005, entendia que a competência para apreciar pedido de reparação de dano material e moral decorrente de acidente do trabalho ou doença profissional era da **Justiça Comum**. A partir de 29/06/2005, o mesmo Tribunal passou a entender que a competência é da Justiça do Trabalho. Se a ação foi ajuizada perante a Justiça Comum antes mesmo da Emenda Constitucional nº 45 de 2004 e da modificação do entendimento pelo STF, para evitar a instabilidade da parte, é razoável aplicar a prescrição do Código Civil art. 2.028). Em conseqüência, afasto a prescrição total declarada em primeiro grau com amparo no art. 11 da CLT e julgo procedentes os pedidos de compensação de dano moral e indenização de dano material decorrentes de doença ocupacional **(silicose)**. TRT- 3ª Região — 01247-2005-129-03-00-0 RO — 7ª Turma. Relª: Juíza Alice Monteiro de Barros. DJMG 30.03.**2006**.

"Perda auditiva decorrente do trabalho. Indenização por danos materiais e morais. Nexo causal e responsabilidade subjetiva da reclamada pericialmente demonstrados. Havendo a prova pericial produzida comprovado cabalmente ter o reclamante sofrido **perda auditiva parcial** e irreversível em decorrência de seu trabalho na reclamada e a **responsabilidade subjetiva** desta pelo evento, correta sua condenação ao pagamento de indenizações pelos **danos materiais e morais a ele causados.** É o que resulta da combinação do disposto no artigo 114 da Constituição da República com o que estabelece o artigo 159 do Código Civil (subsidiariamente aplicável na esfera trabalhista por força do parágrafo único do artigo 8º da CLT)." TRT — 3ª Região — RO- **00664-1999-054-03-00-8 (Ac. 5ª Turma). Rel.: Juiz José Roberto Freire Pimenta. DJMG 26.4.2003, p. 17.**

"**Dano moral. Responsabilidade por fato de outrem. Natureza objetiva.** Ao lado da responsabilidade por fato próprio, a responsabilidade por fato de outrem e pelo fato das coisas atende às necessidades impostas pela complexidade da vida social moderna. Não se trata de responsabilidade sem culpa, mas de **responsabilidade por fato de outrem**, porém por culpa própria, porque as pessoas que respondem a esse título terão sempre contribuído para o fato danoso, a exemplo do empregador, nos termos do art. 1521 do Código Civil de 1916, com redação apenas atualizada no Novo CCB. Não há porque insistir em colocar a responsabilidade do patrão sob os auspícios da culpa in eligendo ou in vigilando, pois, na verdade, o fundamento dessa responsabilidade é o simples fato da relação que mantêm empregado e empregador. O abalo moral causado pela **perda da visão em acidente ocorrido nas dependências da empresa**, enquanto o empregado cumpria seus deveres contratuais, deve ser indenizado pelo empregador, sem que se exija do ofendido a prova de culpa que se presume existir desde o ato original que deu impulso à empresa." — TRT — 9ª Região — RO- 03198-2003-661-09-00-4. Ac. 2ª Turma — 23.310/ **2005**) — Relª: Juíza Marlene T. Fuverki Suguimatsu. DJPR 20.9.**2005**, p. 241.

culpa do empregador pelo acidente que **ensejou a morte** do empregado. A responsabilidade decorre, no caso, dos seguintes fatores: *o trator* conduzido pelo *de cujus*, no momento do sinistro, não era submetido a revisões periódicas e apresentou defeito mecânico na caixa de direção, o qual impossibilitou o controle do veículo e constituiu motivo determinante do acidente. Ademais, a circunstância de o trabalhador não possuir **a necessária habilitação**, fato conhecido do empregador, também contribuiu para o acidente, pois o falecido não sabia avaliar se o trator estava em condições de ser governado. (TRT-3ª Região — 7ª Turma -00397-2004-072-03-00-9 RO. Relª: Juíza Alice Monteiro de Barros, julgado em 9.12.**2004.**)

Verifica-se, portanto, que o acidente do trabalho provoca danos os quais poderão ser intitulados: material (despesas hospitalares, por exemplo), moral e estético(55) quando a vítima continua viva. Já os acidentes com óbito geram indenizações cujo efeito é diverso.

Há, **na Espanha** (Tribunal Superior de Catalunha, de 30.5.**2003**, e de Galícia, de 4.4.**2003**) **sentenças que qualificam o suicídio de um trabalhador como acidente do trabalho. Na primeira hipótese,** o chefe de seção passou a controlar uma máquina para ele, situação vexatória a partir do momento em que perdeu a responsabilidade e teve que aprender com colegas, antes seus subordinados, a usar o computador. Não se sentia produtivo e a depressão aumentou quando passou a sustentar que a empresa gostaria que ele antecipasse a aposentadoria. Essa situação concluiu com a autoagressão. **A segunda hipótese** constatou que o trabalhador acumulava *stress*, além de fatores pessoais e laborais que influenciaram a forma do desenlace autolítico.

---

(55) **Dano moral e dano estético. Cumulação.** Admite-se a cumulação do dano moral e estético, ainda que derivados do mesmo fato, quando possuem fundamentos distintos. O dano moral é compensável pela dor e constrangimento impostos ao autor e o dano estético pela anomalia que a vítima passou a ostentar. O dano estético afeta "a integridade pessoal do ser humano, em geral, e em particular a harmonia física, concebidas como materialização de um direito humano garantido no nível constitucional". Ele poderá ser o resultado de uma ferida que gera cicatriz, da amputação de um membro, falange, orelha, nariz, olho ou outro elemento da anatomia humana. Quando se constata que um semelhante possui alguma parte do corpo alterada em relação à imagem que tinha formado o observador, o fato causa impacto a quem a percebe através de seus sentidos. É inegável que esse dano estético provoca também impacto sobre a percepção da própria vítima, afetada com a diminuição da harmonia corporal. O que se visa proteger não é a beleza, valor relativo na vida cotidiana, mas garantir as circunstâncias de regularidade, habitualidade ou normalidade do aspecto de uma pessoa; busca-se reparar que o ser humano, vítima da cicatriz, se veja como alguém diferente ou inferior, ante a curiosidade natural dos outros, na sua vida de relação. A reparação não resulta, portanto, do fato de a cicatriz ser repulsiva, embora essa circunstância possa aumentar o quantum ressarcitório, tampouco de ser sanada mediante uma cirurgia plástica, fato que poderá atenuar o valor da indenização (GRANDOV, Balldomero e BASCARY Miguel Carrillo. *Cicatrices. Dano estetico y Derecho a la integridad física.* Rosario: FAZ, 2000, p. 34 e 40). Aliás, o STJ já se pronunciou nesse sentido por meio de suas turmas nos seguintes acórdãos: 2ª T. — AGA 276023/RJ — Relator Min. PAULO GALLOTTI — Fonte: DJ — DATA: 28.8.2000 — P: 68/RSTJ/ V.: 138 P: 172 — 3ª T. — RESP 254445/PR — Relator Min. NANCY ANDRIGHI — Fonte: DJ DATA: 23.6.2003 — P: 351; e 4ª T. — RESP 347978/RJ — Relator Min. RUY ROSADO DE AGUIAR — Fonte: DJ DATA: 10.6.2002 — P: 217. Se o valor fixado pelo juiz considerou os dois aspectos, o dano estético já foi objeto de ressarcimento. TRT — 3ª Região — RO-01771-2002-032-03-00-2 — Ac. 2ª Turma — 8903/03, 22.7.**2003**. Relª: Juíza Alice Monteiro de Barros — *Revista LTr* 68-03/362.

5.3. Informação genética

Em 1938 foram utilizados exames médicos para detectar transtornos genéticos, com o objetivo de selecionar os empregados em função de sua sensibilidade a respeito dos riscos profissionais; essa exigência implicou discriminação de pessoas, negando-lhes o acesso ao emprego e, em 1989, Resolução do Parlamento Europeu solicitou a proibição legal de seleção de empregados baseada em critérios genéticos e de utilização geral de análises genéticas nos exames dos empregados, permitindo-os apenas para os cargos que implicassem riscos para a saúde. Também a Associação Médica Mundial admitiu o temor sobre possível mau uso da informação alusiva a caracteres genéticos dos indivíduos, o qual poderá traduzir fonte de estigmatização e discriminação social (cf. Trabajo. *Revista da OIT*, n. 11, 1995, p. 27 e 28).

O avanço científico aumenta as possibilidades de melhorar a existência humana e, paralelamente, agrava os perigos para a pessoa, em face de utilização indevida da informação genética, cujo código permite a tradução da linguagem do DNA. O código genético prevê quais as enfermidades que uma pessoa pode sofrer, permitindo a manipulação de seus genes, o que, aliás, poderá levar a curar certas enfermidades, mas poderá servir para que a pessoa venha a contraí-las mediante a troca de genes, repercutindo em todos os seus descendentes.

Dada a gravidade da situação, adotou-se a Declaração de Valencia, em outubro de 1988, a qual prevê "a utilização da informação genética apenas para aumentar a dignidade humana" e, em novembro de 1990, foi adotada uma resolução dispondo que "a informação genética deveria ser obtida e revelada só com a autorização do indivíduo ou de seu representante legal; qualquer exceção a esse princípio requer uma forte justificação legal ou ética". Essa exceção poderá ser perigosa e, por outro lado, possibilita a manipulação genética, não consentida, levando autores a concluir que o direito à intimidade genética deverá ter dois conteúdos básicos: o direito absoluto do indivíduo ao controle sobre a própria informação genética e a proibição absoluta de manipular o código genético de uma pessoa sem sua autorização expressa, e, ainda assim, só para fins terapêuticos[(56)]. Afirma-se que o Departamento de Energia e o Instituto Nacional de Saúde Norte-americanos estão desenvolvendo o programa ELSI/ISLE de investigação sobre o mapa genético humano, onde estão estudando o conflito entre o direito do indivíduo à intimidade genética e a proteção da saúde pública. Esse estudo poderá compreender várias situações, questionando-se, a título de exemplo, sobre a licitude ou não de provas genéticas para descartar a contratação de **pilotos de avião, maquinistas de ferrovias ou motoristas, sobretudo de transportes públicos**,

(56) RUIZ MIGUEL, Carlos. *Op. cit.*, p. 106.

com predisposição hereditária a sofrer um ataque cardíaco[57]. Qualquer que seja o ângulo pelo qual se encare o problema, devem ser tomadas todas as cautelas antes da revelação do mapa genético.

O rápido desenvolvimento da genética e as novas tecnologias afins têm facilitado a obtenção de informação sobre a condição genética. O informe da OIT que revela o método de avaliar a genética tem implicações importantes no local de trabalho, mormente nos casos em que o empregador tenha se mostrado interessado em excluir pessoas cuja condição genética evidencia uma predisposição a determinada enfermidade no futuro (*Revista Trabajo*, n. 59, abr. 2007, p. 6).

A discriminação genética tem sido objeto de ação trabalhista impugnada diante de vários tribunais no mundo, com resultado favorável às pessoas penalizadas com uma violação aos direitos humanos (*Revista Trabajo*, n. 59, abr. 07, p. 6).

Em fevereiro de 2007, o Senado Americano aprovou lei vedando aos empregadores a contratação, a despedida e o acesso ao trabalho com amparo na informação genética, atual ou potencial, de um empregado (Kaisernetwork org., 1º de fevereiro de 2007).

6. Exigência de teste de gravidez

Questão controvertida diz respeito à exigência de teste de gravidez das empregadas, comportando soluções diversas entre os países.

É inegável que a gravidez influirá na formação da relação jurídica, pois há atividades que a mulher não poderá desempenhar durante a gestação. Ademais, por ocasião do afastamento compulsório, o empregador, além de continuar a contribuir para a Previdência Social, provavelmente deverá contratar outro empregado para substituí-la, além dos serviços adicionais que poderão onerá-lo após o afastamento, como salas para aleitamento, creches, berçários, etc.

Por outro lado, é indiscutível também que a mulher grávida ou com filhos é a mais discriminada nos países, em geral.

Filiamo-nos aos que entendem que, no conflito entre os princípios da igualdade e do respeito à vida privada, em que se inclui a faculdade de a mulher grávida ocultar esta circunstância e a possibilidade de o empregador escolher livremente os seus empregados, é razoável "que este sacrifique seu interesse em conhecer o estado de gestação da empregada", reconhecendo-lhe o direito de ocultá-lo, a fim de manter "o equilíbrio em uma situação inteiramente favorável ao empregador"[58].

---

(57) RUIZ MIGUEL, Carlos. *Op. cit.*, p. 106, n. 147.
(58) GOÑI SEIN, José Luis. *Op. cit.*, 1988, p. 61, 62.

Ressalte-se que o Brasil é signatário da Convenção da ONU sobre eliminação de todas as formas de discriminação contra a mulher. E o art. 5º, I, da nossa Constituição, considera homens e mulheres iguais em direitos e obrigações. Influenciada pela norma internacional, a mesma Carta no art. 7º, XXX, proíbe "diferença de critério de admissão por motivo de sexo".

Logo, em face do princípio da igualdade e considerando-se que a vida privada e a intimidade do empregado são invioláveis, o teste de gravidez não pode ser exigido, sob pena de não se efetivarem as normas que vedam a discriminação. Isso porque o empregador, ciente do estado de gestação da obreira, fatalmente, não irá admiti-la e ela estará desprovida de meio processual para obrigá-lo a contratá-la.

Atualmente, a Lei brasileira n. 9.029, de 13 de abril de 1995, no seu art. 2º, considera crimes as seguintes práticas: exigência de teste, exame, perícia, laudo, atestado, declaração ou qualquer outro procedimento relativo à esterilização ou a estado de gravidez; a adoção de quaisquer medidas, de iniciativa do empregador, que configurem indução ou instigação à esterilização genética, bem como a promoção do controle de natalidade, assim não considerado o oferecimento de serviços de aconselhamento ou planejamento familiar, realizados através de instituições públicas ou privadas, submetidas às normas do Sistema Único de Saúde — SUS.

São sujeitos ativos desses crimes a pessoa física do empregador, seu representante legal ou, ainda, o dirigente, direto ou por delegação de órgãos públicos e entidades da administração direta, indireta ou fundacional. Ao infrator será cominada detenção de um a dois anos, além de multa administrativa correspondente a dez vezes o valor do maior salário pago pelo empregador, elevado em 50%, na hipótese de reincidência, e proibição de obter empréstimo ou financiamento junto a instituições financeiras oficiais. Por outro lado, rompido o contrato de trabalho por esses atos discriminatórios, faculta-se ao empregado optar entre a reintegração, com o pagamento das remunerações relativas ao período de afastamento, corrigidas monetariamente, e a percepção em dobro dessas importâncias, acrescidas de juros e correção monetária.

E em atenção ao comando contido na referida Lei n. 9.029, de abril de 1995, a jurisprudência trabalhista já se pronunciou nos seguintes termos:

"Prática discriminatória contra a mulher. Lei n. 9.029/95. Indenização. A Lei Federal n. 9.029, de 13 de abril de 1995, proíbe a exigência de atestados de gravidez e outras práticas discriminatórias para efeitos admissionais ou de permanência da relação de emprego. Comprovado nos autos que constituía exigência do empregador a realização de testes de gravidez para a admissão e despedida de empregada, faz jus a reclamante à indenização correspondente ao período de afastamento, em dobro, corrigida monetariamente, acrescida de juros legais, na forma do art. 4º da referida norma". TRT — 12ª Reg. Ac.

3309/97. Rel.: Juiz João Cardoso — DJSC 15.4.97, p. 52. *Revista do Direito Trabalhista* n. 5, maio de 97, Consulex, p. 72.

Também com o propósito de assegurar a igualdade de tratamento da mulher no mercado de trabalho, a **Procuradoria do Trabalho da 3ª Região**, considerando o expediente encaminhado pelo Chefe da Divisão de Segurança e Saúde do Trabalhador, no qual dá notícia da exigência de teste de gravidez, pela empresa Katrin Têxtil e Confecções Ltda., instaurou inquérito civil público para apuração do fato, como se infere da Portaria n. 1, de 20 de janeiro de 1995, publicada no Diário da Justiça de 6 de fevereiro de 1995, p. 1449. A referida empresa firmou termo de compromisso perante o Ministério Público, comprometendo-se a não estabelecer quaisquer procedimentos discriminatórios contra a mulher no ato de admissão, ficando claro que não poderá exigir teste de gravidez para as candidatas a emprego, sob pena de incidir em multa de R$ 100.000,00 por trabalhadora discriminada. A multa convencionada, na hipótese de descumprimento, reverterá em favor do Fundo de Amparo ao Trabalhador instituído pela Lei n. 7.998/90.

Por outro lado, a **jurisprudência espanhola**(59) registra caso concreto envolvendo uma empregada **contratada** por três meses para **substituir as enfermeiras em férias que trabalhavam em um estabelecimento de saúde.** O contrato previa um período de prova de quinze dias e a autora estava grávida, não revelando essa circunstância. Ao ser designada para trabalhar no setor de diálise, a autora recusou-se a fazê-lo, em razão da gravidez. O estabelecimento a dispensou, sustentando que ainda não havia superado o período de prova. O Tribunal Central do Trabalho decidiu favoravelmente ao empregador, com o argumento de que o art. 14.2 do Estatuto dos Empregados permite a resilição unilateral do contrato de trabalho, durante o período de prova, sem necessidade de motivar sua decisão. A autora não se conformou e recorreu ao Tribunal Constitucional, alegando que a dispensa fora discriminatória e violara o direito à igualdade, consagrado nos arts. 14 e 35 da Constituição. Esse Tribunal considerou a atitude patronal arbitrária e atentatória aos direitos fundamentais da pessoa, entre eles, o de não ser discriminada. Asseverou que o empregador deveria ter demonstrado que os motivos de sua decisão eram alheios à situação da gravidez e que esse dever já havia sido assinalado pela jurisprudência do Tribunal Constitucional, ao propor a inversão do ônus da prova em casos dessa natureza.

---

(59) *Revista Internacional del Trabajo*. Ginebra. OIT, v.109, n.1, 1990/1, p. 148, 149.

CAPÍTULO IV

Liberdade de Pensamento

1. Indagações sobre crença religiosa, opiniões ideológicas, políticas e sindicais

A Constituição Federal, no art. 5º, incisos IV, VI, VIII, XVII, e art. 8º, assegura a liberdade de pensamento, de crença religiosa, de convicção filosófica ou política e de associação sindical. Toda pessoa tem direito subjetivo de pensar, filosófica ou politicamente, e também de associar-se. São direitos da personalidade, cuja inviolabilidade é assegurada em preceito constitucional, no título dos Direitos e Garantias Fundamentais. Logo, o empregado tem a faculdade de ocultar suas opiniões ante indagações dessa ordem. E a privacidade tende a "assegurar, em uma concepção renovada, a esfera política do indivíduo, erigindo-se em pressuposto institucional de outros direitos fundamentais (liberdade ideológica e de crença, liberdade sindical, etc.)"(1).

O dispositivo constitucional citado assegura a efetividade da independência da consciência moral e cívica dos indivíduos que integram uma sociedade democrática.

Mesmo na época do regime militar no Brasil, onde esses direitos de personalidade eram postergados, os Tribunais do Trabalho os respeitavam, não considerando como justa causa as convicções políticas ou ideológicas do empregado(2).

Com amparo no texto constitucional, a jurisprudência trabalhista brasileira considerou **nula** a despedida de empregado, porque verificada com autêntica restrição ao princípio de liberdade de expressão, garantido no art. 5º, inciso IV da Constituição da República de 1988, e determinou a **reintegração** do empregado. Confira-se a ementa do acórdão:

---

(1) MORALES PRATS, F. "Privacy" y reforma penal: la propuesta de Anteproyecto de Nuevo Código Penal *apud* GOÑI SEIN, José Luis. *Op. cit.* (1988), p. 32. Cf. também, de nossa autoria, *Curso de Direito do Trabalho.* 4. ed. São Paulo. 2008, p. 632 a 640.

(2) "As convicções políticas ou ideológicas do empregado não constituem justo motivo para a rescisão do contrato". TRT — Belo Horizonte — Proc. 2.240-64; Rel. Juiz Gomes de Freitas; Legislação do Trabalho, 1965. p. 582. MORAIS FILHO, Evaristo de. *A justa causa na rescisão do contrato de trabalho.* Rio de Janeiro: Forense, 1968, p. 356.

"Despedida por justa causa. Nulidade. Motivação política. **Perseguição ideológica**. O empregador, para exercer o direito de resolver o contrato por falta grave do empregado, cinge-se às hipóteses elencadas no art. 482 da CLT. Se empresa pública, adicione-se a necessária obediência aos princípios da legalidade e da impessoalidade, dentre outros, por força do art. 37, *caput*, da CF/ 88. Ao comprovar-se que a despedida do empregado deu-se por perseguição **político-partidária** — em autêntica restrição ao princípio de liberdade de expressão, garantido pelo art. 5º, inciso IV da CF/88 — finda, ainda, o empregador por ferir o princípio da impessoalidade, pois o ato resilitório deixa de atender ao interesse público para satisfazer sentimentos pessoais. Por sua vez, a violação ao princípio da legalidade dá-se pela ultrapassagem dos limites em que, permitido o exercício do ato demissório, eis que, no caso vertente, tem traço eminentemente vinculado". (Ac. TRT 9ª Reg. 3ª T (RO 00433/93), Relª Juíza Wanda Santi Cardoso da Silva, DJ/PR 8.7.94, p. 61. *Dicionário de Decisões Trabalhistas*. Calheiros Bomfim, 25. ed.).

Segundo a v. decisão, a despedida, na hipótese, encobriu verdadeira represália patronal e foi utilizada como arma para **violentar as opiniões políticas**, para impedir sua exteriorização ou defesa, sem desconhecer a força da angústia econômica que essa situação pode gerar. O dano daí advindo nem sempre se repara com as indenizações legais, provenientes de uma despedida injusta, motivo pelo qual o tribunal autorizou a reintegração do empregado. É que a dispensa teve um fim ilícito, dirigindo-se à obtenção de um resultado que fere direitos fundamentais, como os de liberdade de pensamento, de convicção filosófica e política e de associação sindical.

Para **os que consideram a dispensa um direito potestativo**, a reparação, no caso, restringir-se-ia às indenizações próprias de uma resilição unilateral do contrato.

Outros, aos quais nos filiamos, asseveram ter o assunto inegável transcendência, mormente se considerarmos que essas indenizações nem sempre são suficientes para a reparação do dano advindo da perda do emprego. Em consequência, negam eficácia às despedidas verificadas com o objetivo de violar a consciência moral e cívica do empregado, pois sendo ilícita, sua causa é desprovida de valor sob o aspecto jurídico[(3)].

No mesmo sentido, *Valente Simi* afirma que:

"As despedidas realizadas com fraude à lei ou por causa ilícita são nulas, portanto, não produzem efeitos jurídicos" (*L'estinzione del rapporto di lavoro*. Milano, 1949).

Em consonância com essa assertiva, manifesta-se *Luisa Riva Sanseverino*:

---

(3) BARBAGELATA, Anibal Luis. La independencia de la consciencia moral y cívica del trabajador. *Revista Derecho Laboral*. Montevideo. 1950, p. 10.

"Ainda que no ordenamento jurídico especial das relações de trabalho não haja nenhuma disposição a respeito da forma de manifestar a vontade de despedir, do ordenamento geral pode-se deduzir, no entanto, que a declaração de vontade deve ter em conta uma causa lícita" (*Diritto del Lavoro*, p. 226).

Ficando comprovado que a despedida violou a consciência moral e cívica do empregado, sendo a faculdade resilitória exercida contra a lei, essa manifestação de vontade é mesmo destituída dos efeitos jurídicos que normalmente produziria, porque configura ato ilícito.

Dessa forma, faculta-se ao empregado postular a reintegração ou as verbas provenientes de uma despedida injusta, sem prejuízo da indenização por dano moral, se for o caso.

No que concerne **à liberdade religiosa, há decisão dos juízes franceses** considerando ser o empregado livre para não revelar sua condição de **padre** no ato da admissão.

Por outro lado, a jurisprudência brasileira não ampara o trabalhador que, invocando razões religiosas, **se recusa a trabalhar aos sábados**. É o que se infere da seguinte ementa:

> "Não aproveitam ao empregado suas convicções religiosas para o efeito de se recusar a trabalhar no sábado. Se constituía obrigação o trabalho naquele dia, a recusa configura falta grave, sem embargo do motivo invocado" (TRT — 2ª Reg. Proc. n. 5.388/66; Acórdão 3.090/68; julgado em 19.8.69. DOE de 19.9.68. Relator: Fernando de Oliveira Coutinho. In: LAMARCA, Antônio. *Manual das justas causas*, p. 462).

Outra seria a situação **se o trabalho aos sábados constituísse uma novidade**; nesse caso, o empregador deveria respeitar a religião do trabalhador (cf. LAMARCA, Antônio. *Op. cit.,* p. 462). A prática da religião não poderá constituir obstáculo para o acesso ao trabalho; logo, o empregado, por condições religiosas, não poderá pretender que se altere o regime de descanso dominical, devendo prevalecer o sistema vigente na empresa, ao qual deverá se adaptar o trabalhador se quiser continuar no emprego.

Por outro lado, implica ato ilícito proveniente de discriminação religiosa sofrida pelo empregado que não adere ao chamamento do gerente da filial à seita evangélica verificada por ocasião de reuniões, sob a alegação de ter aquele "pacto com o diabo"[(4)].

---

(4) **Preconceito religioso. Dano moral. Indenização.** A condenação ao pagamento de indenização por dano moral está condicionada à coexistência de ação ilícita por parte do empregador, de dano sofrido pelo empregado e de nexo de causalidade entre ambos. Discriminações de raça, credo e religião são odiosas e merecem reprimenda que não apenas busque a reparação do dano, mas que também desincentivar a conduta ilícita. É danosa, ilícita e imoral a conduta do empregador que passa a praticar e a incentivar a marginalização de empregado que se recusa a participar de orações evangélicas, afirmando que teria "pacto com o diabo". TRT-12ª Reg. — RO-V-02061-2004-037-12-00-4 (Ac. 2ª T. 12413/05, 13.09.05). Rel.: Juiz José Ernesto Manzi. DJSC 7.10.**2005**, p. 302.

A jurisprudência trabalhista brasileira, em várias situações e à luz do vínculo que une as igrejas ou as comunidades religiosas aos seus membros, afasta o liame empregatício, porque ausentes os seus pressupostos (art. 3º da CLT).

"O direito não foi feito nem para os heróis nem para os santos, mas para os homens medíocres que somos" (CARBONNIER, J. *Théorie des obligations*. Paris: PUF, 1969, n. 86, p. 5).

O trabalho de cunho religioso não constitui objeto de um contrato de emprego, pois, sendo destinado à assistência espiritual e à divulgação da fé, não é avaliável economicamente. Ademais, nas atividades religiosas prestadas ao ente eclesiástico, inexistem interesses distintos ou opostos, capazes de configurar o contrato; as pessoas que os executam, fazem-no como membros da mesma comunidade, dando um testemunho de generosidade, em nome de sua crença. Tampouco pode-se falar em obrigação das partes, pois, do ponto de vista técnico, aquela é um vínculo que nos compele a dar, fazer ou não fazer alguma coisa em proveito de outrem. Esse constrangimento não existe no tocante aos deveres da religião, aos quais as pessoas aderem espontaneamente, imbuídas do espírito de fé. Em conseqüência, quando o religioso (frei, padre, irmã, freira, pastor, diácono, pregador ou missionário) atua por espírito de seita ou voto, exerce profissão evangélica a serviço da comunidade religiosa a que pertence, estando excluído do ordenamento jurídico-trabalhista, ou seja, não é empregado. Suas atividades transcendem os limites contratuais[(5)].

Na mesma direção:

"**Pastor evangélico. Igreja pentecostal. Não configuração.** Não caracterizado o vínculo empregatício entre pastor evangélico e a igreja à qual desenvolve sua missão vocacional. Inexistem os requisitos do art. 3º, da CLT, em especial a subordinação e a onerosidade, no alcance jurídico-trabalhista dos termos, tendo em vista que não caracterizada a submissão a ordens de cunho patronal e não havia retribuição previamente ajustada e periódica, sendo que os valores recebidos a título de sustento pastoral destinavam-se à mera subsistência. Sentença que se mantém." TRT 9ª Reg. — 471-2002-095-09-00-6 (RO 10251/02) (Ac. 05772/03). Rel.: Juiz Sérgio Murilo Rodrigues Lemos. DJPR 21.3.**2003**, p. 438.

"**Diácono evangélico. Inexistência de relação de emprego com a sua igreja.** Não há relação de emprego entre ministro de confissão religiosa e a sua igreja, pois as tarefas decorrentes da fé não são equiparadas ao serviço prestado pelo trabalhador comum, mesmo que exerça atividades administrativas em sua igreja ou templo além daquelas próprias do seu voto religioso. A subordinação, que se apresenta em qualquer instituição, sendo inerente à sua estrutura hierarquizada, não se confunde com a subordinação jurídica. E se o evangelho é pregado por aparente desprendimento, a ruptura dos laços eclesiásticos não

---

(5) TRT- 3ª Região — 2ª Turma — RO-00190-2004-108-03-00-0- Relª: Juíza Alice Monteiro de Barros — DJMG 30.6.2004.

converte esse sentimento em interesse puramente pecuniário, em prestação onerosa." TRT — 20ª Região — RO- 10443-2003-002-20-00-3 — Ac. 1.988/ 02, 25.8.2003. Rel.: Juiz Augusto César Leite de Carvalho. Ementário LTr XII — 03/05.

"**Missionária Evangélica. Vínculo Empregatício.** Pela prova constante dos autos conclui-se que a recorrente era membro da Igreja e atuava como Pastora Evangélica, prestando assistência religiosa voluntária. Assim, suas atividades relacionavam-se com a evangelização, não se vislumbrando a existência dos requisitos caracterizadores da relação de emprego, a teor dos arts. 2º e 3º da CLT. Mesmo porque, a própria autora, em sua inicial, afirma que "não preenche os requisitos elencados no art. 3º da CLT, para pleitear eventuais direitos trabalhistas junto à Justiça do Trabalho, quais sejam, não era subordinada a horário, não tinha remuneração fixada, não sofria fiscalização. Recurso a que se nega provimento." TRT — 3ª Região. 01342-2004-024-03-00-2 RO- 3ª T. Rel.: Juiz Paulo Roberto Sifuentes Costa — DJMG 12.3.**2005**.

"**Pastor Evangélico. Relação de emprego.** A função de **pastor evangélico,** desenvolvida de forma espontânea e voluntária, por convicção religiosa, não pode ser considerada trabalho, ofício ou profissão, no sentido que a lei trabalhista dá a essas expressões. O trabalho prestado nessas condições transcende os limites do direito objetivo para integrar-se numa atmosfera ética que não pode ser medida pelos instrumentos como se avalia o trabalho de natureza econômica." TRT- 3ª Região — RO 00727-2004-103-03-00-0-4ª T. — Rel.: Juiz Lucas Vanucci Lins — DJMG 2.4.05. Revista TRT 3ª Região, v. 41, n. 4, jan./jun. **2005**.

"**Relação de emprego inexistente. Pastor evangélico.** Uma vez que se as igrejas constituem-se como pessoas jurídicas, elas podem perfeitamente celebrar contrato de trabalho. Revelando-se, porém, que o trabalhador presta serviços à sua igreja como 'pastor de almas', exercendo o seu ministério movido por razões de fé, ainda que subordinado à hierarquia e às regras internas da instituição, mostra-se incabível reconhecer a natureza empregatícia do liame, especialmente porque a convergência de interesses das partes 'a divulgação da Palavra' exclui a típica oposição entre o capital e o trabalho, própria da relação de emprego." TRT — 3ª Região — 0119702004-041-02-00-5-RO- 6ª T. — Rel.: Juiz Sebastião Geraldo de Oliveira, DJMG 20.1.**2005**.

"**Auxiliar de pastor. Vínculo empregatício. Inexistência. Atividade vocacional de natureza religiosa.** As atividades exercidas pelo pastor não podem ser consideradas como relação de emprego, uma vez que o liame entre a pessoa (reclamante) e sua igreja é vocacional e de natureza religiosa, onde se busca retribuição espiritual e não material. A submissão à doutrina da igreja decorre da fé que professa e não se confunde com a subordinação jurídica do empregado, conforme há muito, inclusive, já pacificado na jurisprudência, no sentido de que não há vínculo empregatício entre pastores e entidades." TRT-3ª Região — 00472-2006-028-03-00-5-RO — 8ª T. — Rel.: Desembargador Heriberto de Castro — DJMG 19.12.2006. Rev. TRT 3ª Região n. 74, jul./dez. **2006**, p. 581.

"**Vínculo de emprego. Pastor evangélico. Não configuração.** Aquele que labora na divulgação de sua fé não é empregado. Tecnicamente, trata-se o sacerdócio pastoral de uma profissão de fé e não de ofício. Não há subordinação jurídica, mas divina. Os aspectos materiais dessa missão decorrem das necessidades da vida moderna, são circunstanciais e não elementos jurídicos de um contrato. São coisas da alma e do espírito, coisas do homem com a sua crença, e não simples relação de trabalho do homem para o homem. O pastor/dirigente de uma igreja não trabalha para a denominação, mas para Deus, sendo a hierarquia eclesiástica da instituição um mero instrumento para otimizar a divulgação do Evangelho. O verdadeiro ministro vive de forma digna com os valores pagos pela entidade religiosa, sem exercer o ministério em troca de salário, sob pena de se transformar num execrável mercador da fé cristã. In casu, exercendo o reclamante a função de sacerdócio pastoral e presidente de sua entidade religiosa, não há se falar em vínculo de emprego." TRT-MT-01781.2005.022.23.00-4-RO- Rel.: Osmair Couto — DJMT 13.3.2006. Revista Synthesis 43/**2006**.

"**Serviços não religiosos prestados por membro presbítero da igreja à própria instituição religiosa. Vinculação empregatícia afastada.** Ao ingressar na comunidade religiosa, o membro da Igreja realiza, perante o ente eclesiástico, não só serviços religiosos, mas, também, outros, com a característica de gratuidade. Inexiste o *animus contrahendi* na vinculação estreitada entre o presbítero e a Igreja, haja vista que tal relação se confirma apenas por princípios de fé e de religiosidade, por vontade graciosa de servir. Voluntário o trabalho, não se cogita na hipótese traçada nas linhas do art. 3º da CLT." — TRT/PE-00270.2006.010.06.00.9-RO-1ª T. — Rel.: Maria das Graças de Arruda França — DOE/PE 10.3.2007. *Revista Synthesis* 45/**2007**, p. 284.

A jurisprudência espanhola[6] registra reclamação proposta pelos empregados integrantes do comitê de empresa do *Liceu Sorolla*, de Madrid, dispensados por ocasião de uma greve motivada pelo não pagamento de salários, em que **os autores invocam a liberdade de expressão e a liberdade sindical**. Durante a greve, o colégio marcou exames e contratou novos professores para realizá-los, o que motivou o auto de infração da Inspetoria do Trabalho, apesar de as autoridades acadêmicas haverem validado o resultado dos exames. Em face dessa situação, os empregados, membros do comitê, elaboraram um comunicado explicativo dirigido aos alunos e pais, denunciando a situação, sobretudo a possível existência de irregularidade, e afirmando que os exames poderiam ser declarados nulos. Em consequência disso, foram os empregados dispensados, insurgindo-se contra a medida e invocando a liberdade sindical e de expressão. A decisão lhes foi desfavorável, sendo mantida pelo STC n. 120/83. Entendeu-se que a liberdade de expressão não é um direito sem fronteiras, encontrando limites no art. 20.4 da Constituição da **Espanha**, que assegura o respeito à honra das pessoas, o qual também é arrolado como direito fundamental consagrado no art. 18.1. Prosseguindo, o judiciário considerou o comportamento dos empregados como "transgressão

(6) PISÓN CAVERO, José Martínez de. *El derecho a la intimidad en la jurisprudencia constitucional.* Madrid: Civitas, 1993, p. 167.

da boa-fé contratual, por desleal comportamento, ao tratar-se de uma informação que punha em perigo a estabilidade da empresa para o futuro, ao romper a *bona fides*, que exigia um elementar princípio de juridicidade em interesse de todas as partes, máxime quando o Comitê de Empresa não era responsável, na ordem trabalhista, por velar pelo possível resultado dos exames". Em consequência, o Tribunal Constitucional da Espanha considerou ter havido utilização abusiva da liberdade de expressão, vedada pelo art. 20.4 da Constituição.

A decisão tem sido objeto de críticas, sob a alegação de que faltam razões verdadeiramente constitucionais em torno da única questão relevante, ou seja, se estava ou não em jogo a liberdade de expressão dos professores (I. de Otto. La regulación del ejercicio de los derechos y libertades, citado por José Martínez de Pisón Cavero. *Op. cit.*, p. 171), perdendo-se a oportunidade de elaborar uma construção constitucional sobre o direito à honra.

1.1. Organizações de tendência

Já **nas empresas de tendência, a convicção política ou a fé religiosa** do empregado devem estar em consonância com a orientação ideológica e crença difundidas pela organização empregadora, sem que tal fato implique atentado à liberdade de consciência do trabalhador.

Indaga-se sobre a possibilidade de um estabelecimento de **ensino católico** poder **dispensar um professor** pelo fato de ter convolado novas núpcias, após divorciar-se, violando, portanto, a doutrina da igreja católica, que considera o casamento indissolúvel. É inegável que a interferência do empregador, na hipótese, implica **violação à vida privada** do empregado, bem como um atentado à liberdade matrimonial, entretanto, o **Tribunal francês** decidiu que o empregado tomou conhecimento das convicções religiosas da empresa, quando concluiu o contrato e ao adotar comportamento contrário à doutrina da igreja, infringiu as obrigações contratuais (Cass. ass. plen. 19 mai 1978: D, 1978, 541, concl. Schmelk, note PH. Ardant).

A jurisprudência **francesa** registra também a **dispensa de um professor de teologia de uma faculdade livre de teologia protestante**, ao fundamento de que ele agia em oposição doutrinária com seu empregador. A Corte de Cassação afirmou que as disposições do Código do Trabalho que proibiam punir ou dispensar um empregado, em razão de suas convicções religiosas, não são aplicáveis quando o assalariado ingressou na empresa para executar uma tarefa, a qual implicava comunhão de pensamento com o empregador (Cass. soc. 20 nov. 1986: (1987) Droit social 379, note J. *Savatier*).

Pelo que se pode verificar, nas empresas **de tendência**, os limites aos direitos fundamentais da pessoa são mais extensos, podendo ser afetadas não só a liberdade **matrimonial, mas também a liberdade religiosa, a liberdade de opinião e a liberdade de expressão.**

No Brasil não há disposição legal a respeito. Entretanto, consideramos que as indagações sobre opiniões ideológicas devam se estender apenas aos que forem exercer tarefas, cujo pensamento filosófico ou político seja indispensável ao desenvolvimento da organização.

2. Aspecto familiar

a) Interrogação ao empregado sobre o estado civil, cumprimento de deveres familiares (cuidado dos filhos, pagamento de pensões alimentícias, etc.)

b) Proibições de matrimônio com pessoas que trabalhem na mesma empresa ou em empresas competidoras

c) Exigência de matrimônio com a pessoa com quem o trabalhador vive

d) Indagações sobre a realização de um aborto

É, sem dúvida, legítimo o direito de o empregador obter informações a respeito da idoneidade profissional do empregado, todavia, não raro, aquele ultrapassa esse limite e se intromete em circunstâncias pessoais, sem relevância para a relação de emprego, atribuindo ao empregado, em consequência, um tratamento diferenciado, contrário ao princípio da igualdade consagrado no texto constitucional.

Não há, no Direito do Trabalho Brasileiro, proibições ao empregador de realizar indagações sobre o estado civil do empregado, fato que, aliás, pode até ser divulgado. O que se proíbe é que essa circunstância pessoal irrelevante, sem vinculação com a relação de emprego, possa dar margem à discriminação, atentando-se contra o disposto no art. 7º, XXX, da Constituição Federal, que veda a diferença de salário, de função e de critério de admissão, por motivo de estado civil, sexo, idade ou cor.

Logo, se de um lado é legítimo o interesse do empregador em investigar a capacidade profissional do empregado, de outro lado, não poderá levar a cabo discriminação em decorrência de circunstâncias pessoais irrelevantes.

O princípio da igualdade atua como limite à autonomia da vontade empresarial, tanto no momento da admissão como no curso da relação jurídica.

Aliás, a jurisprudência brasileira, ao apreciar caso concreto em que a empregada ocultou seu estado civil, receosa de não obter o emprego, concluiu pela **inexistência** de justa causa na hipótese, como se infere dos seguintes arrestos:

Mulher solteira — Declaração errônea do estado civil — Ausência de justa causa — Não constitui justa causa, apta à rescisão sem ônus do pacto laborativo, a declaração errônea do estado civil da empregada, ao ser admitida, porque, perante a legislação trabalhista, o fato é juridicamente inócuo, dada a proibição de discriminação do trabalho da mulher, com base quer no estado civil ou no fato objetivo da concepção, que se assenta desde o plano ordinário (art. 391 da CLT), até o constitucional (art. 7º, itens XX e XXX). Decisão da 15ª JCJ de Belo Horizonte, Processo n. 1.822/91, Juiz Presidente Júlio Bernardo do Carmo.

"Se a empresa mantém a praxe ant-social de não admitir, ao seu serviço, mulheres que tenham contraído matrimônio, a ocultação da verdade sobre o estado civil de casada, quando do ingresso ao serviço, não constitui justa causa para a despedida da empregada, a qual deve ser, assim, deferido o pagamento das indenizações legais" (TST, 2ª T, Proc. 5044-54; Rel. Min. Bezerra de Meneses; Revista TST 1955, p. 302). MORAIS FILHO, Evaristo de. *A justa causa na rescisão do contrato de trabalho.* Rio de Janeiro: Forense, 1968, p. 356.

Já na **década de noventa**, a jurisprudência condenou, à compensação por dano moral, o empregador que dispensou uma de suas empregadas, única e exclusivamente, pelo fato de ter ela marcado data para contrair matrimônio. O comportamento patronal implicou discriminação atentatória dos direitos e liberdades individuais, como evidencia o acórdão do TRT da 12ª Região, cuja ementa transcrevemos a seguir:

"Despedida discriminatória da mulher que contrai núpcias. Vulneração de preceitos constitucionais. Dano moral. Indenização. Sendo a família a célula formadora de uma sociedade organizada, vulnera o sistema democrático o direito individual da trabalhadora e de sua futura entidade familiar e ainda perpetua discriminação atentatória dos direitos e liberdades individuais a despedida da mulher pelo fato de consignar seu desejo de contrair matrimônio, cuja lesão deve ser ressarcida pela contraprestação de uma indenização equivalente ao dano provocado em momento de considerável relevância individual e social (interpretação dos arts. 3º, inciso IV, 5º, incisos I e XLI, 7º, inciso I e XX e 226, da Constituição Federal e 159 do Código Civil Brasileiro)". TRT — SC- RO-V-A 6.070/94 — Ac. 1ª T 6.637/96 — Rel.: Juiz Antonio Carlos Facioli Chedid. Genesis. Revista de Direito do Trabalho, outubro de 1996, n. 46, p. 537.

No mesmo sentido manifestou-se a 5ª Turma do TRT da 3ª Região, ao deparar com a dispensa discriminatória da mulher casada:

"Dispensa discriminatória — Mulher casada — Devida a indenização pela dispensa discriminatória da mulher casada, por violação de dispositivos constitucionais expressos, além de leis ordinárias a proteger o trabalho da mulher, independentemente de seu estado civil. Pode o juiz aplicar a legislação vigente no período da dispensa, em face do disposto nos art. 8º da CLT e 4º da Lei de Introdução ao Código Civil, utilizando-se da Lei n. 9.025/95, apenas como parâmetro para a quantificação do valor da indenização". TRT — 3ª Reg. — 5ª T. — RO 15.776/96. Rel.: Juiz Roberto Calvo. DJMG 7.6.1997, p. 13. *Revista do Direito Trabalhista n.* 7, julho/1997, p. 59.

Na decisão acima transcrita, o Tribunal da 3ª Região aplicou a antiga redação do art. 159 do Código Civil, que dispunha: "Aquele que, por ação ou omissão voluntária, negligência, ou imprudência, violar direito, ou causar prejuízo a outrem, fica obrigado a reparar o dano". Como a despedida da empregada verificou-se antes da vigência da Lei n. 9.029/95, que já prevê reparação para a hipótese dos autos, essa lei foi aplicada apenas como parâmetro para o cálculo da reparação a que aludia o art. 159 do Código Civil. A redação atual desse preceito está contida no art. 186 (Código Civil de 2002), cujo teor é o seguinte: "Aquele que, por ação ou omissão voluntária, negligência ou imprudência, violar direito e causar dano a outrem, ainda que exclusivamente moral, comete ato ilícito".

Quanto às indagações sobre o **grau dos deveres familiares do empregado,** a matéria, em geral, escapa ao controle do empregador e situa-se na esfera privada do empregado, competindo a este responder pela inadimplência, mas perante outro segmento da sociedade. E, coerente com esse raciocínio, a Súmula n. 254 do TST determina que o empregado exiba as certidões de nascimento de filhos menores de 14 anos ou inválidos de qualquer idade, para percebimento de salário-família.

Implica, igualmente, violação da vida privada do empregado estabelecer-lhe **proibições de matrimônio com pessoas que trabalhem em empresas competidoras,** pois "a fidelidade ao cônjuge não se confunde com a fidelidade à empresa"[7]. Esse raciocínio está em desacordo com a jurisprudência francesa mais antiga, que não censurava a medida, quando a situação conjugal do empregado constituía risco de favorecimento a um concorrente[8].

Acontece que a jurisprudência francesa evoluiu e a Corte de Apelação de **Paris** considerou ilegítima cláusula contratual permitindo ao empregador condicionar o prosseguimento do vínculo empregatício com dois empregados, que gerem sua empresa, à permanência da convivência entre eles. É que a cláusula limita gravemente a liberdade dos empregados e prejudica aquele que tenha a intenção de pôr fim à convivência. Entendeu-se que as limitações à liberdade individual ou coletiva não podem ser toleradas, a não ser excepcionalmente, quando impostas pelas exigências da atividade trabalhista, nos termos do art. 120-2 do Código do Trabalho, inaplicável na hipótese, dada a desproporção entre a limitação da liberdade e a relevância da exigência produtiva, em face da ausência de estreito nexo de causalidade entre o sacrifício e o fim perseguido (C. A. Paris 10.3.1994, Kritzer e. Sté-Myris Chaussures (França). *Rivista Il Diritto del Lavoro.* nov./dic. 1994, p. 559). Decisões subjetivas a respeito do assunto levaram a Corte Superior ao enten-

---

(7) CIABATTINI, L. *apud* GOÑI SEIN, Jose Luis. *Op. cit.*, p. 48.

(8) Raymond Lindon relaciona situações em que foi admitida, pela jurisprudência francesa, a dispensa de empregados, **quando sua situação conjugal constituía risco de favorecimento** a um concorrente da empresa, seja por se tratar de empregada cujo marido trabalhava em sociedade rival (Soc 9 oct.1959, D. 1960.8), seja porque dois médicos casados trabalhavam para empresas concorrentes (Soc, 20 jan.1960. D, 1960, Somm. 31). Les Droits de la Personalité. Paris: Dalloz, 1974, p. 110.

dimento de que a perda da confiança deve apoiar-se em **elementos concretos e não em simples coincidência** (RAY, Jean Emmanuel. *Droit Social*, n. 5, maio/91).

Implica igualmente intromissão, não consentida, **proibir-se matrimônio com pessoas que trabalham na mesma empresa.**

Aliás, a jurisprudência brasileira tem repelido comportamento semelhante, afastando a justa causa para a resolução contratual quando o empregado afirma, no momento da contratação, que não tem parentes na empresa, embora a assertiva seja inverídica. Entendeu o Tribunal ser a indagação inconstitucional, afirmando que outra não seria a atitude de quem tem necessidade de emprego, senão negar o fato(9).

Constitui também intromissão na esfera pessoal do empregado, fruto de uma supremacia hierárquica do empregador completamente ultrapassada, exigir-se que aquele se case com a pessoa com quem vive.

Há muitos anos, os tribunais brasileiros consideram que, "morando o empregado na companhia de uma mulher, casado ou sem casar, isto não constitui assunto de interesse do empregador"(10).

Da mesma forma, afrontam o preceito constitucional, que considera inviolável a intimidade do cidadão, indagações feitas à empregada sobre a **realização de aborto**, pois esse aspecto é irrelevante para aferir a sua aptidão técnico-profissional, traduzindo ingerência na sua esfera íntima. É evidente que, se o aborto ocorrer no curso da relação jurídica, a empregada deverá comprovar o fato ao empregador, a fim de que possa desfrutar da licença de duas semanas.

Se, entretanto, após o término do aviso prévio, a empregada comprova o início da gravidez, evidenciado o aborto(11), defere-se a indenização postulada correspondente a duas semanas e não a estabilidade provisória (art. 395 da CLT e Súmula n. 244, incisos I e II do TST).

A segunda gestação ocorrida após alguns meses não gera prosseguimento do vínculo laboral já extinto, tampouco estabilidade provisória(12) reque-

---

(9) TFR, RO 8674- RS, Dias Trindade, Ac. 1ª T, CARRION, VALENTIN. Nova Jurisprudência em Direito do Trabalho. 1988, p. 273.

(10) TRT — São Paulo: Proc. n. 433-62; Relator Juiz Figueiredo Sá; DOE, 2.2.62, julgado em 30.01.1962. MORAIS FILHO, Evaristo de. *A justa causa na rescisão do contrato de trabalho*. 2. ed. Rio de Janeiro, Forense, 1968, p. 355.

(11) "**Gestante. Confirmação da gravidez após a dispensa. Interrupção por aborto espontâneo. Indenização do art. 395 da CLT.** Interrompida a gravidez por aborto não criminoso, resulta afastado o direito da indenização total, prevista no art. 10, II, b, do ADCT, porém tem a Reclamante direito a ela com o limite do art. 395 da CLT, resultando irrelevante que a confirmação do estado gravídico tivesse ocorrido apenas após a dispensa. Recurso de Revista conhecido e provido". TST-RR-711/2004-009-02-00.2 — Ac. 3ª Turma — Rel. Min. Carlos Alberto Reis de Paula.

(12) "**Gestante. Garantia de emprego. Aborto.** Evidenciada ocorrência de aborto, assegura-se à empregada a garantia de emprego prevista no art. 10, II, "b", do ADCT com limitação estabelecida no art. 395 da

rida na ação trabalhista intentada pela autora, deixando clara a possibilidade de opção pela indenização e não pela reintegração[13].

Por outro lado, o direito de o empregador intervir na vida privada do empregado limita-se, portanto, ao círculo obrigacional do contrato, daí a Corte de Cassação francesa haver criado precedente, em 22 de janeiro de 1992, segundo o qual um empregado de concessionária de automóvel não poderá ser despedido por haver adquirido uma viatura de **concessionária diversa, à falta de vinculação existente entre a escolha da viatura e a marca do veículo que vende**. Fundou-se a jurisprudência no art. 9º do Código Civil Francês, que assegura a cada um o respeito à vida privada[14].

3. Aspectos pessoais

a) Hábitos como o alcoolismo, a droga e o jogo

b) Cumprimento de obrigações ordinárias (devedor perseguido por seus credores, etc.)

c) Alusão à conduta sexual

d) Indagação sobre antecedentes penais do empregado

e) Indagações sobre a gravidez da empregada

Outro aspecto do poder diretivo diz respeito aos limites do controle exercido pelo empregador sobre a conduta extralaboral do empregado, devendo aquele ser prudente na adoção de medidas disciplinares em relação a estes comportamentos.

Quando o preceito constitucional veda a discriminação no ato da admissão do empregado e considera invioláveis sua intimidade e sua vida privada, está protegendo uma série de direitos e liberdades individuais. E, em consequência, estabelece um limite ao poder empresarial de questionar sobre os modos pelos quais o empregado conduz sua vida privada, dentre eles, fatos ligados à liberdade pessoal. Logo, a proibição de indagar é um resultado da própria ideia de tutela à privacidade. Ademais, não podem ser acatadas indagações que objetivem estabelecer preventivamente influência de características pessoais sobre a prestação de serviços, servindo de fundamento para discriminar o empregado em suas aspirações .

CLT. Nova gestação, comprovada pela autora no curso da ação trabalhista, não lhe assegura nenhuma outra vantagem em relação ao antigo empregador, por se tratar de concepção ocorrida em época muito posterior ao rompimento do contrato, quando a obreira não mais desfrutava de garantia de emprego". TRT-3ª Região — RO-00836-2007-044-03-00-7. 7ª Turma — Rel.: Juíza Alice Monteiro de Barros, julgado em 29.5.**2008**.

(13) Cf. TRT — 3ª Região — RO-00836-2007-044-03-00-7. 7ª Turma — Rel.: Juíza Alice Monteiro de Barros, julgado em 29.5.**2008**. Obs.: O TST considera facultativa a reintegração ou a indenização substitutiva (E-RR- 539.679/1999 — Pub. 23.4.2004. Rel. Min. João Oreste Dalazen).

(14) Droit social 334, commenté par Jean Savatier (1992) *In Relation d'emploi et droits... Op. cit.*, p. 39, n. 16.

a) Hábitos como o alcoolismo, a droga e o jogo

São enumerados como fatores que interferem no consumo de substâncias tóxicas os de natureza socioculturais, de aspectos da personalidade, genéticos e laborais[(15)].

O Repertório da OIT sobre a temática deixa claro, no n. 10.1.1, que o empregador deveria adotar o princípio da não-discriminação no emprego a respeito dos trabalhadores ao consumirem álcool ou drogas, de conformidade com a legislação e regulamentos nacionais. O empregador deveria considerar esses problemas como de saúde (9.1.1.).

Existem certas características pessoais dos indivíduos consideradas relevantes no curso da relação trabalhista, como o **alcoolismo, a ingestão de droga**[(16)] **e a prática constante de jogos de azar.** Tais circunstâncias podem incidir negativamente na vida profissional da pessoa, daí serem arroladas, na lei ordinária, como justa causa, responsável pela resolução contratual. Mesmo quando esses comportamentos ocorrerem fora do âmbito empresarial, se habituais, a falta configurar-se-á (art. 482 da CLT), pois a conduta do empregado poderá afetar o prestígio e a reputação da empresa ou reduzir a autoridade do empregador perante os colegas de trabalho. Esses **comportamentos não podem ser avaliados abstratamente**, em função de um provável comportamento futuro do indivíduo, mas em função da natureza particular da prestação de serviços.

Alcoolismo

A embriaguez habitual, consoante a doutrina, compreende também a ingestão frequente de drogas, "degrada o caráter e abala a confiança do empregador em seu subordinado"..., "oferecendo um risco em potencial para a empresa, de vez que demonstra falta de princípios sãos". Logo, "embora mantenha conduta irrepreensível dentro do estabelecimento, seu comportamento externo reprovável desperta a suspeita no empregador, que nele não poderá confiar"[(17)]. Portanto, a especificidade de certos trabalhos (motorista, cargos de direção, dentre outros) autoriza sejam tomados em conta pelo empregador esses hábitos pessoais.

---

(15) *El despido por embriaguez y toxicomanía.* N. Niscart Beá-Bosch, p. 70 e seg.

(16) O Repertório da OIT, sobre tratamento de questões relacionadas com o álcool e as drogas no local de trabalho, apresenta, entre outras, orientações para proteger a seguridade e a saúde dos trabalhadores. Elas previnem acidentes, aumentam a produtividade e promovem atuações local, regional e nacional para reduzir o abuso do álcool e das drogas no trabalho. O repertório se aplica aos empregos públicos e privados cujos locais de trabalho deverão se submeter a programas relacionados com problemas alusivos ao álcool e à droga. Deverão ser protegidas a confidência a que têm direito os empregados, como também a intimidade e sua dignidade.

(17) GIGLIO, Wagner D. *Justa causa,* 4. ed. São Paulo: LTr, p. 140. No mesmo sentido: LACERDA, Dorval de. *A falta grave no Direito do Trabalho.* 2. ed. 1960, p. 151-152. Esse autor sustenta que a inserção da embriaguez habitual no elenco faltoso traduz sobretudo "uma ação indireta do Estado contra a propagação do alcoolismo".

A embriaguez, segundo o art. 482, "f", constitui justa causa para a dispensa em duas situações: **quando o empregado entrega-se exageradamente à bebida, mesmo fora de serviço, ou quando se apresenta para trabalhar alcoolizado.** No primeiro caso, a habitualidade constitui pressuposto para o reconhecimento da justa causa, ao passo que, no segundo, basta uma única ocorrência.

Cumpre registrar que a posição mantida pela legislação nacional é extremamente retrógrada, já que o alcoolismo vem sendo encarado não como conduta intencional reprovável, mas, sim, como doença. Há inúmeros estudos a esse respeito, os quais abordam a questão sob o aspecto sociológico, psicológico e, mesmo, físico. Parte dos estudiosos desse assunto acentua a influência dos **fatores sociais**, ao passo que outros apontam como causa a dependência psicológica verificada quando o indivíduo busca alívio de dificuldades na bebida. A dependência **física** também se caracteriza em face dos sintomas que a pessoa apresenta com a retirada do álcool. A Associação dos Alcoólicos Anônimos considera o alcoolismo uma reação fisiológica, que traz como ilação um forte desejo pela bebida, quando uma determinada quantidade dela foi ingerida. Existe, ainda, um estudo elaborado por um grupo de investigadores associados da Organização Mundial de Saúde, cuja concepção envolve aspectos da Farmacologia, Sintomatologia, elementos de Genética, Psicologia, Sociologia, Antropologia, Psicologia profunda, Behaviorismo e Neurologia.

Apesar de todos esses estudos divergirem quanto às causas que levam um indivíduo à dependência do álcool, em um aspecto todos eles são unânimes: o alcoólatra é doente e como tal deve ser tratado. Reconhecida a verdadeira natureza do alcoolismo, realmente não deveria o legislador punir, com a perda do emprego, o empregado que sucumbiu ao mal. O mais correto seria encaminhá-lo para tratamento, buscando sempre sua recuperação, o que, aliás, atende ao interesse da coletividade em geral. A dispensa, nesses casos, ocorre em um momento extremamente delicado da vida do empregado, quando este não se encontra apto a obter novo emprego ou ocupação, correndo o risco de ser relegado à indigência. A preservação do emprego é um fator essencial ao êxito da reabilitação(18).

Esta opinião é endossada por alguns autores(19), quando afirmam: "a doutrina estrangeira vem sustentando que qualquer vício que possa ter um em-

---

(18) Justa causa que não se reconhece. Provado nos autos que o reclamante fora encaminhado para o serviço de recuperação de alcoólatras da empresa, não poderia esta proceder à dispensa daquele por justa causa, principalmente quando o documento de f. 61 prova o sucesso de sua recuperação. Recurso provido, para que o reclamante seja reintegrado com as devidas conseqüências. Ac. TRT — 6ª Região, 2ª T (RO 4.391/93), Rel. (designado): Juiz Clóvis Valença Alves, DOE 25.2.94, *Boletim de Legislação e Jurisprudência,* ano XVIII, fev. de 1994, p. 36. BOMFIM, Calheiros B. *Dicionário de Decisões Trabalhistas.* 25. ed. 1995, p. 463.

(19) PLÁ RODRÍGUEZ, Américo. El derecho laboral y la protección de la intimidad del trabajador. *Derecho Laboral,* Montevideo, 1986, v.29, n.144, p. 602.

pregado (embriaguez, por exemplo), sem repercussão no trabalho, não pode ser tida em conta pelo empregador. Sustenta-se que o alcoolismo ou a ingestão de drogas, se afetam a normalidade ou a regularidade da conduta do empregado no cumprimento de suas atividades, pode implicar interferência do empregador. Isso é pertinente aos casos dos empregados dirigentes de veículos ou máquinas de grande tamanho, que engendram grave risco para terceiros. Este aspecto é muito delicado, porque nem sempre o empregado está consciente de suas limitações e crê estar em condições plenamente normais. Nesse caso, por mais censurável que possa ser a conduta no plano moral, ela não habilita o empregador a intervir ou tê-la em conta para os efeitos da relação de trabalho, salvo se de alguma maneira influir na relação laboral".

Indiscutivelmente, a **legislação brasileira está ultrapassada nesse aspecto**, clamando por uma revisão, **pois o alcoolismo é visto** por ela exclusivamente **como fato ensejador de punição**, inexistindo previsão de amparo ao empregado acometido desse mal. Entretanto, a norma legal continua em vigor. Logo, não obstante algumas manifestações da jurisprudência em sentido contrário à CLT, não se pode afastar a justa causa para a dispensa, quando a embriaguez fica comprovada em uma das formas previstas no art. 482, alínea "f" do texto consolidado. Urge, portanto, uma revisão na legislação, tornando-a menos repressiva e mais reabilitadora, adequando-a ao real interesse social; todavia, antes que tal aconteça, persiste o direito de o empregador lançar mão dessa justa causa, principalmente quando o comportamento do autor influiu na relação trabalhista, colocando em risco a coletividade[20].

A ingestão de outras drogas

A ingestão de outras drogas provocará, no ambiente de trabalho, os mesmos efeitos produzidos pelo álcool, devendo distinguir-se a ingestão ocasional, a intoxicação, o consumo habitual e a dependência, sendo os dois últimos, em geral, os que produzem efeitos mais constantes sobre o contrato de trabalho. Os autores[21] chamam a atenção para essas circunstâncias, relatando, a seguir, os seus efeitos sobre o pacto laboral. O consumo ocasional consiste no uso isolado de uma substância tóxica, que, dada a sua ocasionalidade,

---

(20) "**Justa causa. Embriaguez em serviço. Caracterização.** Dada a natureza da prestação dos serviços oferecidos pelo recorrente, ou seja, de segurança e, em razão do cargo ocupado pelo recorrido, vigilante, a ingestão da bebida alcoólica, ainda uma única vez, é motivo suficiente para justificar a dispensa do empregado por justa causa. É de se ressaltar que tal fato abalou não só a fidúcia que deve existir em toda relação contratual de trabalho, como poderia vulnerar a imagem da empresa. (Recurso provido)". TRT/ DF-00360-2004-007-10-00-3 RO (Ac. 2ª Turma) — Rel.: Juíza Maria Piedade Bueno Teixeira — DJ 4.2.2005. *Revista Synthesis* 41/2005, p. 250.

(21) ERMIDA URIARTE, Oscar e outro. Drogacción y Derecho Laboral. *Revista Trabalho e Processo*. v. 7, dez. de 1995, p. 142.

dificilmente apresenta relevância para o âmbito trabalhista, a não ser que implique falta ao serviço, acidente ou erro do qual derive um dano material. Note-se que a reação do empregador, nesses casos, não seria diferente se esses fatos tivessem origem alheia ao consumo da droga. Já a intoxicação, embora não suponha dependência, consiste em uma alteração fisiológica provocada pelo uso excessivo de uma droga, podendo refletir-se na relação de emprego, dada a ausência ao serviço que o estado patológico provocará. Se, porventura, a intoxicação é decorrência de um consumo habitual, poderá, certamente, ocasionar efeitos de ordem trabalhista mais frequentes. Por fim, temos os dependentes da droga. São os que encontram dificuldade ou impossibilidade de abster-se de consumi-la por um período prolongado. Nesse caso, as consequências são mais graves e exigem processos de reabilitação mais prolongados.

Apesar de o **fumo** também estar incluído no elenco de drogas suscetíveis de produzir efeitos patológicos, em geral, os ordenamentos jurídicos não reagem ante o seu uso, por considerá-lo droga lícita; já quanto ao álcool, embora também seja considerado droga legal e social, a legislação, inclusive a brasileira, como foi citado, atribui à embriaguez o mesmo tratamento conferido à dependência de droga.

Vista sob o enfoque patronal, o empregado dependente de droga ocasiona efeitos negativas sobre a produção como o absenteísmo, a redução da produtividade, a queda da qualidade, problemas disciplinares e gastos sanitários por enfermidade ou acidentes(22).

A doutrina assevera que essa visão economicista e estatística dá suporte a uma legislação repressiva no Direito Penal e no Direito do Trabalho, contribuindo para estimular o comportamento evasivo do dependente de droga, dificultando sua reinserção ou sua comunicação com o sistema normal (Raúl Cervini. Adicción como conducta desviada y sub-cultura de la adicción. *Revista Jurídica Estudiantil,* Montevideo, 1988, año III, n. 4, p. 5 y 7). O dependente de droga tende a ser marginalizado desde a seleção, sendo omissa a legislação, em geral, sobre o assunto. A Convenção Internacional n. 111 da OIT contém disposições capazes de considerar discriminatória a não-admissão de um dependente de droga, mormente se atentarmos para o fato de que a dependência é uma enfermidade. Entretanto, a prova da discriminação não é fácil, pois o empregador poderá alegar que preferiu um outro candidato, ou que a recusa se verificou porque o candidato não possuía a qualificação exigida, como autoriza o mesmo instrumento internacional, e o candidato prova-

---

(22) Afirmou-se que, nos EUA, o abuso de drogas, no local de trabalho, no final de oitenta, custou às indústrias U$120 milhões, ressaltando-se que o empregado dependente falta de cinco a sete vezes mais que os demais empregados, licenciando-se três vezes mais do que estes e chegando ao trabalho entre três e quatorze vezes mais tarde que os demais (cf. Oscar E. Uriarte. *Op. cit.*, p. 145).

velmente não irá insurgir-se contra a medida, temeroso da divulgação de seus hábitos. A exigência de exames médicos, quando da admissão do empregado, como está previsto na legislação brasileira (art. 168 da CLT), poderá agravar a discriminação.

A OIT[(23)] considera discriminatório sujeitar o acesso ao emprego ao estado de saúde passado ou futuro do empregado, propugnando que toda análise toxicológica seja feita com o consentimento prévio do candidato ao emprego e, ainda assim, só em casos de ocupação de cargos que exijam alto grau de segurança, mantendo-se sigilo sobre o resultado dos exames, mormente em se tratando de drogas lícitas, podendo ceder, em determinados casos de ingestão de drogas ilícitas, ao teor da legislação nacional[(24)].

Por outro lado, é inegável que a estabilidade conferida pela ocupação constitui importante fator capaz de facilitar a superação dos problemas vinculados ao consumo de drogas e, concluindo, o exercício da atividade poderá atuar como laboraterapia indispensável à reinserção do cidadão no meio social. Logo, encarada a questão sob um enfoque humanista e protetor, e considerando, ainda, que o Direito do Trabalho oferece exemplos de promoção do emprego de pessoas particularmente expostas à desocupação, como é o caso de menores, de idosos ou minorados, cujas contratações vêm acompanhadas de ações positivas, seria conveniente adotar-se tal estratégia como medida reabilitadora de drogadictos já identificados[(25)].

No curso da relação empregatícia, confrontam-se **dois objetivos antagônicos: de um lado, a importância da preservação do trabalho para o êxito da recuperação do drogadicto e, de outro lado, a obrigação do empregador de garantir a todo o pessoal condições e meio ambiente de trabalho seguro** e são, o que o autoriza a exercer o poder disciplinar em relação aos empregados cuja conduta seja imprópria, como interferência do consumo de drogas. Sucede que esse poder tem limites, sugerindo a OIT que "as atividades vinculadas com o álcool e as drogas, principalmente com o consumo de drogas ilícitas, desenvolvidos pelos empregados em suas horas livres e fora dos locais de trabalho e em relação aos quais haja decisões judiciais condenatórias, não deveriam, em geral, servir de base para a aplicação, pelo empregador, de medidas disciplinares, a não ser que houvesse redundado em prejuízo para as atividades laborais"[(26)].

Sucede que a nossa legislação autoriza a dispensa por justa causa em decorrência de embriaguez habitual ou em serviço, aí compreendida a inges-

(23) *Igualdad en el empleo y la ocupación*, 1988, p. 74-76.

(24) Repertorio de recomendaciones prácticas sobre el tratamento de cuestiones relacionadas con el alcohol y las drogas en el lugar de trabajo. *Oficina Internacional del Trabajo.* Ginebra, 1996, *passim.*

(25) ERMIDA URIARTE, Oscar. *Op. cit.*, p. 150.

(26) Repertorio de recomendaciones prácticas sobre el tratamento de cuestiones relacionadas con el alcohol y las drogas en el lugar de trabajo. *Oficina Internacional del Trabajo.* OIT. Ginebra 22, Suiza, 1996.

tão de outras drogas. Trata-se de dispositivo mais repressivo do que reabilitador, clamando por uma revisão, como já foi afirmado. E convém lembrar que, com exceção do Código do Trabalho paraguaio, a legislação só faz menção à ingestão de drogas pelo empregado, esquecendo-se de que o empregador também poderá ser um drogadicto ou responsável, para que o obreiro o seja, quando impõe ou tolera o consumo de drogas estimulantes, como sucede com os atletas, entre outros.

Dadas as dificuldades de compatibilizar o caráter tuitivo e reabilitador com as exigências do sistema produtivo, sugere-se recorrer à negociação coletiva para a regulamentação desses direitos e obrigações.

Prática reiterada de jogos de azar

O mesmo se diga quanto à prática reiterada de jogos de azar, com o objetivo de lucro. Afirma-se que "o jogo degrada o indivíduo, arrasta-o à desonestidade, solapa sua formação moral, desenfreia paixões", e por isso mesmo, quando constante, constitui justa causa para a dispensa do empregado[(27)]. Os autores, em geral, sustentam que o empregado que se dedica ao jogo de forma habitual, mesmo fora do trabalho, destrói a confiança indispensável à sobrevivência da relação de emprego. Ocorre que a generalização dessa justa causa carece de fundamento, pois há empregos em que o "fator confiança é relevante, mas isto não ocorre sempre"[(28)]; há trabalhos, como os estritamente braçais, em que a prática constante de jogos de azar não traz, nem ameaça trazer, nenhum dano à empresa.

Portanto, essas condutas pessoais poderão ser tidas em conta no curso do pacto trabalhista, o mesmo ocorrendo quando certos empregados deixam de cumprir obrigações ordinárias, como será examinado em seguida, mas desde que haja conexão ou relevância entre esses comportamentos privados e a prestação de serviços, podendo produzir efeitos distintos em relação ao cargo que o empregado ocupa na empresa.

b) Cumprimento de obrigações ordinárias

A legislação ordinária considera, ainda, como justa causa específica do empregado bancário a falta contumaz de pagamento de dívidas legalmente exigíveis (art. 508 da CLT). Entende-se que o comportamento, ainda que em relações pessoais e privadas, atinge moralmente e de forma indireta o estabelecimento a que servem. Esta mesma conduta poderá não configurar justa causa em relação a um empregado sem qualificação, que integra os quadros de empresa de outra categoria econômica.

---

(27) GIGLIO, Wagner D. *Op. cit.*, p. 282.
(28) LAMARCA, Antônio. *Manual das justas causas.* São Paulo: Revista dos Tribunais, 1977, p. 498. No mesmo sentido: LACERDA, Dorval de. *Op. cit.*, p. 238.

c) Alusão à conduta sexual

Indaga-se também se é possível aludir-se à conduta sexual do empregado e se, em alguma atividade ou cargo, comporta situação distinta.

A Psicologia Empresarial tem demonstrado tendência a estabelecer uma inter-relação entre a habilidade profissional e os requisitos de ordem psicológica, avaliando abstratamente condutas e costumes privados(29).

No nosso entender, as indagações devem guardar uma correlação com os aspectos objetivos da prestação de serviços. Logo, por considerar que a conduta sexual do empregado não tem vinculação com o conteúdo objetivo da tarefa a ser realizada, e considerando-se, ainda, a tutela geral da intimidade, pode-se concluir pela possibilidade de o empregado recusar-se a responder a indagações a respeito. Caso a conduta sexual seja incompatível com a objetividade da tarefa, poderá o empregador questionar sobre esse comportamento(30), ressaltando-se a excetualidade da alusão, pois a regra é a irrelevância da personalidade moral do empregado(31).

A jurisprudência francesa(32) registra ação proposta por um **ajudante de sacristão** contra associação religiosa, insurgindo-se contra a dispensa fundada no fato de ser ele homossexual. A entidade religiosa asseverou que o homossexualismo é um costume que vulnera os princípios católicos. Argumenta o autor que, não exercendo função espiritual ou litúrgica, tampouco sendo advertido durante os três anos de serviço, o empregador não tem o direito de invocar o homossexualismo para despedi-lo, uma vez que sua vida privada deveria ser respeitada. O Tribunal de Apelação julgou a ação improcedente, sustentando, entre outras razões, que o autor foi selecionado entre os que professavam a fé católica e praticavam seus ensinamentos, os quais deveriam ser considerados como o regramento interno da paróquia em que trabalhava; que seu homossexualismo não era uma experiência passageira, mas um hábito arraigado, e que a Igreja católica sempre havia condenado, com firmeza, essa inclinação. Considerou, portanto, o Tribunal, que havia descumprimento contratual, independentemente do possível escândalo que poderia envolver o caso, carecendo de importância o fato de que seu comportamento

---

(29) GOÑI SEIN, Jose Luis. *Op. cit.* (1988), p. 66.

(30) "Justa causa. Condenação criminal. A condenação criminal pela prática de crime contra a liberdade sexual, sendo a vítima uma criança de apenas sete anos, incompatibiliza o empregado para o exercício de suas atividades junto a estabelecimento de ensino". TRT — 12ª Reg., 1ª T., RO V 805/91. Ac. 2.581/ 93, DJSC 17.6.93, Rel.: Juiz J. N. Coelho Neto. PRUNES, José Luiz Ferreira. *Justa causa e despedida indireta*. Curitiba: Juruá, 1995, p. 147.

(31) "**A vida privada do empregado torna-se insindicável** se não estiver sua conduta direta ligada à específica natureza das funções exercidas na empresa.".TRT — 3ª Região, 2ª T. Proc. n. 1295/71; acórdão de 29.7.1971; relator: Juiz Ribeiro de Vilhena. LAMARCA, Antônio. *Manual das justas causas*. São Paulo: *Revista dos Tribunais*, 1977, p. 370.

(32) Revista Internacional del Trabajo. 1992/2, v.111, n.2, p. 181. A decisão refere-se ao Tribunal de Casación (Camara Social), sentencia de 17 de abril de 1991. Les Cahiers Sociaux du Barreau de Paris (Paris), mayo de 1991, p. 133-134.

não tivesse chamado a atenção da maioria dos fiéis. O acórdão do Tribunal de Apelação foi reformado pelo Tribunal de Cassação, por entender que o Código do Trabalho proibia a dispensa por motivo de costumes ou convicções religiosas, e que a empregadora se havia limitado a pôr em evidência os costumes do autor, sem haver assinalado nenhuma atuação deste último capaz de provocar perturbação no seio da associação, a qual acabou por infringir os arts. 122-35 e 122-45 do Código do Trabalho.

Vale ressaltar, entretanto, que o desregramento de conduta manifestado **durante a prestação de serviços**[(33)] é relevante e traduz justa causa, responsável pela dispensa do empregado, à semelhança do que ocorre com a embriaguez[(34)], a toxicomania[(35)] e a prática de jogos de azar.

d) Indagações sobre antecedentes penais do empregado

Finalmente, no que tange à indagação sobre os antecedentes penais do empregado, será considerada lícita, quando a especificidade da atividade a ser exercida o exija.

A ocultação maliciosa desses antecedentes poderá implicar erro de pessoa, tornando o contrato suscetível de nulidade[(36)]. Se a conduta delituosa, ainda que praticada fora do serviço, tiver relação com a atividade executada pelo empregado, poderá gerar incompatibilidade, com a persistência do liame empregatício, eliminando a fidúcia necessária às relações jurídico-trabalhistas. Nesse caso, o contrato de trabalho resolver-se-á por justa causa[(37)]. Não

---

(33) A circunstância de estar no exercício da profissão médica não exonera o empregado de abster-se da prática de atos libidinosos, sendo correto enquadrá-lo na alínea *b* do art. 482, da CLT, quando nos autos resta provado o seu desregramento de conduta, ligado à vida sexual, no trato com seus pacientes. Recurso do reclamante a que se nega provimento, mantendo-se o reconhecimento da justa causa para a rescisão contratual. TRT — 9ª Reg. — RO 706/89 — 2ª T. — Rel.: Juiz Lauro Stellfeld Filho, DJPR 4.5.90.

(34) Justa causa. A embriaguez em serviço gera direito de o empregador rescindir o contrato por justa causa, ainda que esse fato tenha ocorrido uma única vez, desde que devidamente comprovado na fase própria. TRT 6ª Reg., 2ª T., RO 1664/86, DO 11.12.86, Rel.: Juiz Francisco Solano de G. Magalhães. PRUNES, José Luiz Ferreira. *Justa causa e despedida indireta*. Curitiba: Juruá, 1995, p. 175.

(35) O uso de entorpecentes, dentro da empresa e em hora de serviço, denota um procedimento que foge à medida padrão do bom empregado, favorecendo a propagação de vícios perniciosos à saúde, com sérias repercussões no ambiente de trabalho. Apesar da única falta, sua gravidade foi de molde a autorizar o despedimento. TRT — 8ª Região, RO 481/86, 4.6.86, Rel. Juíza Semíramis Arnaud Ferreira. PRUNES, José Luis Ferreira. *Justa causa e despedida indireta*. Curitiba: Juruá, 1995, p. 175.

(36) LACERDA, Dorval de. *Op. cit.*, p. 156.

(37) Justa causa. Motivo. Ação criminal. O termo utilizado pela defesa para classificar o ato ensejador da justa causa aplicada ao empregado é irrelevante, se o fato em si, ou seja, a perpetração de um crime grave, ainda que não na esfera de trabalho, macule a fidúcia necessária ao vínculo empregatício. Ac. TRT — 12ª Reg. 3ª T (Ac.585/94). Rel.: Juíza S. Maria Wambier, DJ/SC 17.2.94, Jornal Trabalhista, Ano XI, n. 508, p. 513. BOMFIM, Calheiros B. *Dicionário de Decisões Trabalhistas*. 25. ed. p. 463.
No mesmo sentido: Improbidade — Ato de improbidade. Fiscal de vigilância que pratica furto nas imediações de seu posto de serviço, em horário de trabalho ou no percurso para o trabalho, quebra a confiança necessária à relação de emprego, mormente em função de suas atribuições de fiscalização e vigilância. Justa causa para a dispensa. TRT — 3ª Região — RO 803/92 — 1ª Turma — Rel.: Juiz Aguinaldo Paoliello — MG 5.3.93.

vemos razão, entretanto, para punir o empregado que se omitiu a respeito dos antecedentes criminais, sem vinculação com a atividade que irá exercer; esses antecedentes não poderão estender-se durante toda a vida do obreiro, mormente quando tenha existido cumprimento de pena, a qual traduz "uma quitação com a sociedade", insuscetível de prolongar-se além dos limites traçados pela sentença condenatória.

E nesse sentido já orienta a jurisprudência, mesmo quando o delito é praticado durante o pacto laboral, mas sem relação com o liame empregatício:

> "Condenação criminal. Empregado condenado em processo criminal à pena de oito meses de reclusão, em benefício do sursis e com pena suspensa em grau de recurso. Se o ilícito penal em tela foi fora da empresa e não guarda relação com ele, não vemos razão para aplicação da justa causa. O período em que esteve preso o empregado é motivo de força maior. Quando o empregado deixa de interessar à empresa, por conduta atípica, o caminho lógico e regular é o da dispensa sem justa causa, com as reparações legais. Contratam-se empregados e não anjos". (TRT/RJ 18.979/91. Ac. 9ª T., Relator: Juiz Narciso Gonçalves dos Santos, DOE 22.8.94. Rev. Synthesis 20/95, p. 262).

Outra corrente assevera que se a condenação criminal implicar pena privativa de liberdade haverá impossibilidade física de o empregado continuar trabalhando, logo, incorrerá na prática da justa causa tipificada na letra *d* do art. 482 da CLT, cuja regra não se pauta pelo aspecto moral. Veja-se:

> "Condenação criminal. A condenação criminal só autoriza a dispensa por justa causa, quando privativa de liberdade, impossibilita que o empregado continue trabalhando. A regra do art. 482, letra *d*, da CLT, não se pauta pelo aspeto moral, mas apenas pela impossibilidade física do empregado continuar trabalhando. Justa causa. Ato de improbidade. O ato de improbidade praticado pelo empregado antes de sua admissão no emprego não autoriza a dispensa por justa causa. Como a lei refere-se a 'ato' é preciso que a conduta irregular guarde concomitância com o contrato de trabalho" (TRT — 15ª Reg. 3ª T. Ac. 817.958/96. Rel.: José V. Peluso — DJSP 2.9.96, p. 107. *Revista do Direito Trabalhista*, n. 10, out. de 1996, Brasília: Consulex, p. 75).

Em um aspecto, os dois acórdãos convergem: os antecedentes criminais do obreiro não poderão ter os efeitos prolongados além dos limites fixados pela sentença condenatória, salvo se tiverem estreita ligação com a função que irá exercer, repercutindo no prestígio e prejudicando a boa imagem da empresa.

A propósito, a legislação comparada já prevê a impossibilidade dos antecedentes criminais serem invocados pelo empregador, para fins disciplinares, se a infração não tem nenhuma vinculação com o emprego ou se o trabalhador obteve o perdão (art. 18.2 da Carta de Direitos e Liberdades da Pessoa de Quebec).

e) Indagações sobre a gravidez da empregada

Com relação às perguntas sobre a gravidez da empregada, alguns aspectos devem ser considerados.

O art. 391 da CLT preceitua que o fato de haver a mulher contraído matrimônio ou encontrar-se em estado de gravidez não constitui justo motivo para a rescisão de seu contrato de trabalho. O parágrafo único do mesmo dispositivo proíbe que os regulamentos, convenções coletivas e contrato individual contenham restrições ao direito da mulher ao seu emprego, por esses mesmos motivos.

Se não bastasse, o Brasil ratificou a Convenção da ONU sobre eliminação de todas as formas de discriminação e, no art. 7º, XXX, do texto constitucional, proíbe diferenciação de salários, de exercício de funções e de critério de admissão por motivo de sexo.

Ora, admitindo-se formular perguntas sobre a gravidez da empregada, o "princípio da não-discriminação perderia totalmente sua virtualidade", pois o empregador, ciente dos inconvenientes que a contratação de uma mulher grávida poderia acarretar, acabaria por não admiti-la, sem que esta tivesse a possibilidade de recorrer[(38)], tornando-se inoperante o preceito constitucional que veda a diferenciação.

Sugere a doutrina "que se fosse permitido à mulher grávida, aspirante ao emprego, ocultar sua gravidez, ser-lhe-ia possível algum controle sobre as decisões discriminatórias do empregador no acesso ao emprego fundadas nessa circunstância, posto que obrigaria o empregador a investigar, expondo-se a cometer atos ilícitos na vida privada (deixando ao mesmo tempo, provas das razões que o levaram a tomar decisão discriminatória, como a exigência de um teste de gravidez) e arriscando-se a deixar transcorrer o período de prova , se a gravidez é incipiente e não tem efeitos exteriores na mulher que delatem tal situação, com o que acabaria a desnecessidade da decisão para extinguir"[(39)].

Ao se permitir que a mulher oculte a gravidez, não se está preconizando a má-fé, mas impedindo o uso de expedientes que visem a burlar o fim perseguido pelo art. 7º, XXX, da Constituição Federal, e preservando o sentido ético da normativa em questão.

Aliás, a jurisprudência alemã[(40)] registra um caso concreto onde o empregador perguntou à empregada se estava grávida e ela lhe respondeu negativamente. No dia seguinte, 3.11.81, ela lhe exibiu um atestado médico comprovando sua gravidez de 10 semanas e em seguida o empregador con-

---

(38) GOÑI SEIN, José Luis. *Op. cit.* (1988), p. 62.
(39) GOÑI SEIN, José Luis. *Op. cit.* (1988), p. 62.
(40) *Revista Internacional del Trabajo*, v. 103, enero/mar. 1984, p. 84.

testou a validade do contrato, dispensando-a. O Tribunal decidiu favoravelmente à trabalhadora, ao argumento de que o empregador não poderia lhe fazer indagação dessa natureza e mesmo que ela tivesse mentido deliberadamente ao responder-lhe não seria causa de anulação do contrato, a menos que a função que ela fosse executar estivesse proibida por lei às mulheres grávidas. A decisão fundou-se no art. 661, *a*, 1.1. do Código Civil, o qual impede a discriminação das mulheres. Ora, permitir-se ao empregador interrogar as candidatas quanto à eventual gravidez obrigaria àquelas a revelar fatos que reduziriam suas oportunidades de serem tratadas em pé de igualdade com os candidatos homens para a obtenção de um emprego.

Há autores[41], entretanto, que não consideram improcedente a pergunta relativa ao estado de gravidez da empregada, por entenderem que, desse estado, nascem direitos e obrigações, em matéria de indenizações especiais por despedida.

4. Desportistas profissionais

a) Exceções no caso dos contratados para praticar certos esportes

b) Limites

A situação do atleta no Brasil é disciplinada pela Lei n. 6.354, de 2.9.76, cujo art. 20 arrola as justas causas para a resolução de seu contrato de trabalho e sua eliminação do futebol nacional. São elas: a improbidade, a grave incontinência de conduta, a condenação à pena de reclusão, superior a dois anos, transitada em julgado, e a eliminação imposta pela entidade de direção máxima do futebol nacional ou internacional. Essa lei foi complementada pela de n. 9.615, de 1998 (Lei Pelé), que não alterou essa questão, pelo que se infere de seu art. 96.

Merecem destaque especial, aqui, a grave incontinência de conduta e a pena de reclusão.

É incontestável que o atleta, dada a índole da obrigação funcional, contraída livre e voluntariamente, deve manter boa forma física. Logo, os autores sustentam[42] que o seu ambiente de trabalho é mais amplo e não se restringe aos limites físicos da sede da agremiação, sob pena de serem desatendidas as peculiaridades do contrato em exame. Com base nesses argumentos, justifica-se a ingerência empresarial em certos aspectos da vida privada do empregado, que terminarão "por implicar inevitável queda de forma física do atleta".

Portanto, para os atletas, a incontinência de conduta é **avaliada com mais rigor** do que o adotado para os empregados em geral, e poderá configurar-se mesmo fora das dependências da agremiação.

---

(41) PLÁ RODRÍGUEZ, Américo. *Op. cit.*, p. 602.

(42) CÂNDIA, Ralph. *Comentários aos contratos trabalhistas especiais*. 2. ed., São Paulo: LTr, 1990, p. 123.

Pratica **incontinência de conduta** o jogador que comparece com frequência "às casas noturnas, para encontros constantes, amorosos, que somente se concretizam depois de longa permanência na área de diversão, onde quase sempre o uso imoderado de bebida faz parte da noitada"(43).

É imprescindível, para a configuração dessa falta, que haja a habitualidade, residindo aí um dos limites à intromissão da agremiação na conduta privada do empregado.

É evidente que os antecedentes penais do atleta também devem ser tidos em conta pela agremiação, pois, se houver sido condenado a pena de reclusão superior a dois anos, transitada em julgado, incorrerá na prática de justa causa, responsável pela resolução contratual, como prevê a legislação específica.

Segundo a maioria dos intérpretes, a justa causa caracteriza-se, dada a impossibilidade física de o atleta continuar a prestar serviços.

5. Intervenção na vestimenta, na higiene e na apresentação do empregado

É inegável que a intimidade e a vida privada do empregado não podem ser protegidas em caráter absoluto. Dessa forma, poderá o empregador intervir na vestimenta(44), na higiene e na apresentação do empregado, exigindo-lhe, por exemplo, o corte de **barba**(45), sempre que essas circunstâncias constituírem exigência do serviço, forem imprescindíveis ao eficiente desenvolvimento do trabalho ou suscetíveis de escandalizar as pessoas.

---

(43) CÂNDIA, Ralph. *Op. cit.*, p. 123.

(44) "Constitui falta grave capaz de ensejar a dispensa por justa causa o fato de o empregado, durante seu período de serviço, estar deitado em uma rede e em **trajes menores**" (grifamos). Ac. TRT — 8ª Reg. (Proc. RO 1.195/84), Rel. Juiz José de Ribamar Alvim Soares, proferido em 24.9.84. CALHEIROS BOMFIM, B., SANTOS, Silvério dos. *Dicionário de decisões trabalhistas.* 20. ed. Rio de Janeiro: Edições Trabalhistas, p. 779.

(45) A empresa pretende o reconhecimento da justa causa para a despedida. O empregado, que **trabalhava na seção de abate de aves**, compareceu ao serviço **sem ter aparado a barba**,condição exigida pela autoridade sanitária aos empregados que trabalham nesse setor. O empregado foi mandado para casa, juntamente com outro companheiro, **para que providenciasse o corte da barba. O reclamante foi e voltou barbudo**. Em consequência, sofreu a pena de suspensão. Ao receber a comunicação da suspensão, rasgou-a diante do encarregado da seção de pessoal e, por isso, foi demitido. Recurso provido para excluir da condenação as verbas rescisórias. Configura-se a justa causa para o despedimento quando o empregado não cumpre dispositivo expresso no regulamento da empresa (exigência de autoridade sanitária). (Grifamos). Ac.TRT — 12ª Reg. Proc. RO 1.874/82. Rel.: Juiz Anselmo Raimundo, proferido em 14.02.84. CALHEIROS BOMFIM, B., SANTOS, Silvério dos. *Dicionário de decisões trabalhistas.* 20. ed., p. 421.

Em data bem anterior o C. TST já manifestava a mesma tendência ao considerar que "Constitui justa causa para a despedida não se apresentar o empregado 'decentemente trajado, barbeado e de cabelos cortados e convenientemente penteados', após reiteradas advertências para cumprir o regulamento da empresa, principalmente tendo em vista o atendimento ao público". Revista TST- 3ª T. Proc. 2.693/71; acórdão de 29.2.72; Rel.: Elias Bufaiçal; *Revista TST* 1972, p. 240 e LAMARCA, Antônio. *Manual das justas causas*, p. 463.

A jurisprudência espanhola[46], à semelhança do aresto nacional citado em nota de rodapé anterior, também registra precedente em que o uso de **barba** pelo empregado pode sofrer restrições pelo empregador, como decorrência de exigência de autoridade sanitária ou "de deveres e relações jurídicas que o ordenamento jurídico regula", os quais transcendem a esfera estritamente pessoal. Entendeu o Tribunal Constitucional da Espanha que a ordem da empresa exigindo o corte da barba de empregado de hotel não excedia suas faculdades diretivas, encontrando-se dentro do poder de comando. Chamado a opinar no presente feito, esclareceu o Ministério Fiscal da Espanha que o comportamento do empregador não afrontou os direitos à intimidade e à própria imagem, assegurados no art. 18.1 da Constituição espanhola, que se situam "como algo mais profundo e global do que o puro aspecto físico", em que se apoia o empregado.

Já a Companhia de Aviação **Espanhola** Iberia proibiu aos seus empregados o **uso de barba, em 1964, abolindo a exigência em 1986** (cf. comunicação apresentada ao III Congresso Regional Americano de Direito do Trabalho e da Segurança Social, pelo relator espanhol Indalecio Talavera Salomon, p. 14).

Na **Alemanha**, empresa de aviação, ou seja, a Lufthansa, **permitiu às comissárias de bordo,** "hospedeiras da companhia", que usassem **minissaia**, se estivesse de acordo com o uniforme, restando-lhe margem de liberdade de escolha[47].

Por outro lado, a **jurisprudência brasileira não considerou justa causa a recusa de um trabalhador em raspar as costeletas e a de uma empregada a usar uniforme com calças compridas**, como aliás se infere das ementas alusivas aos acórdãos que ora transcrevemos:

> "Não pratica falta grave o empregado que descumpre determinação superior no sentido de não usar **costeletas** que sempre usou desde a data de sua admissão na empresa". (TRT — 2ª Reg. Proc. n. 8.295/71; Ac. 2.780/72, julgado em 8.5.1972; DOE de 23.5.72, 1ª T. Rel.: Roberto Mário R. Martins). In. Antônio Lamarca. *Manual das justas causas*, p. 467.

---

(46) PISÓN CAVERO, José Martínez de. *El derecho a la intimidad en la jurisprudencia constitucional.* Madrid: Civitas S/A, 1993, p. 173. A conhecida "sentença da barba" (STC 170/1987, de 30 de outubro) considerou válida a despedida de empregado de um **hotel de Las Palmas**, que, após onze anos de serviço resolveu deixar a **barba** crescer, não obstante reiteradas solicitações do empregador para que a retirasse, posto que estava em contato **permanente com clientes**. O empregado recorreu, considerando violado o art. 18.1 da Constituição. Alega que as decisões sobre estética pessoal, "se é favorecida ou não pelo uso da barba", é parte integrante da intimidade e o direito à própria imagem da pessoa". Ressalta que a colisão entre esse direito e o da livre organização produtiva deve resolver-se em favor do primeiro. O empregado também não obteve êxito no Tribunal Constitucional, que destacou inexistir, no caso, invasão ao direito à intimidade ou à imagem, como bens de personalidade, que devem ser resguardados de intromissões.

(47) ZACHERT *apud* Vicenzo Ferrante. *In*: REIS, Raquel Tavares dos. *Liberdade de Consciência e de Religião e Contrato de Trabalho do Trabalhador de Tendência.* Coimbra: Coimbra Editora, **2004**, p. 163.

"Não pode a empresa, inovando, passar a obrigar empregadas mulheres a usarem uniforme com **calças compridas**. É verdade que a ré dispensa do uso das mesmas as **empregadas gordas e idosas**. Perfeito. Mas, o que dizer daquelas que, nem gordas nem velhas, entendem inapropriada a medida? A determinação empresária pode ferir conceitos morais, sendo de todo inadmissível. E, além do mais, não poderia obrigar a autora a comprar uniforme, pois isso redundaria em rebaixamento salarial, de todo proibido por lei". (TRT — 1ª Reg. Proc. n. 2.208/70, 2ª T, julgado em 6.10.70. Relator: Henrique Lomba Ferraz). In: Antônio Lamarca. *Manual das justas causas*, p. 466.

"Abuso de poder da empregadora é a instituição de uniforme de trabalho para as empregadas com exigência de **uso de calças compridas** e por elas pagas. Não se retira à empresa o direito de exigir uniforme de trabalho, mas não pode, evidentemente, abusar de tal direito. Sabido que muitas mulheres não se sujeitam ao uso de calças, por razões as mais variáveis. Se a empresa apenas houvesse exigido um uniforme de saia, entendo que não poderia insurgir-se a empregada, mas exigir **a troca de saia por calça** constitui abuso de poder. Acresce que a ré exige a paga do uniforme (exceto do primeiro), constituindo esta última ordem um flagrante atentado ao contrato, atingindo o salário" (Rev. TST. Proc. 2ª T., n. 4.438/70, julgado em 18.5.71, Relator: Min. Hildebrando Bisaglia). In: Antônio Lamarca. *Manual das justas causas,* p. 466.

A instituição de uniforme, sem prejuízo para o empregado, é medida inerente ao poder de comando, entretanto, não poderá o empregador alterar as condições do contrato, impondo o uso de determinado traje suscetível de humilhação.

Nos anos **sessenta e setenta**, quando a **moda *hippie*** encontrava-se em plena efervescência, a **jurisprudência canadense**, em várias decisões, assegurou ao empregador o direito de estabelecer, nos regulamentos internos da empresa, a proibição do **uso de barba, como também de anelar os cabelos, exigindo-lhes certo tamanho, e ainda permitiu a imposição de regras sobre o cuidado com a vestimenta dos empregados**. Esse direito tem sido, todavia, abalizado por certas regras: a adoção do regimento ou da diretiva deverá revestir-se de um caráter de pertinência, de razoabilidade, que possibilite uma aplicação justa e equitativa[(48)].

Da mesma forma, a **jurisprudência francesa autorizou a dispensa de empregado que se apresentou ao trabalho com os cabelos à "iroquês"**, raspados na lateral, contendo uma crista central amarela engomada, recusando-se a modificar a aparência por sugestão do empregador[(49)].

Ainda na **França, a jurisprudência considerou injusta a despedida de um empregado que compareceu ao trabalho com camisa de cores vivas**, mangas curtas e colarinho aberto, enquanto os colegas trajavam terno e gra-

---

(48) D'AOUST, Claude. *Op. cit.*, p. 40.
(49) BUY, Michel. *Op. cit.*, p. 252.

vata; agiu de **forma contrária**, autorizando a despedida por justa causa de uma empregada que compareceu ao trabalho trajando um ***chemisier* transparente sobre seios nus** (BUY, Michel. *Op. cit.*, p. 253).

Nota-se que a jurisprudência, há muitos anos, inclina-se no sentido de coibir **trajes ou aparências suscetíveis de chocar as pessoas**, tanto o empregado como o empregador, e não só quando isso seja prejudicial ao bom funcionamento da empresa. Logo, dependendo da situação e da natureza do cargo que for exercer o empregado, **o uso visível de tatuagens, de *piercing* e de maquiagens extravagantes poderá sofrer restrições,** embora haja comportamentos dos empregados que são estritamente pessoais e devem ser respeitados.

A tatuagem, por exemplo, segundo alguns autores, poderá gerar discriminação em concurso público ou cursos de formação de sargento em determinadas regiões, principalmente nos cargos de Polícia Militar. Embora enfatizem a "importância da competência e não da aparência", há autores que admitem o "direito das pessoas embelezarem-se", sob alegação de que "gosto não se discute". Entretanto, as pessoas cujo exagero cria obstáculo no ambiente de trabalho, em face da rebeldia, muito se satisfazem acionando em Juízo. Existe o limite para ambos (empregado e empregador), mas qual é a proporcionalidade? Afirma o autor (*José Pastore*, em artigo Tatuagem no trabalho, disponível em: <www.josepastore.com.br>, artigo cotidiano/092.htm, acesso em: 24.2.2005), que surgirão situações delicadas. Entre elas indaga: o homem que apresenta o rosto tatuado nos dois lados com o *piercing* no lábio e na língua, poderá ser admitido como *maître* por proprietário de restaurante? Poderá ser afastada a freguesia desse restaurante? E a emissora de televisão que perde alunos de telecurso quando o professor se apresenta cheio de *piercing*. E a dona de casa que considera exagero na arte corporal da doméstica, assustando os filhos pequenos? Ressalta, com razão, o citado autor, que se o local de trabalho for do empregador o assunto é insolúvel.

Por outro lado, a jurisprudência começa a entender que não caracvteriza dano moral o fato de o empregador solicitar ao empregado que retirasse o uso do *piercing* no local de trabalho, quando passou a usá-lo. A decisão judicial considerou ter o empregador utilizado de seu direito à imagem, estando fora do campo alusivo à ofensa à honra alegada pelo trabalhador. Se a solicitação feita pelo empregador não implicou afronta ao trabalhador, mas em dissabor, desconforto ou irritação, improcede o pedido formulado, alusivo ao dano moral (TRT-4ª Reg. 00140-2007-017-04-00- 2, RO 4ª Turma, Relator: Fabiano de Castilhos Bertollucci, Data: 19.6.2008).

O empregador brasileiro, ao exigir do empregado o "uso de **máscaras com chifres**", desfiles com trajes contendo "**vestimenta de presidiário ou de natureza feminina**", em situação constrangedora, viola a integridade psíquica e deverá arcar com o ressarcimento do dano moral(50). Da mesma forma, o Tribunal do Trabalho mineiro manteve a sentença que deferiu a indenização à empregada que não reunia condições de plena saúde, em decorrência de tuberculose pulmonar atestada por exame médico demissional. Comprovou-se, por testemunhas, **que as mulheres trabalhavam na sala estéril**, usando **macacão transparente** sobre suas **roupas íntimas** observadas do lado de fora, atrás do vidro(51), autorizando-se a manutenção da sentença de origem que efetuou o pagamento da indenização.

6. Tipificação da falta. O assédio sexual

a) Obrigatoriedade de a empresa assegurar um ambiente de trabalho de respeito à personalidade de cada empregado

Como já exposto, ao empregador incumbe o poder diretivo, por força do art. 2º da CLT. Este poder diz respeito não apenas à organização técnica, como também à boa ordem na empresa, onde deve existir um padrão mínimo de moralidade e de garantia pessoal. O respeito ao direito à intimidade dos empregados é uma manifestação desta garantia pessoal. Logo, o empregado que viola este direito incorrerá na prática de justa causa de indisciplina, responsável pela resolução contratual, pois transgride o dever de obediência ao descumprir ordens gerais, não obstante haja pronunciamento judicial no sentido de que a falta possui conceito mais amplo, traduzindo mau procedimento(52). Embora haja divergência quanto à tipificação da falta, não há dúvida de que o empregado que desrespeita a intimidade de seus companheiros pratica justa causa ensejadora de despedida.

No que tange ao **assédio sexual,** vem sendo ele apontado como um dos fatores responsáveis pela discriminação de que são vítimas as mulheres no mercado de trabalho, embora o problema seja antigo e generalizado.

---

(50) Cf. TRT — 3ª Região — 3ª Turma — RO-1763-2005-024-03-00-4 — Rel.: Juíza Maria Lúcia C. Magalhães. DJMG 3.6.2006, p. 9. No mesmo diapasão: "**Danos morais. Vendedor. Desfile com vestimenta de presidiário e feminina. Violação aos direitos da personalidade.** A ordem jurídica vigente assegura, amplamente, os direitos da personalidade, contendo o Código Civil de 2002 um capítulo específico sobre o tema (arts. 11 a 21). Mesmo antes da vigência dessa nova codificação civil, o direito da personalidade já era tutelado, por meio do princípio da dignidade da pessoa humana, arrolado pela Constituição Federal dentre os fundamentos da República Federativa do Brasil (art. 1º, III). Nesse contexto, toda e qualquer violação a esses direitos há de ser repudiada, mormente no âmbito da relação de trabalho, onde as partes devem pautar-se pelo respeito mútuo. Assim, faz jus o laborista à indenização pelos danos morais sofridos, em razão da aquiescência da empregadora com a adoção de situações vexatórias, expondo o reclamante ao ridículo, através de desfiles com **vestimenta de presidiário e feminina**, perante os demais colegas de trabalho e, inclusive, visitantes, por não ter atingido as metas de vendas, em evidente infração à sua dignidade, ao seu respeito próprio e, conseqüentemente, à sua integridade psíquica e emocional." TRT — 3ª Região — RO-00835-2004-019-03-00-0 (Ac. 8ª T.). Rel.: Juiz Paulo Maurício Ribeiro Pires. DJMG 2.10.**2004**, p. 21.

(51) TRT — 3ª Região — RO-00433-2003-101-03-00-4. Relª.: Juíza Taísa Maria Macena de Lima. DJMG 15.5.**2004**, p. 5.

Os termos "assédio sexual", em português, *acoso sexual,* em espanhol, *harcèlement sexuel*, em francês, *sexual harassment*, em inglês, *molestie sessuali*, em italiano, são expressões relativamente recentes, mas referem-se a um fenômeno antigo e generalizado, apontado como um dos fatores responsáveis pela discriminação de que são vítimas as mulheres no mercado de trabalho.

Alguns autores equiparam o assédio sexual ao uso medieval do *jus primae noctis* (direito à primeira noite), que obrigava as recém-casadas a passarem a noite de núpcias com o senhor do lugar, havendo decisão, de 1409, na França, declarando ilícita essa prática[(53)].

Na concepção moderna, a normativa sobre **assédio sexual apareceu nos EUA**, na segunda metade da década de setenta e nos anos oitenta editaram-se leis, sancionando-o. Evidentemente que a lei é genérica, ou seja, repele o assédio também quando a vítima é o homem, mas esse fato se verifica em dimensões muito menores e menos graves[(54)].

Afirma-se que 45% do contingente feminino da administração federal dos EUA sustentaram que tiveram de suportar algum tipo de assédio no trabalho. Nos Países Baixos, 58% das mulheres entrevistadas viveram situação semelhante[(55)] e no Canadá esse percentual é de 48%[(56)]. Na Espanha, um estudo realizado pela União Geral de Trabalhadores (UGT), em 1987, constatou que 84% das mulheres de distintos setores declararam haver sofrido assédio sexual verbal, 55% sofreram assédio sexual consistente em olhares lascivos, gestos insinuantes, 27% foram vítimas tanto de assédio físico (roçamentos, beliscões, toques, encurralamentos) como de assédio sexual verbal (cartas e convites com acentuado caráter sexual) e, finalmente, 4% sofreram forte contato físico[(57)]. Enquete realizada na França, pelo Instituto Louis Harris, constatou que 12% das mulheres afirmaram terem sido submetidas a assédio sexual

---

(52) "Justa causa — Mau procedimento — Constitui justa causa para a dissolução do contrato laboral **a violação não consentida da privacidade de uma colega de trabalho**". TRT — 12ª Reg., Proc. RO 596/85, julgado em 12.11.85; Rel.; Juiz Câmara Rufino. TEIXEIRA FILHO, João de Lima. *Repertório de jurisprudência trabalhista*, v. 5, p. 684.

(53) Semanário Francês Le Point Paris, n. 1.010, 25. ene. 1992, p. 63-69, *apud* HUSBANDS, Robert. Análisis internacional de las leyes que sancionan el acoso sexual. *Revista Internacional del Trabajo*, Ginebra, 1993, v. 112, n. 1, p. 133.

(54) O *Jornal do Magistrado*, n. 32, de dezembro de 1995, p. 2, publicou a seguinte nota: "A cadeia de pizzarias Dominó terá de pagar US$ 237 mil ao funcionário David Papa, de um estabelecimento em Tampa (Flórida), cuja chefe o submeteu durante cinco meses a repetidos abusos sexuais. Trata-se do primeiro caso nos Estados Unidos em que se invocou a Lei de Igual Oportunidade no Emprego por **um homem submetido a abusos sexuais de uma mulher**. Papa disse que durante meses sofreu insinuações sobre seu corpo, ouviu frases mal-intencionadas e, seis dias depois que resolveu dar um "basta", foi demitido. Além de estabelecer o valor da indenização, o juiz federal Henry Lee Adams ordenou que a cadeia de pizzarias controle os abusos de seus funcionários e realize reuniões anuais com os gerentes para reprimir as várias formas de abuso sexual".

(55) *El Trabajo en el mundo.* Ginebra: Oficina Internacional del Trabajo, 1992, v. 5, p. 27.

(56) DRAPEAU, Maurice. Le harcèlement sexuel au travail. n. 5. Les éditions Yvon Blais Inc., 1991, p. 15.

(57) SERNA CALVO, Maria del Mar. Acoso Sexual en las relaciones laborales. *Revista Relasur*, n. 2, p. 34.

por chantagem e 48% enfrentaram um clima desprezível[58]. No Brasil, pesquisa realizada no princípio do ano de 1995, em doze capitais, constatou que 52% das mulheres que trabalham já foram assediadas[59].

Saliente-se que, normalmente, as mulheres não denunciam o assédio sexual, deixando para os sindicatos ou associações femininas fazê-lo, não só por acanhamento, mas por julgarem que essa revelação poderá lhes acarretar constrangimentos que afetem sua dignidade, acentuando-lhes a tensão psicológica e, principalmente, pelo temor de perderem o emprego. Atuamos como revisora de um processo (RO 7.666/95), que tramitou perante a 2ª Turma do TRT da 3ª Região, onde foi reconhecida a justa causa praticada pelo reclamante, caracterizada como assédio sexual, mas relatado pelas mulheres, apenas quando o autor entrou em gozo de férias na empresa.

Esse fenômeno verifica-se em vários níveis de emprego, mas se agrava quando se trata de cargos mais modestos. A situação poderá ser pior ainda em países em desenvolvimento, onde as mulheres, por motivos de ordem econômica ou mesmo de miséria, não têm condições de repelir o assédio, pois, em geral, as que o fazem acabam por perder o emprego.

b. Razões que contribuíram para que o assunto despertasse interesse nas últimas décadas

São várias as razões que contribuíram para que o assunto despertasse tanto interesse nos últimos anos, podendo ser apontadas, como principais: a promulgação de leis em favor da igualdade de oportunidades, aliada a um progresso do movimento feminista na política de países industrializados; as primeiras decisões de tribunais norte-americanos, no final de 1970, considerando o assédio sexual um comportamento proibido, por violar a Lei de 1964 sobre direitos civis, cujo texto veda a discriminação sexual no trabalho; o aumento de mulheres no trabalho também ocasionou oposição à sua presença, manifestada sob a forma de assédio sexual, visando constrangê-las a deixar funções tradicionalmente masculinas, e, de outro lado, suscitou, em certas empresas, a exigência de que cedessem a solicitações sexuais para obterem o emprego ou mantê-lo[60].

c. A Temática em face do Direito Internacional e Comunitário

A OIT não possui normas internacionais específicas sobre esse tema. Se, entretanto, considerarmos o assédio sexual como uma forma de discriminação no trabalho, por motivo de sexo, verificamos que existem várias nor-

---

(58) MOREAU, Marie-Ange. À propos de l'abus d'autorité en matière sexuelle. *Droit Sociel*, fév. 1993, p. 115.

(59) BRASMARKET. Análise e Investigação de Mercado. *Revista Veja*, ano 28, n. 7, 15 de fevereiro de 1995, p. 81.

(60) HUSBANDS, Robert. Análisis internacional de las leys que sancionan el acoso sexual. *Revista Internacional del Trabajo*. Ginebra, v. 112, n. 1, 1993, p. 110.

mas, de âmbito internacional, a começar pela Declaração Universal dos Direitos do Homem (1948, art. 2º), seguida da Convenção n. 111 da OIT sobre Discriminação no Emprego ou Profissão (1958), da Convenção a respeito da Eliminação de Todas as Formas de Discriminação Contra a Mulher (1979, ONU), além de vários informes do Comitê para Eliminação da Discriminação contra a Mulher e também da Comissão de Peritos na aplicação de Convênios e Recomendações da OIT. Aliás, no Estudo Geral de 1988, sobre a Convenção n. 111, esta Comissão de Peritos enumerou **exemplos de assédio sexual no trabalho**, entre eles: insultos, observações, insinuações e comentários inadequados sobre a maneira de vestir de uma pessoa, sobre seu físico, idade ou situação familiar; atitudes arrogantes ou paternalistas contrárias à sua dignidade; convites ou pedidos impertinentes, implícitos ou explícitos, acompanhados ou não de ameaças; olhares lascivos ou outros gestos relacionados com a sexualidade e contatos físicos desnecessários, como, por exemplo, toques, carícias, beliscões ou agressões. Em síntese, a Comissão destacou que, para uma ação desse tipo qualificar-se como assédio sexual terá que possuir consequências diretas ou indiretas com a relação de emprego[(61)].

A Resolução da Conferência Internacional do Trabalho, de 1985, sobre igualdade de oportunidades para os trabalhadores e as trabalhadoras no emprego, editada pela OIT, também dispõe, no art. 6º, que o assédio sexual no local da prestação de serviço prejudica as condições de trabalho e as perspectivas de ascensão dos empregados, devendo as políticas, que promovem a igualdade, adotar medidas destinadas a lutar contra esses comportamentos, de modo que impeça-os. No mesmo sentido é a Resolução da Conferência Internacional do Trabalho, de 1991, a respeito da ação em favor das trabalhadoras.

Por outro lado, a Convenção Interamericana para Prevenir, Punir e Erradicar a Violência contra a Mulher: "Convenção de Belém do Pará/MRE", ratificada pelo Brasil, que a tornou pública através do Decreto de Promulgação n. 1973, de 1º de agosto de 1996, também dispõe sobre o assédio sexual. E assim é que seu art. 1º considera como violência "qualquer ato ou conduta baseada no gênero, que cause morte, dano ou sofrimento físico, sexual ou psicológico à mulher, tanto na esfera pública como privada", ocorrida na comunidade "e cometida por **qualquer pessoa**, incluindo, entre outras formas, o estupro, o abuso sexual, a tortura, o tráfico de mulheres, a prostituição forçada, o sequestro e o **assédio sexual no local de trabalho**"... (art. 2º, alínea *b*).

Sob o prisma comunitário, uma resolução do Parlamento Europeu de 1986 recomendou aos Estados-Membros que considerassem o assédio sexual como forma de violação ao princípio da igualdade de tratamento e à igualdade de oportunidade na vida profissional. Em 1987, a Comissão da Comunidade Europeia, por solicitação do Parlamento, realizou um estudo, evidenciando a difusão do fenômeno nos Estados-Membros e ressaltou as

---

(61) AEBERHARD-HODGES, J. Jurisprudencia reciente sobre el acoso sexual en el trabajo. *Revista Internacional del Trabajo*. v. 115, n. 5, 1996/ 5, p. 552.

ilações danosas daí advindas, não só para a saúde da vítima, mas também para a produtividade[62]. Em seguida, em 29.5.1990, o Conselho da Comunidade editou uma Resolução sobre "Tutela da dignidade dos homens e mulheres no mundo do trabalho", afirmando que os comportamentos com conotação sexual praticados por superiores ou colegas de trabalho constituem intolerável violação da dignidade da mulher e do homem.

O Conselho solicitou à Comissão da Comunidade que elaborasse um código de conduta europeu, preparado em 30 de julho de 1991, com o objetivo de prevenir o assédio sexual e oferecer garantia de um recurso imediato e simples, como também procedimentos adequados para enfrentar o problema e prevenir a repetição.

No Código de Conduta da União Europeia, o assédio sexual é definido como a "conduta de natureza sexual ou outros comportamentos baseados em sexo que afetam a dignidade da mulher e do homem no trabalho". Esta conduta pode incluir comportamentos físicos, verbais ou não verbais indesejados. Por conseguinte, há um tipo amplo de comportamento que pode ser considerado como assédio sexual e resulta inaceitável: se a conduta é indesejada, não razoável e ofensiva à pessoa da vítima; se a recusa ou a aceitação dessa conduta praticada pelos empresários ou trabalhadores (incluídos os superiores e os colegas) seja considerada, quer explícita ou implicitamente, para a tomada de decisões que afetem a formação profissional ou o emprego (sua continuação, promoções, salário ou quaisquer outras decisões a ele relativas) e/ou se a alegada conduta cria um ambiente de trabalho intimidante, hostil ou humilhante para a pessoa que é objeto da mesma.

Em 22 de novembro de 1991, a União Europeia, atenta para os comportamentos com conotação sexual indesejável, editou a Recomendação sobre proteção à dignidade dos homens e mulheres no trabalho. A Comissão da União Europeia recomendou aos Estados-Membros que adotassem medidas no sentido de promover, inclusive no setor público, uma tomada de consciência de que é inaceitável a conduta fundada em sexo, capaz de afetar os trabalhadores (homens ou mulheres), **quer advenha de superior hierárquico, quer advenha de colegas**. Ressalte-se que, em certas circunstâncias, essa conduta poderá ser contrária ao princípio da igualdade de tratamento, conforme preceituam os **arts. 3º, 4º e 5º da Diretiva de 1976**. São relevantes para a caracterização do assédio sexual: que o comportamento seja indesejável para a vítima, gerando um clima de hostilidade, intimidação ou humilhação a seu respeito e que a recusa ou aceitação de tal comportamento seja considerada explícita ou implicitamente para a tomada de decisão afetando os direitos da vítima em matéria de emprego ou de remuneração. Quando o assédio sexual advém do empregador ou de seus prepostos, ele implica abuso de poder, tendo aquele responsabilidade de fato pelo mau uso da autoridade que ele tenha delegado[63].

---

(62) RUBENSTEIN, M. *La dignità della donna nel mondo del lavoro. Relazione sul problema delle molestie sessuali negli stati membri delle comunnità europee.* Bruxelles, 1987.

(63) BLANPAIN, Roger e JAVILLIER, Jean-Claude. *Droit du travail communautaire.* 2. ed. Paris: LGDJ, 1995, p. 237.

O teor desse ato se repete na Recomendação n. 131/92, da Comissão Europeia, relativa à proteção da dignidade da mulher e do homem no trabalho. De particular interesse é a parte da Recomendação relativa às estratégias que a Comissão indica ao empregador e aos sindicatos para prevenir os abusos sexuais e para tutelar os sujeitos passivos. Com a finalidade preventiva, está prevista a definição de um programa de política gerencial, preferencialmente acordada com os sindicatos ou representantes de trabalhadores, no sentido de formalizar uma declaração do empregador, comunicando aos empregados, que deverão aderi-la. A atuação do programa prevê a adoção de procedimentos idôneos, que assegurem aos trabalhadores garantias em caso de denúncia de assédio sexual, com a obrigação de manter a privacidade. Sob o perfil procedimental, está previsto, antes de iniciar o processo oficial, a tentativa de uma solução informal, com a designação prévia de uma pessoa para dar consulta e assistência. As indagações sobre fatos denunciados devem respeitar os direitos do denunciante e do denunciado e garantir a máxima privacidade das atividades desenvolvidas. Se a denúncia for acolhida, o denunciante deverá poder escolher entre a permanência no local de trabalho ou a transferência. Finalmente, cada violação das normas impostas deve ser compreendida entre os ilícitos disciplinares, com breve determinação da sanção.

d. O assédio sexual e a legislação estrangeira

A temática sobre assédio sexual vem tratada na legislação penal, trabalhista ou em legislação civil sobre igualdade de oportunidades. Assim, os EUA, Canadá, Austrália, Dinamarca, Irlanda e Suécia tratam do assédio sexual nas leis sobre igualdade, enquanto outros, como a França e a Nova Zelândia[(64)], por exemplo, dispõem sobre a matéria em leis trabalhistas. Saliente-se, entretanto, que a França pune o assédio sexual também no Código Penal.

*e. Conceito. Assédio sexual por **intimidação** e por **chantagem***

O assunto, objeto desse estudo, apresenta novos problemas para o Direito do Trabalho, principalmente em face das várias atitudes culturais que devem sopesar-se na elaboração de seu conceito. Ainda são, relativamente, poucos os países que possuem um conceito jurídico de assédio sexual, encontrando-se em franco desenvolvimento a legislação a respeito da temática.

Esses conceitos destacam o "assédio sexual por intimidação", que é o mais genérico, e o "assédio sexual por chantagem".

O "assédio por intimidação" caracteriza-se por incitações sexuais importunas, de uma solicitação sexual ou de outras manifestações da mesma índole, verbais ou físicas, com o efeito de prejudicar a atuação laboral de uma pessoa ou de criar uma situação ofensiva, hostil, de intimidação ou abuso no trabalho[(65)].

---

(64) *Série Legislativa.* 1987, NZ1, p. 60.
(65) HUSBANDS, Robert. *Op. cit.*, p. 115.

A **Hungria**, a partir de 1990, por meio de resolução do Conselho de Ministros, **combate o assédio sexual por intimidação quando preceitua**:

"...a conduta de natureza sexista, ou outra conduta baseada em sexo que afete a dignidade das mulheres e homens no trabalho, incluindo a conduta de superiores e colegas, constitui uma intolerável violação da dignidade dos trabalhadores ou estagiários e é inaceitável se não de-sejada, não é razoável e é ofensiva para o alvo desse procedimento"(66).

Até 1978, inexistia no **direito belga** norma que tutelasse a dignidade das pessoas no local de trabalho. O Decreto real de 2 de outubro de 1937, que disciplinava as relações jurídicas dos trabalhadores com o Estado, continha um dispositivo vago, exigindo "rigorosa retidão nas relações de trabalho com os superiores, com os colegas ou com os subordinados". Nenhuma disposição previa quando e como um trabalhador poderia denunciar um comportamento incorreto. A partir da década de setenta, sobretudo em face da importância que o tema adquire no direito comunitário, a Bélgica começa a tomar consciência do problema e a lei de 3 de julho de 1978 cria obrigações pessoais para o empregador que deverá assegurar condições de trabalho adequadas do ponto de vista da segurança e saúde, devendo observar e tutelar o respeito aos bons costumes durante a execução do trabalho. Dessa obrigação advém a possibilidade de a vítima poder invocar a responsabilidade do empregador, ainda quando o assediador é um colega de trabalho. Ocorre que a lei de 1978 não prevê sanções; a vítima terá apenas a possibilidade de ressarcir-se com base no Código Civil Belga (art. 1.134), devendo demonstrar a culpa contratual e o nexo de causalidade com o dano(67).

Atualmente, há na **Bélgica** um decreto real editado em consonância com a Recomendação da Comunidade Europeia sobre proteção à dignidade do homem e da mulher no trabalho, determinando que as convenções coletivas instituam cláusulas, para os setores públicos e privados, destinadas a prevenir o assédio sexual nos locais de trabalho. Essas cláusulas deverão conter: declaração de princípios sobre assédio sexual, o nome do setor encarregado de atender as vítimas e de facilitar-lhes a assistência e o apoio, como também um procedimento para o recebimento de queixas e sanções aplicáveis. Nesse país, o assédio sexual é definido pelo decreto real como "qualquer forma de comportamento verbal, não verbal ou físico, de natureza sexual, que o assediador sabe ou deveria saber, que é ofensivo para a dignidade da mulher e do homem no trabalho"(68).

A **Costa Rica**, em 3 de fevereiro de 1995, publicou a Lei n. 7.476(69), sobre **assédio sexual**, conceituando-o como "toda a conduta sexual indeseja-

---

(66) MULHERES DA EUROPA. Bruxelas. *Comissão das Comunidades Europeias*, jan. 1991, n. 32, p. 47.

(67) POZZETO, Gabriela. La tutela della dignità nei luoghi di lavoro: le molestie sessuali (l'ordinamento belga e quello francese). *Il diritto del lavoro*. Parte I. nov./dic. 94, ano LXVIII, p. 555.

(68) *Revista Internacional del Trabajo*, Ginebra, 1993, v. 112, n. 1, p. 5.

(69) DOCUMENTOS DE DERECHO SOCIAL. Ginebra: Oficina Internacional del Trabajo, 1995/2, p. 43.

da por quem a recebe de forma reiterada e provocadora de efeitos prejudiciais no que tange às condições materiais de emprego ou de docência, ao desempenho e cumprimento laboral ou educativo e estado geral de bem-estar". A mesma lei considera, ainda, como assédio sexual, "a conduta grave que, embora tenha ocorrido uma única vez, prejudique a vítima em quaisquer dos aspectos indicados".

O assédio sexual definido no art. 3º da Lei n. 7.476 poderá manifestar-se por meio dos seguintes comportamentos: requerimentos de favores sexuais que impliquem promessa de tratamento especial; ameaça física ou moral, de danos ou castigos referentes a situação atual ou futura de emprego ou de estudo de quem as receba ou exigência de uma conduta, cuja sujeição seja condição para o emprego ou estudo. O assédio manifesta-se também pelo uso de palavras de natureza sexual, escritas ou verbais, que resultem hostis, humilhantes ou ofensivas e por condutas físicas de natureza sexual, indesejadas ou ofensivas para quem as receba.

A lei costarriquenha, além de dispor sobre medidas preventivas, prevê, ainda, responsabilidade das partes, garantias e sanções; estas últimas se aplicam segundo a gravidade do fato e poderão ser assim discriminadas: advertência escrita, suspensão e despedida por justa causa, sem prejuízo das sanções de natureza criminal. Caso o responsável pelo assédio seja o empregador, o trabalhador terá direito às reparações trabalhistas, com a consequente reintegração ao trabalho, se solicitado, sem prejuízo da indenização por dano moral, a qual será objeto de condenação pelo juiz do trabalho. Achamos difícil a possibilidade de ser solicitada a reintegração na hipótese de assédio sexual, mormente se se tratar de empresa privada, cujo assediador seja o superior hierárquico. O temor reverencial da vítima e a intensificação da tensão psicológica que poderão advir, inviabilizarão o retorno do obreiro ao trabalho.

Novidade importante da Lei n. 7.476, de 1995, da Costa Rica, é o reconhecimento, pelo legislador, de que compete ao juiz do trabalho apreciar indenização por dano moral, advindo do assédio sexual, o que era inadmissível antes da vigência desta lei, em face de decisão da 2ª Turma da Corte Suprema de Justiça(70).

Na hipótese de a denúncia sobre assédio sexual ser falsa, o denunciante poderá incorrer nas práticas de difamação, injúria e calúnia e sujeitar-se-á a sanções criminais. Andou bem o legislador costarriquenho também nesse aspecto, pois estabelecendo sanções recíprocas, estar-se-á evitando atitude irresponsável, com o único propósito de angariar indenizações elevadas, sob pretexto de assédio sexual.

Já o "**assédio sexual por chantagem**" traduz exigência formulada por superior hierárquico a um subordinado, para que se preste à atividade sexual, sob pena de perder o emprego ou benefícios advindos da relação de

---

(70) VAN DER LAAT ECHEVARRIA, Bernardo. Ley Costarricense contra el hostigamiento sexual en el empleo. *Revista Derecho Laboral, Montevideo*, 1995, t. XXXVIII, n. 178, p. 297.

trabalho(71). É o chamado assédio *quid pro quo*, ou seja, "isto por aquilo"; é a chantagem sexual relacionada com o emprego. Esse tipo de assédio pressupõe abuso de autoridade; é estudado dentro do contexto das assimetrias de poder, pois a vítima tem dificuldade de devolver a ofensa no mesmo nível, temendo que o revide lhe acarrete consequências irreparáveis, logo, tende a permanecer em posição assimétrica, procurando evitar o assediador da melhor forma possível(72). O estado de tensão daí advindo prejudica, sem dúvida, o desenvolvimento da atividade produtiva.

A **França** adotou o conceito de assédio sexual **por chantagem**, considerando-o forma de agressão sexual, porém menos grave do que a violência sexual. **A legislação francesa** define o assédio sexual no art. 122-46 do Código do Trabalho, como "o ato do empregador, de um superior hierárquico ou de toda a pessoa que, abusando da autoridade que lhe conferem suas funções, dá ordens, exerce pressão de qualquer natureza sobre um empregado ou empregada, com o fim de obter favores de índole sexual, para si mesmo ou para uma terceira pessoa". O termo **pressão** utilizado no conceito contribui para que o assédio sexual conserve sua autonomia em relação a outras agressões de natureza sexual, distinguindo-o dos atentados sexuais com violência(73). Uma de suas características consiste no fato de não ser ele desejado pela vítima, sendo desnecessária sua repetição, pois um só ato grave poderá traduzir abuso de autoridade. O conceito permite, entretanto, estender o texto a todos os que têm uma autoridade dentro da empresa, seja funcional ou de fato, podendo abranger o cônjuge ou concubino do empregador, seus pais, o representante de pessoal, o delegado sindical, o responsável pelo recrutamento e até mesmo um importante cliente da empresa que se encontra na iminência de concluir um contrato de grande vulto. A condição é que o autor possa exercer, de fato, essa autoridade(74).

O comitê de higiene e segurança **francês** poderá propor medidas de prevenção em matéria de assédio sexual. O citado código prevê nulidade das despedidas com reintegração ou indenização por danos morais a quem tenha sido vítima do assédio sexual, atribuindo às entidades sindicais e a outras associações autorizadas o poder de ajuizar ações na condição de representante da pessoa, vítima do assédio sexual, desde que haja o assentimento desta última. O transgressor estará sujeito a pena de até um ano de prisão, além de multa que poderá atingir 100.000 francos, nos termos do art. 416 do Código Penal, sem prejuízo da reparação trabalhista. Se o assediador for colega de trabalho, estará sujeito a sanção disciplinar.

---

(71) HUSBANDS, Robert. *Op. cit.*, p. 115.

(72) PASTORE, José e ROBORTELLA, Luiz Carlos A. *Assédio sexual no Trabalho. O que fazer?* São Paulo: Makron Books, 1998, p. 18.

(73) ROY-LOUSTAUNAU, Claude. Le droit du harcèlement sexual un puzzle législatif et des choix novatéurs. *Droit Social.* n. 6, juin. 1995, p. 547.

(74) ROY-LOUSTAUNAU, Claude. *Op. cit.*, p. 547.

A legislação francesa tem sido objeto de críticas, **por se restringir somente ao abuso de autoridade e a chantagem**, deixando fora de seu campo de aplicação outras formas de assédio sexual, como toques nas pessoas, linguagem sexista, insultos e o recurso à pornografia, com o objetivo de humilhá-las(75).

Afirma-se que o legislador **francês** negou uma tutela global da dignidade do trabalhador, enquanto direito fundamental da pessoa, e se limitou a disciplinar apenas uma das várias manifestações do fenômeno(76).

As razões apontadas para justificar essa posição do legislador francês são duas(77): **a primeira** justifica a opção do legislador em face da necessidade de conservar as relações mistas. A dificuldade de estabelecer uma nítida distinção entre o galanteio libertino, tolerado na França, e o comportamento que molesta teria induzido o legislador a não fornecer uma definição mais ampla de assédio sexual. Essa omissão produziu a dupla consequência de legitimar esse tipo de comportamento nos locais de trabalho, toda vez que não esteja configurado um abuso de autoridade, e vice-versa, no caso em que subsista, de considerar qualquer ato, também de feição não ofensiva, como manifestação de tal abuso. **A segunda justificativa** revela o temor de a França seguir o modelo de repressão de assédio sexual dos países anglo-saxônicos, em particular, dos EUA. Este país, com base em uma jurisprudência severa e à falta de legislação específica sobre a matéria, admite a prova "por probabilidade", na ausência de prova testemunhal. Isso significa que através da demonstração indireta da prática de atos similares, por parte do imputado ou do contexto no qual se consumou o assédio, os juízes consideram realizada a prova dos fatos denunciados.

À semelhança da França, a **Argentina** também se limitou a adotar o conceito de **assédio sexual por chantagem no serviço público**. A matéria é disciplinada pelo Decreto n. 2.385, de 18 de novembro de 1983, destacando-se na exposição de motivos que o assédio sexual é uma conduta reprovável capaz de manifestar-se no local de serviços, dentro ou fora da Administração Pública, afetando homens e mulheres. Assevera, ainda, que o assédio sexual, na visão da OIT, representa um problema para a saúde dos trabalhadores, merecendo atenção especial das políticas promotoras da igualdade.

Segundo o disposto no art. 1º, do Decreto n. 2.385, de 1993, o assédio sexual configura-se pela coação, assim considerada a ação de um funcionário que, no exercício de suas funções, se aproveite de uma relação hierárquica induzindo outrem a ceder às suas solicitações sexuais, haja ou não acesso

---

(75) *Revista Internacional del Trabajo*, Ginebra, 1993, v. 112, n.1, p. 6.

(76) POZZETTO, Gabriella. La tutela della dignità nei luoghi di lavoro: le molestie sessuali (l'ordinamento belga e quello francese). *Il diritto del lavoro*. Parte I. nov./dic. 94, ano LXVIII, p. 555.

(77) MOREAU, Marie Ange. A propos de l'abus d'autorité en matière sexuelle. *Droit Social* n. 2, fevrier 1993, p. 115.

carnal. As denúncias ou ações fundadas na configuração desta conduta poderão exercitar-se na forma do procedimento geral em vigor ou, por opção do agente, perante o responsável pela área de recursos humanos da respectiva jurisdição.

A Lei n. 77, de 1987, da **Nova Zelândia**, é uma das mais completas sobre a matéria, e, em seu art. 212, considera que um trabalhador foi vítima de assédio sexual no emprego, quando seu empregador ou representante legal lhe solicite relações sexuais, contato sexual ou qualquer outra forma de atividade sexual que compreenda: uma promessa implícita ou expressa ao trabalhador de outorgar-lhe um tratamento preferencial em seu emprego; uma ameaça implícita ou expressa ao trabalhador de infringir-lhe um tratamento prejudicial no emprego; uma ameaça implícita ou expressa ao trabalhador quanto à situação presente ou futura em matéria de emprego. O assédio configura-se, ainda, pela utilização de palavras (escritas ou faladas) de conteúdo sexual; ou por um comportamento físico de natureza sexual que implique conduta indesejável ou ofensiva, com caráter repetitivo ou de natureza significativa, com efeito prejudicial ao emprego, às prestações laborais ou à satisfação no trabalho. A referida lei dispõe que o assediador tanto poderá ser o empregador, um colega de trabalho ou cliente da empresa, e prevê o procedimento para a apresentação de reclamação. A legislação, à semelhança de outras do mesmo gênero, estipula que os empregadores deverão adotar medidas para impedir que o assédio se repita.

A **Itália** não possui uma legislação específica sobre o assédio sexual e na hipótese de ser aprovada uma das numerosas propostas de leis apresentadas pelo Parlamento, a partir de 1992, sob o prisma do Direito do Trabalho, ele vem sendo considerado sob quatro perfis: o primeiro diz respeito ao aspecto disciplinar, o segundo à repressão dos atos discriminatórios, o terceiro ao ressarcimento do dano e o quarto alude à disciplina coletiva[(78)]. A inserção do assédio sexual nos códigos disciplinares tem causado perplexidade, pelo fato de atribuir ao empregador um papel protetivo das mulheres nos confrontos com os homens, havendo perigo de um retorno à tutela do trabalho feminino, superada pela mais recente legislação. Outra crítica diz respeito ao fato de tornar-se a mulher objeto de um processo disciplinar, com o pernicioso efeito de uma dupla violência, segundo um procedimento típico do processo penal. Há ainda o aspecto do interesse do empregador a encanalizar o tema do assédio para o âmbito dos poderes disciplinares, com o fim de circunscrever o direito a não sofrer assédio à relação vítima-molestador e de sancionar a responsabilidade só deste último.

Além de tais aspectos, outras questões que vêm sendo ventiladas na Itália são atinentes à predeterminação da infração, à proporcionalidade da sanção e ao ônus da prova do assédio. No tocante à primeira, afirma-se que o Código disciplinar não precisa ter uma redação analítica e específica da

(78) A. CHIAVASSA-L. HOESCH. Lavoro femminile: normativa antidiscriminatoria e molestie sessuali. In: *RCDL*, 1992, n. 543.

casuística das infrações, mas é necessário que contenha um elenco esquematizado dos comportamentos puníveis, sendo desnecessário, entretanto, detalhes sobre as possíveis ações individualmente. É mister também que sejam indicadas as correspondentes sanções, segundo a maior ou menor gravidade da infração. Além disso, quanto à segunda questão, encontra aplicação o princípio de que a proporcionalidade da sanção constitui pressuposto de legitimidade do procedimento adotado. Nessa linha de ideias a jurisprudência italiana considerou legítima a dispensa por justa causa de um empregado que, fechando-se com uma colega, em uma loja, tentou abusar da mesma com violência(79). O assédio sexual poderá também legitimar uma transferência, por incompatibilidade ambiental. Segundo a doutrina italiana(80), o assédio sexual ocasiona danos à saúde da mulher e incide sobre a qualidade da prestação de serviços. Em consequência, impede que a mulher desfrute da igualdade de oportunidades, traduzindo forma de discriminação sexual, nos confrontos da qual podem fazer-se valer os instrumentos e técnicas inseridas na Lei n. 903, de 1977 e na Lei de 1991. A teor dessas leis, as dispensas, demissões, transferências e preterições verificadas por motivo de assédio sexual serão nulas. Já o ressarcimento do dano encontra respaldo legal nos arts. 2.043 e 2.049 do Código Civil Italiano, que preveem responsabilidade pelos danos advindos de ato ilícito do empregador e de seus prepostos no exercício das funções. Esses dispositivos são conjugados com o art. 2.087 do mesmo Código, que impõe a tutela à integridade psicofísica do empregado.

Entre os danos ressarcíveis encontra-se o dano moral, concretizado numa conduta delituosa prevista no art. 660 (molestamento), no art. 594 (injúria), art. 519 (violência carnal) e no art. 521 (atos violentos de libidinagem), todos do **Código Penal Italiano**. Compreende-se também como dano ressarcível, o dano biológico, isto é, o direito à saúde, entendido como bem-estar psicofísico da pessoa, considerada em si e na vida de relação: pelo primeiro, assevera a doutrina(81), responde só o autor do assédio, pois no que tange à conduta dolosa torna-se inaplicável o art. 2.049 do Código Civil, quando praticada por representante legal do patrão; pelo segundo, responde também o empregador (Tribunal Milão 19.6.93, *in* RCDL, 1994, 130).

O Código Penal **Brasileiro** incluiu o assédio sexual por chantagem no art. 216-A, pela Lei n. 10.224, de 15.5.2001, cujo teor é o seguinte: "Constranger alguém com o intuito de obter vantagem ou favorecimento sexual, prevalecendo-se o agente da sua condição de superior hierárquico ou ascendência inerentes ao exercício de emprego, cargo ou função."

Pelo que foi visto, os conceitos de assédio sexual revelam alguns aspectos coincidentes, entre os quais: comportamento com conotação sexual, não

(79) TATARELLI, Maurizio. *La donna nel rapporto di lavoro*. Cedam, 1994, p. 97.
(80) TATARELLI, Maurizio. *Op. cit.*, p. 98.
(81) TATARELLI, Maurizio. *Op. cit.*, p. 99.

desejado pela vítima e com reflexos negativos na sua condição de trabalho. A conduta do assediador compreende um comportamento físico ou verbal de natureza sexual, capaz de afetar a dignidade do homem ou da mulher no local de trabalho.

f. Sujeito. Homens. Mulheres. Pessoas do mesmo sexo

O sujeito ativo de comportamento configurador do assédio sexual, em regra, é o homem, e são afetadas, predominantemente, as mulheres, embora possa ser o contrário, mas em proporção muito menor. O assédio sexual poderá configurar-se, ainda, entre pessoas do mesmo sexo.

Geralmente, há uma relação de poder entre assediante e assediado, mas o assédio sexual poderá prescindir deste poder e configurar-se também entre colegas de trabalho[(82)], entre empregado e cliente da empresa e até mesmo entre empregado e empregador, figurando este último como vítima.

Ao assédio sexual praticado por companheiro de trabalho da vítima, intitula-se **assédio sexual ambiental**. Aqui o assediador está na mesma posição hierárquica da vítima.

É necessário saber a autoria do assédio, para delimitar as responsabilidades.

g. Situações e ocasiões propícias ao assédio sexual

Têm sido apontadas como ocasiões e situações mais propícias ao assédio sexual o momento da contratação, o fato de a mulher trabalhar sozinha em ambiente masculino ou quando ocupar empregos tradicionalmente masculinos, podendo também ser utilizado para boicotar a autoridade das mulheres com poder de mando[(83)].

h. Sanções

As leis civis e trabalhistas, em geral, consideram o assédio uma violação ao princípio da igualdade, à intimidade ou à dignidade da pessoa, consequentemente, o sancionam com o pagamento de indenização por dano material ou moral, nulidade da despedida com a resultante reintegração ou reparações devidas na hipótese de uma rescisão indireta do contrato de trabalho. A sanção pelo dano moral poderá também consistir em uma retratação ou desagravo público. Já as leis penais sancionam a prática do assédio sexual com multa ou prisão, frisando que o art. 216-A do Código Penal Brasileiro prevê a pena de detenção de um a dois anos.

---

(82) Investigação realizada pela União Geral de Trabalhadores, em 1987, em Madrid, assinala que a maioria dos sujeitos ativos do assédio sexual, é o companheiro de trabalho da mesma categoria profissional, o qual, em essência, reproduz no ambiente de trabalho a situação social de poder do homem. Entretanto, os tripulantes de cabines de passageiros e jornalistas declararam que seus chefes é que eram os autores do assédio. *Rev. Relasur*, n. 02, p. 37.

i. Medidas preventivas

O ideal seria evitar o assédio sexual através de medidas preventivas.

A lei costarriquenha de 1995 prevê medidas preventivas, entre elas, uma política interna que previna, desalente ou evite condutas de assédio sexual, estabelecendo procedimento interno adequado e efetivo para permitir as denúncias de assédio, garantindo o caráter sigiloso das reclamações. A mesma lei traça normas sobre procedimento judicial para sancionar o assédio sexual, após esgotadas as medidas administrativas. A competência para apreciar a matéria é da Justiça do Trabalho e a legitimidade para ajuizar a ação é da parte ofendida, salvo se menor de 15 anos, quando a demanda poderá ser proposta pelo representante legal.

A legislação da Nova Zelândia também prevê procedimentos especiais para a solução de queixas pessoais contra o empregador. Neste país, o empregado apresenta ao empregador uma reclamação por motivo de assédio sexual e este deverá, rapidamente, investigar os fatos e tomar medidas práticas para sanar a situação, quando a reclamação tiver fundamento. Se se repete o assédio ou se o empregador nada faz para que cesse o comportamento ensejador da queixa, considera-se que a falta configurou-se. A pessoa ofendida poderá nomear um representante, o sindicato ou um negociador para representá-la, os quais poderão indicar os pormenores do assédio e a reparação que se solicita, podendo, inclusive, submeter o assunto ao Tribunal do Trabalho, visando a mediação ou a decisão judicial(84).

No Brasil, o Sindicato das Secretárias do Estado de São Paulo lançou o *Manual Preventivo do Assédio Sexual*, contendo sugestões à semelhança do que está previsto nos regulamentos de pessoal das empresas americanas, entre as quais "o assediado deve inicialmente reclamar ao assediador, manifestando-se ofendido; em seguida, sugere-se escrever uma carta. Se nada disso funcionar, deverá apresentar provas e fazer uma denúncia ao superior imediato do assediador ou ao setor de recursos humanos. Só em última instância deve ir à Delegacia da Mulher"(85).

j. Efeitos

O principal efeito que o assédio sexual produz no contrato de trabalho é a sua dissolução através de pedido de demissão, de abandono de emprego, de rescisão indireta ou despedida por iniciativa do empregador, mormente se o assédio for por chantagem.

A desconfiança daí advinda gera o desequilíbrio no relacionamento, a queda na produtividade, e perdas econômicas para o assediado que acabará

(83) SERNA CALVO, Maria del Mar. *Op. cit.*, p. 38.
(84) HUSBANDS, Robert. *Op. cit.*, p. 131.
(85) PASTORE, José e ROBORTELLA, Luiz Carlos A. *Op. cit.*, p. 31.

por romper o liame empregatício, além das sequelas de ordem psíquica que poderá sofrer[86].

O comprometimento das promoções e as alterações contratuais *in pejus* constituem também consequência do assédio sexual, sem prejuízo de outros efeitos menos conhecidos e que estão relacionados com a saúde ambiental, os quais compreendem o absenteísmo, a baixa produtividade, as trocas de trabalho e as reclamações ao seguro-enfermidade[87].

Estudo realizado em meados da década de oitenta, pela Confederação Internacional de Organizações Sindicais Livres (CIOSL) sobre o assédio sexual, revelou que ele acarreta um ambiente de trabalho tenso e hostil, provocando dores de cabeça, de coluna e de estômago, além de insônia, depressão, falta de concentração e de interesse pelo trabalho, o que demonstra a correlação desta figura com a segurança, saúde, integridade física e moral das pessoas[88].

I. Elementos essenciais focalizados pela jurisprudência para a configuração do assédio sexual

Cumpre verificar nesse tópico como têm reagido os tribunais, em face das novas leis sobre a temática. Em geral, a jurisprudência invoca as leis nacionais e não as normas internacionais, para dar conteúdo concreto à proibição do assédio sexual no trabalho, o qual, em geral, vem sendo considerado pela jurisprudência uma forma de **discriminação ilícita, independentemente da intenção de discriminar.**

A legislação e a jurisprudência têm destacado como elemento essencial do assédio sexual que **o comportamento seja incômodo e que seja repelido**. Logo, só o repúdio manifesto a uma solicitação sexual ou a oposição declarada a uma atitude sexual ofensiva pode justificar uma ação judicial e não um simples galanteio, um elogio acompanhado de certas sutilezas comuns entre os povos, principalmente latinos, e às vezes até provocado pela pseudovítima. O fato de o assédio sexual partir de pessoas que já tiveram um relacionamento afetivo pode impedir o êxito de uma ação judicial, dada a dificuldade de se desincumbir do ônus da prova, mas não serve de obstáculo à configuração do assédio. E assim é que o Tribunal da Irlanda (Labour Court, 29 de junho de 1990, caso num. EED 901), em decisão considerada notavelmente progressista, condenou o empregador por assédio sexual contra uma empregada, ressaltando que uma relação sexual voluntária entre adultos havia acabado e

---

(86) GUTEK, Barbara A. *Sex and the workplace*, 1985 e PRYOR, John B. *The psychological impact of sexual harassment on women in the USA*, 1995, *apud* PASTORE, José e ROBORTELLA, Luiz Carlos A. *Op. cit.*, p. 18.
(87) SERNA CALVO, Maria del Mar. *Op. cit.*, p. 39.
(88) SERNA CALVO, Maria del Mar. *Op. cit.*, p. 39.

o consentimento inicial não justificava que se realizassem, posteriormente, atos semelhantes[89].

Muitos tribunais que têm examinado a matéria (Canadá, Estados Unidos, Reino Unido e Suíça) analisam o aspecto da aceitação sob o ponto de vista da "mulher sensata", pois os homens qualificam a conduta sexual de modo diverso[90] e, em geral, é aquela a maior vítima desse comportamento.

Outro aspecto que **tem sido desprezado** pela jurisprudência é **a reiteração da prática do assédio**, embora o termo, em inglês, pressuponha repetição. Aliás, o Tribunal do Reino Unido, no caso Bracebridge Engineering Ltd. x Darby, entendeu que um só incidente é suficientemente grave para se aplicar a lei contra discriminação sexual[91]. Aliás, a propósito, a legislação da Costa Rica assegura a possibilidade de o assédio sexual configurar-se pela prática de uma única conduta, desde que seja grave.

Nos **EUA** as decisões sobre o tema têm variado no transcurso de cada decênio[92].

Na **metade da década de 1970**, os tribunais de instância inferior adotavam uma postura conservadora, **negando-se a responsabilizar o empregador** pela conduta do superior hierárquico, ao **fundamento de que o assédio não obedecia à vontade da empresa**, mas a uma inclinação ou peculiaridade pessoal do assediador (caso Corne e De Vane x Bausch and Lomb, Inc., julgado pelo Tribunal Federal de Primeira Instância do Arizona).

Em seguida, a jurisprudência evoluiu e passou a entender que a dispensa de empregada por recusa **a propostas sexuais equivalia à discriminação sexual**, porque, "se não fosse mulher", a solicitação não seria feita; mesmo assim, a **jurisprudência exigia prova de que o assédio repercutiu na relação de emprego,** para considerá-lo discriminação ilícita (caso Barnes x Costle, que tramitou perante o Tribunal Federal de Apelação do Distrito de Columbia). **Já em 1981**, o mesmo Tribunal admitiu que o assédio sexual poderia caracterizar-se, **independentemente de demonstrar-se a perda de quantificável benefício de natureza trabalhista** (caso Bundy x Jackson).

O primeiro caso que chegou ao Tribunal Supremo dos EUA reconheceu a existência dos dois tipos de assédio sexual: **por chantagem e por intimidação,** exigindo apenas para a primeira hipótese prova de perda econômica (Caso Meritor Savings Bank, FSB x Vinson).

Em 1991, o Tribunal de Apelação de São Francisco deu ganho de causa a uma mulher que havia ajuizado uma ação pelo fato de não haver sido con-

---

(89) AEBERHARD-HODGES, Jane. *Op. cit.*, p. 562.
(90) HUSBANDS, Robert. *Op. cit.*, p. 120.
(91) AEBERHARD-HODGES, Jane. *Op. cit.*, p. 565. Todos os precedentes jurisprudenciais estrangeiros citados nesse tópico foram extraídos do artigo deste autor.
(92) AEBERHARD-HODGES, Jane. *Op. cit.*, p. 554.

sultada a respeito de uma sanção interna adotada pela empresa contra o seu assediador. Esta sanção implicava o afastamento temporário do centro de trabalho comum, com advertência ao assediador, de que não retornaria a assediar a vítima, sob pena de despedida, porém, o autorizava a voltar ao mesmo local de trabalho posteriormente. Esse caso introduziu o conceito de "apreciação razoável por parte da mulher" da conduta em questão, o qual era amplamente discutido nos meios universitários.

Também no **princípio da década de 1990**, avançou-se bastante na política pública contra o assédio sexual, tendo o Tribunal de Apelação da Califórnia reformado decisão arbitral, que autorizou a readmissão de um assediador, porque os efeitos do procedimento que conduziram à sua dispensa eram contrários à sistemática do processo negocial. O Tribunal de Apelação ressaltou a importância dessa política, decidindo afastar o respeito tradicional dos órgãos judiciais às condições negociadas nos contratos, e concluiu que, apesar do **defeito de procedimento**, a dispensa estava justificada (caso Strochmann Bakeries Inc. x Teamsters Local 776).

Mais tarde, **em 1993**, o Tribunal Supremo passou a entender que a **vítima** do assédio **não precisaria demonstrar nenhuma crise psicológica concreta**, para justificar a denúncia de assédio sexual. Essa decisão também serviu para voltar a aplicar a prova chamada da **pessoa sensata**, para decidir se uma conduta resultava improcedente (caso Harris x Forklift Systems Inc.). Essa decisão foi muito criticada, sob o argumento de que não evidenciava qual a conduta que poderia satisfazer o critério de severidade ou extensão, ressaltado no caso Meritor e também não constituía uma orientação suficiente para saber se uma conduta deve julgar-se segundo o que pensa uma pessoa sensata ou uma mulher sensata. A opinião dos Tribunais Federais preferiu esta última. Por outro lado, outros elogiavam a decisão, sob o fundamento de que poderia servir de modelo para outras jurisdições, que só agora começam a reconhecer o assédio sexual como causa que autoriza, por si só, a instauração de um processo.

Ainda nos EUA, o Tribunal de Apelação examinou, **em 1994**, um caso envolvendo a Universidade de Columbia e a demandante Karibian, reformando decisão de Primeira Instância favorável àquela. O Tribunal entendeu **que a empregada não estava obrigada a apresentar provas da existência real de perda econômica**, para obtenção de uma sentença favorável, na hipótese de assédio sexual por chantagem, ao fundamento de que a atenção deverá estar voltada para a conduta proibida. Sustentou que o empregador era responsável pela conduta do superior hierárquico, porque este atuava, manifestamente, com a autoridade que a empresa lhe delegou.

Observe-se que nos **EUA** casos recentes mostram uma tendência a pleitos envolvendo vultosas indenizações na hipótese de assédio sexual, havendo, entretanto, jurisdições obrigando as partes culpadas a adotar medidas que evitem a repetição desses incidentes, ao invés de somas em dinheiro. E assim é que no caso Robinson x Jacksonville Shipyards Inc. a demandante obteve ganho de causa, com ressarcimento dos custos legais e ao invés de uma indenização legal a empresa foi condenada a suprimir o assédio por mandado judicial, sendo obrigada a adotar medidas para controlar o local de trabalho nos navios, entre elas retirar ou tampar as fotografias colocadas a bordo.

Já no **Canadá**, a legislação trabalhista, tanto federal como estadual, tipifica o assédio sexual no trabalho como forma de discriminação, proibida pela legislação de direitos humanos do início da década de 1980. Um **aspecto peculiar** nesse país é o **recurso aos laudos arbitrais**, para fomentar o cumprimento da legislação sobre assédio sexual. Notam-se, entretanto, **aspectos paradoxais nesses laudos**. E assim é que, em determinada situação, o árbitro negou a reconhecer o assédio sexual, depois de admitir que o supervisor da empresa dizia que a mulher havia deitado com mais de um hóspede do hotel e que "acredita que abrindo-se as pernas poder-se-ia ganhar a vida" (caso Quality Inn x UFXW, Local 175). Em contrapartida, em outra situação (caso Chaw x Levac Supply Ltd.), um órgão de investigação de Ontário externou uma opinião mais ampla, ao afirmar que comentários negativos e ofensivos de caráter sexual, assim como o de que as mulheres deveriam permanecer em casa, cuidando dos filhos, constituem condutas equiparáveis ao assédio sexual.

Outra peculiaridade que merece destaque no Canadá é a de que as decisões arbitrais fundadas em convenções coletivas exigem, em muitas hipóteses, **que o ônus da prova da inexistência do assédio sexual recaia sobre o empregador**, levando ainda em consideração as **questões procedimentais**, como investigações internas completas e adequadas, possibilitando ao acusado ampla defesa.

Já na **Europa**, principalmente na **Espanha**, o assédio sexual é visto como **violação das obrigações do empregador em matéria de higiene e segurança no trabalho**. A título de exemplo, faz-se menção a uma decisão do Tribunal Superior da Justiça de Castilla — La Mancha — onde se afirmou que a incapacidade sofrida por uma empregada, devido a uma agressão sexual de um companheiro no local de trabalho, equivalia à capacidade laboral transitória derivada de acidente do trabalho e não a uma enfermidade comum, pelo que poderia solicitar indenização, com amparo do Estatuto dos Trabalhadores.

Na Austrália, informação fornecida pela Comissão de Direitos Humanos e Igualdade de Oportunidades revela que as denúncias têm sido resolvidas, com êxito, através da conciliação, mas dificilmente terminam com clara admissão de culpa pelas partes, firmando-se o compromisso de modificar ou reforçar as diretrizes empresariais em matéria relacionada com o assédio sexual. Entre as medidas adotadas nos atos de conciliação, muitas estão submetidas à Lei sobre direito à intimidade, de 1988, e não autorizam a prestar informações ao empregador sobre as denúncias individuais, salvo se a questão for levada à apreciação do Poder Judiciário.

A **Nova Zelândia**, como afirmamos, é o país que contém a legislação mais completa sobre assédio sexual; ela prevê um procedimento pormenorizado destinado a se ocupar dessas questões, onde o caráter confidencial é imprescindível, tanto para a vítima como para o autor.

Nos **países africanos de língua francesa**, não há registro de decisões judiciais sobre assédio sexual, com exceção do caso Koffi em Costa do Marfim. Entretanto, nos países africanos de língua inglesa, como a África do Sul, os casos são mais numerosos. Destacaremos aqui o caso Jv. M. Ltd., onde o Tribunal admitiu que o assédio sexual pudesse ser caracterizado, de forma ampla, abrangendo tanto aquele do tipo *quid pro quo*, como também o assédio ambiental, mas, no caso, reconheceu este último e, em consequência, autorizou a despedida do assediador, que anteriormente fora advertido pela prática de atos semelhantes.

No Japão, merece destaque uma decisão do Tribunal Civil do Distrito de Fukuoka, de abril de 1992, onde a autora, invocando o art. 14 da Constituição japonesa, que proíbe a discriminação, alegou que o empregador e um de seus diretores haviam criado um ambiente de trabalho hostil devido à sua conduta sexualmente ofensiva. A Justiça japonesa condenou a empresa ao pagamento de 1,65 milhões de yens, equivalente a aproximadamente, metade do valor postulado. O juiz admitiu que os dois tipos de assédio sexual haviam concorrido para a demissão forçada da autora. Também no Japão, em 1995, o Tribunal de Osaka condenou o presidente de uma empresa a pagar 1,5 milhões de yens por danos e prejuízos a uma jovem de 19 anos, a quem havia molestado, solicitando-lhe favores sexuais. Esta foi a primeira vez em que uma japonesa obteve ganho de causa, em face de postulação fundada em assédio sexual (*seku hara*, em japonês), sem que tivesse havido a existência de toques ou difamação.

No Brasil, decisão proferida pela 16ª Vara do Trabalho do Rio de Janeiro condenou a Fundação Real Grandeza (fundo de previdência privada de Furnas Centrais Elétricas) a pagar, à sua ex-empregada C., uma indenização de R$ 300.000,00, por danos morais resultantes de assédio sexual por chantagem, praticada pelo chefe de uma seção, com poderes de mando, sr. S. Na sentença, ressaltou-se que "mesmo que C. fosse uma messalina" ou mulher capaz de exibir-se para outro colega, "o faz na pujança de sua liberdade sexual" (cf. *Jornal Estado de Minas*, de 23.4.98). Salientou-se também que é um direito da mulher manter a sua dignidade, resistindo às investidas daqueles a quem tem nojo pessoal (cf. *Jornal do Brasil* de 25.4.98). A sentença justifica esse sentimento da vítima, ao argumento de "que não é papel de um homem subjugar pela força, tal como o mais retardado dos trogloditas, a mulher de seus desejos. Daí a revolta do assediante, que não mediu esforços em prejudicar a vida daquela que, para ele, tinha o dever de se submeter a seus caprichos libidinosos e execráveis" (*Jornal do Brasil*, 25.4.98).

m. O assédio sexual e o ordenamento jurídico brasileiro

O assédio sexual implica violação de alguns direitos fundamentais, entre eles, o direito à igualdade e à intimidade. Embora o assédio sexual possa ter como sujeito ativo as mulheres, ou pessoas do mesmo sexo, as pesquisas demonstram que estamos diante de uma forma de discriminação indireta, em razão de sexo. Sob essas perspectivas, o assédio sexual implica violação ao art. 5º, I e X e art. 7º, XXX, da Constituição da República Federativa do Brasil, que é um Estado Democrático de Direito, tendo como um dos fundamentos a dignidade da pessoa humana (art. 1º, III).

O ideal teria sido uma estrutura legislativa trabalhista de âmbito federal, contendo um conceito de assédio sexual que abranja não só o assédio sexual por chantagem, mas também aquele verificado por intimidação, com previsão da responsabilidade do empregador, de qualquer superior **hierárquico ou colega de trabalho** do empregado e até mesmo de **cliente do estabelecimento.**

n. Responsabilidade

Na hipótese de o **assédio sexual por chantagem** ser praticado **por prepostos (gerente, supervisor, etc.) do empregador**, a legislação de alguns países (Austrália, Canadá, EUA, Reino Unido e Nova Zelândia) considera este último responsável solidário, por ter delegado poderes para aquele tomar decisões que afetem a situação do empregado no ambiente de trabalho, com efeitos tangíveis.

Já quando o **assédio é por intimidação**, divergem os legisladores. Nos EUA o empregador só será responsável solidariamente se estiver presente no momento, ou devesse estar presente e não impediu o assédio, tampouco tomou as medidas corretivas oportunas.

Na Nova Zelândia, **a responsabilidade solidária do empregador** se impõe em ambas as modalidades de assédio (tanto por chantagem como por intimidação) **praticado pelos seus prepostos**, por lhe ter delegado autoridade, ainda que não esteja em jogo um benefício econômico tangível. Afirma-se que a possibilidade de o substituto do empregador "criar um ambiente de trabalho sexualmente intimidante e opressivo é muito maior do que quando o assediador é um companheiro de trabalho ou pessoa alheia à empresa", devido à delegação de poderes pelo empregador[93].

A solidariedade do empregador prevista na lei da Nova Zelândia **nos parece a melhor solução**, mormente se considerarmos a tendência do Direito do Trabalho, no Brasil, a responsabilizar o empregador pelos atos de seus prepostos, como se infere do art. 843, § 1º, da CLT. Aliás, mesmo antes da CLT, o art. 1.521, III, do Código Civil, já responsabilizava o empregador pelos atos de seus empregados, serviçais e prepostos, no exercício do trabalho que lhes competia ou por ocasião dele, abrangendo, inclusive, as pessoas jurídicas que exerciam

(93) HUSBAND, Robert. *Op. cit.*, p. 126-127.

exploração industrial. Trata-se de culpa presumida, que consiste na infringência da "obrigação de segurança" perante os que sofram prejuízos por atos praticados pelos prepostos do empregador(94). Ocorre que completando o art. 1.521, III, diz o art. 1.523 que essa responsabilidade do Código Civil só poderá ser imputada ao empregador na hipótese de ter ele concorrido culposamente para o dano. Se "interpretarmos literalmente os dois dispositivos, há antinomia entre eles, pois se concluísse que a vítima deveria provar a concorrência de culpas, do patrão e do preposto, o art. 1.521 seria inútil; a presunção por ele gerada estaria elidida"(95). Como são inadmissíveis contradições entre dispositivos do mesmo Código, a doutrina e a jurisprudência procuram conciliá-los, argumentando que o art. 1.521 do Código Civil encerra uma presunção relativa de culpa, que poderá ser elidida por prova em contrário, produzida por aquele cuja culpa é presumida, no caso o empregador(96). Veja-se, a propósito, ainda, a Súmula n. 341 do STF, quando dispõe: "É presumida a culpa do patrão ou comitente pelo ato culposo do empregado ou preposto".

A função da responsabilidade é reparar a vítima e servir como sanção, a qual se funda na culpa (responsabilidade subjetiva) e no risco (responsabilidade objetiva), traduzindo essa última uma reformulação da teoria da responsabilidade civil, dentro de um processo de humanização. Considerando-se a extensão da responsabilidade, que se amplia no tocante ao número de pessoas responsáveis pelos danos e admitindo-se a responsabilidade por fato próprio e indireta por fato de terceiro, fundada na ideia da culpa presumida, entendemos que o empregador deve ser responsável solidariamente pela indenização por dano material ou moral, na hipótese de o assédio sexual ser cometido pelos seus prepostos, em face da culpa *in eligendo* e/ou *in vigilando*, ou seja, da má escolha ou insuficiente fiscalização.

Já quando o assédio é **praticado por colega de trabalho** do empregado **ou cliente** do estabelecimento, a responsabilidade do empregador, no tocante à indenização, também se impõe, mas de forma **subsidiária**, por ser ele o titular do poder diretivo e assumir os riscos do empreendimento econômico, nos termos do art. 2º da CLT. Logo, deverá zelar, não só pela organização técnica, como também pela boa ordem na empresa, onde deverá existir um padrão mínimo de moralidade e de garantia pessoal. O respeito ao direito à intimidade dos trabalhadores é manifestação dessa garantia pessoal.

Se **o autor do assédio é o empregador ou outro superior hierárquico, o empregado poderá postular a rescisão indireta** do contrato de trabalho. Em ambas as situações, o **pleito versará também sobre indenização por dano material ou moral**, dada a violação do direito à intimidade, assegurado no art. 5º, X, da Constituição Federal(97).

(94) SERPA LOPES. *Curso de Direito Civil*. 2. ed.

(95) MONTINGELLI, Antônio Disney. Da responsabilidade civil dos pais, patrões e outros (algumas considerações sobre os artigos 1521 e 1523 do Código Civil); *Revista de Jurisprudência do Tribunal de Justiça do Estado de São Paulo*, v. 70, 1981, p. 23).

(96) Orlando Gomes. *Obrigações*. 2. ed.

(97) "**Assédio sexual. Danos morais. Configuração.** Devida é a indenização por danos morais quando demonstrado o comportamento absolutamente impróprio do gerente que, em evidente abuso de autori-

Considerando o assédio sexual sofrido pelo empregado como causa de despedida indireta, em qual ou quais das alíneas do art. 483 da CLT estaria enquadrado?

Entendemos que a falta se situa tanto na alínea "d", como na alínea "e" e "c" do art. 483 da CLT.

Isto porque uma das principais obrigações do empregador é zelar pela segurança e decência no local de trabalho, preservando o respeito à vida privada do empregado. Logo, sendo o assédio sexual uma violação desse dever, enquadra-se a conduta faltosa na alínea "d" do art. 483 da CLT.

Veja-se, a propósito, a doutrina nacional:

"... Sendo o empregador a pessoa que admite, assalaria e dirige a prestação pessoal de serviços (para usarmos os estritos termos da CLT, art. 2º, *caput*), há de ter ele uma maneira de proceder em relação ao empregado(a), que deve respeitar a dignidade e a privacidade de seu dependente, não o sujeitando a situações constrangedoras, sob pena de violar o contrato"[(98)].

"Constituem igualmente obrigações do empregador: ... 3) Garantia de moralidade no trabalho e no ambiente de trabalho"[(99)].

A doutrina francesa[(100)] é na mesma linha de ideias, quando arrola entre os deveres do empregador: tratar humanamente o assalariado e respeitar sua vida privada, obrigação geral de segurança.

Considerando-se que o assédio sexual poderá enquadrar-se também como injúria, que é um dos crimes contra a honra, ele situa-se ainda na alínea "e" do art. 483 da CLT, ou seja, ato lesivo da honra do empregado e de sua boa fama, posto que a figura faltosa magoa o trabalhador na sua dignidade pessoal.

E se não bastasse, tendo em vista que do assédio sexual podem resultar sequelas de ordem psíquica, como analisamos no decorrer desse estudo, vista sob esse prisma a falta poderá enquadrar-se na alínea "c" do art. 483, que autoriza a rescisão indireta, quando o empregado sofrer perigo manifesto de mal considerável.

Ainda sob o prisma do Direito do Trabalho, **se o assédio é de iniciativa de um empregado em relação a outro colega ou ao empregador**, o autor

---

dade e valendo-se de sua posição hierarquicamente superior, pressionava a Obreira de forma reiterada, no horário do expediente e na presença dos demais empregados, com o fim de obter favores de natureza sexual. Recurso parcialmente provido, apenas para reduzir o valor da indenização." TRT — 10ª Região — RO-00899-2005-004-10-00-4- (Ac. 1ª T./06). Rel.: Juiz Oswaldo Florêncio Neme Júnior. **DJU3 5.5.06**, p. 24.

(98) CARDONE, Marly. O assédio sexual como justa causa. *Repertório IOB de Jurisprudência*. 1ª Quinzena de dezembro de 1994, n. 23/94, p. 391.

(99) DONATO, Messias Pereira. *Curso de Direito do Trabalho*. 3. ed. São Paulo: Saraiva, 1979, p. 184.

(100) VERDIER, Jean-Maurice. Dalloz: *Droit du Travail*, 1990, p. 209.

estará sujeito às sanções disciplinares inclusive à dispensa, pela prática de justa causa em face da incontinência de conduta ou mau procedimento[101].

Se, todavia, houver **acusação falsa de assédio sexual**, seu autor estará sujeito às sanções alusivas à calúnia, injúria ou difamação e sujeitar-se-á às sanções criminais. A sanção recíproca evita atitude irresponsável, com o propósito exclusivo de angariar vultosas indenizações.

A legislação sobre a temática dever-se-á ater aos aspectos culturais de nosso país e dispor sobre um conceito que abranja não só o assédio sexual por chantagem, mas também por intimidação, onde poderá estar compreendido o assédio ambiental, além dos meios de prevenção, sanções recíprocas e responsabilidade solidária do empregador na hipótese de o autor do assédio ser um de seus prepostos e subsidiária se for um outro empregado ou cliente da empresa, devendo prever, ainda, os procedimentos aplicáveis.

Concluindo, cumpre frisar que, para se combater o assédio sexual, não basta um instrumento legislativo avançado que, sem dúvida, poderá ter, a par do cunho punitivo, um caráter pedagógico, mas é necessária também uma profunda modificação nas relações humanas, na mentalidade dos homens e das mulheres.

---

(101) "Justa causa. Mau procedimento. Constitui justa causa para a dissolução do contrato laboral a violação não consentida da privacidade de uma colega de trabalho". TRT 12ª Região, Proc. RO 596/85, julgado em 12 de novembro de 1985. Rel.: Juiz Câmara Rufino. TEIXEIRA FILHO, João de Lima. *Repertório de jurisprudência trabalhista*, v. 5, p. 684. No mesmo sentido:
"Constitui justa causa o assédio sexual entre colegas de trabalho quando um deles causa constrangimento, é repelido, descambando o outro para a vulgaridade e as ameaças, em típica má conduta". TRT — 5ª Região, RO 009892722-50. Ac. 3ª T. 4.613/92, 7 de julho de 1992, Rel.: Juiz Ronald Souza. *Revista LTr*, São Paulo: mar. 1993, n. 57, p. 318.

CAPÍTULO V

Prova

1. A utilização de provas obtidas por procedimentos ilícitos

O direito à preservação da intimidade, consagrado em preceito constitucional (art. 5º, X), deverá ter os seus limites estabelecidos não só no campo do direito material, mas também do direito processual. Daí se infere que a busca à verdade deverá se verificar compatibilizando a preservação do direito à intimidade, com o poder conferido ao juiz de determinar as provas necessárias à instrução do processo (art. 130 do CPC), de interrogar as partes sobre "os fatos da causa" (art. 342 do CPC), de ordenar a exibição de documento ou coisa em poder dos litigantes ou de terceiros (art. 355, 361 e 362 do CPC), de inspecionar pessoas ou coisas (art. 440 do CPC). Serão indeferidas as diligências inúteis ou meramente protelatórias (art. 130 do CPC).

Certamente, em determinadas situações, "o direito à preservação da intimidade terá de ceder ao sacrifício de se realizar o objetivo do processo"... [(1)]. Competirá ao juiz, através do bom senso, fixar critério, "onde poderão ser pesados e medidos os interesses em conflito e comparados com o grau necessário de se penetrar na intimidade das pessoas"[(2)]. Por outro lado, por força do disposto no art. 363 do CPC, a parte ou terceiro poderão se escusar de exibir em juízo documento ou coisa, em face da tutela do direito à honra e à intimidade. A parte poderá também deixar de depor nas hipóteses contempladas no art. 347 do CPC e as testemunhas quando, por estado ou profissão, devam guardar sigilo (art. 406 do CPC, II) ou quando o fato lhe acarrete grave dano.

Questão que já suscitou muita controvérsia diz respeito à utilização de provas obtidas por procedimento ilícito.

Distingue a doutrina entre prova **ilícita e ilegítima,** sendo a **primeira** obtida com violação a norma de direito material, geralmente em fase pré-processual ou extraprocessual, e sendo a **segunda** contrária à lei processual, apurada por ocasião da produção da prova no processo.

O art. 5º, LVI, da Constituição Federal do Brasil de 1988 considera "inadmissíveis, no processo, as provas obtidas por meios ilícitos".

---

(1) DELGADO, José Augusto. Alguns aspectos controvertidos no processo de conhecimento. *Revista dos Tribunais*, n. 664, fevereiro de 1991, p. 31.
(2) DELGADO, José Augusto. *Op. cit.*, p. 31.

Na mesma diretriz, o Código de Processo Civil já vedava o uso no processo de meios "moralmente ilegítimos".

Quando a legislação veda a utilização de prova obtida ilicitamente, o seu objetivo é, antes de tudo, exigir da parte que aja de acordo com a ética, preservando a garantia à intimidade.

Em geral, o principal problema relativo à prova obtida ilicitamente situa-se no terreno das comunicações telegráficas e telefônicas.

E os tribunais(3), em consonância com a doutrina(4), têm repudiado estes meios de prova obtidos de **forma ilícita**.

Por força de preceito constitucional, não é possível utilizar provas obtidas por procedimentos ilícitos, salvo excepcionalmente, para fins de investigação ou instrução penal. É, aliás, o que emerge do art. 5º, XII, do texto constitucional, quando considera "invioláveis as comunicações telefônicas, salvo no último caso, por ordem judicial, nas hipóteses e na forma que a lei estabelecer para fins de investigação criminal ou instrução processual penal".

Entendeu o Supremo Tribunal Federal (STF), ao julgar, em 9 de maio de 1996, o *habeas corpus* 73.351-4, de São Paulo, que o chamado "grampo" não poderá ser admitido sem a edição de lei definidora das hipóteses e da forma indicada no art. 5º, inciso XII, da Constituição Federal. Logo, nem sequer o juiz poderá autorizar a interceptação de comunicação telefônica para fins de investigação criminal, dependendo de lei complementar para legitimar a escuta telefônica.

A matéria é controvertida, comportando interpretação diversa de outros tribunais, como, por exemplo, do Tribunal de Justiça de São Paulo (6ª Câmara Criminal); argumentaram, em processo envolvendo tráfico de drogas, que "a escuta telefônica teve em mira investigação criminal acerca do gravíssimo delito de tráfico ilícito de cocaína; houve autorização judicial para a escuta telefônica; a hipótese é prevista no Código Brasileiro de Telecomunicações (Lei n. 4.117/62)". O Tribunal de Justiça esclareceu que a própria Constituição remeteu a legalidade da interceptação aos ditames da lei ordinária que já

---

(3) "A gravação magnética de ligação telefônica, feita clandestinamente, não é, evidentemente, lícita, nem moralmente legítima e, por isso, sob pena de violar direito individual assegurado constitucionalmente, não pode ser admitida como prova." (TJSP, AI n. 146.696, Rel. Des. Melo Júnior, Ac.27.6.91. *Revista dos Tribunais*, 674/109).
No mesmo sentido pronunciou-se a jurisprudência trabalhista: "A gravação em fita magnética de conversa telefônica não serve como prova porque a Constituição assegura a inviolabilidade das comunicações telefônicas, ressalvados apenas os casos em que há expressa autorização judicial e somente em investigações criminais ou instrução penal. O conteúdo da comunicação deve permanecer restrito às partes nela envolvidas, com o que se veda, como decorrência lógica, a gravação clandestina dessa comunicação e a sua posterior divulgação". (TRT — 9ª Região. RO 479/91, 1ª T. 28.8.91, DJ-PR-11.10.91, Rel.: Juiz Tobias de Macedo Filho). In: PRUNES, José Luiz Ferreira. *Justa causa e despedida indireta*. Curitiba: Juruá, 1995, p. 360.

(4) THEODORO JÚNIOR, Humberto. A gravação de mensagem telefônica como meio de prova no Processo Civil..*Boletim Técnico*, Belo Horizonte, v. 1, jan. 1994, p. 11-22.

existia. Se assim não fosse, outra seria a redação do texto maior, como por exemplo: "...nas hipóteses e na forma que a lei estabelecerá" (*Jornal Tribuna do Direito*. julho de 1996, ano 4, n. 39, p. 9).

E, finalmente, para solucionar a controvérsia, editou-se a Lei n. 9.296, de 24 de julho de 1996, regulamentando o inciso XII, parte final do art. 5º da Constituição Federal. A referida lei considera crime, punível com reclusão de dois a quatro anos e multa, a interceptação das comunicações telefônicas, de informática, telemática, quebra de segredo de justiça, sem autorização judicial ou com objetivos não autorizados em lei. A legislação em exame admite a interceptação referida pelo juiz, de ofício, a requerimento da autoridade policial ou do representante do Ministério Público, na investigação criminal e na instrução processual penal. Não caberá a interceptação de comunicação telefônica quando: inexistirem indícios razoáveis da autoria ou participação em infração penal; a prova puder ser feita por outros meios, ou o fato investigado constituir infração penal, punida, no máximo, com pena de detenção. Excepcionalmente, o juiz permitirá que o pedido seja verbal, desde que atendidos os pressupostos autorizadores da interceptação; a concessão será condicionada à sua redução a termo. O juiz pronunciar-se-á, no prazo máximo de vinte e quatro horas, sobre o pedido, em decisão fundamentada, sob pena de nulidade, indicando a forma de executar a diligência, que não excederá de quinze dias, renovável por igual período, quando comprovada a indispensabilidade da medida como meio de prova. Deferido o pedido, a autoridade policial conduzirá os procedimentos, ciente o Ministério Público, que poderá acompanhar sua realização; cumprida a diligência, o resultado da interceptação será encaminhado ao juiz em auto circunstanciado, contendo o resumo das operações realizadas. A interceptação a que se refere essa lei correrá em autos apartados, apensados aos autos do inquérito policial, antes do relatório da autoridade ou na conclusão do processo criminal ao juiz, para o despacho decorrente do disposto nos art. 407, 502 ou 538 do CPP, preservando-se o sigilo das diligências, gravações e transcrições respectivas. A gravação que não interessar será inutilizada por decisão judicial, durante o inquérito, a instrução processual, ou após esta, em virtude de requerimento da parte interessada ou do Ministério Público, o qual assistirá à inutilização, sendo facultada a presença do acusado ou de seu representante legal.

2. A omissão ou a apresentação de respostas inexatas a perguntas indiscretas

Pelo que ficou exposto neste trabalho, entendemos que o empregado poderá negar-se a responder a perguntas indiscretas, como até mesmo ocultar fatos que não apresentem relevância para a tarefa que for executar. Poderá ocorrer, entretanto, que o interesse de alguém em preservar as múltiplas facetas de sua esfera íntima entre em conflito com interesses de outros membros da coletividade e do próprio Estado, devendo-se sopesar os valores em jogo, para decidir, conforme as circunstâncias, qual deles deverá ser sacrificado[5].

Sob o prisma da atividade processual, a esfera íntima sofre ameaças, principalmente das partes e das testemunhas, expondo-as. Entretanto, a parte está desobrigada "de prestar depoimento sobre fatos criminosos ou torpes que lhe forem imputados" e sobre fatos a cujo respeito, por estado ou profissão, deva guardar sigilo (art. 347, I e II do CPC); a testemunha poderá negar-se a responder sobre fatos que lhe acarretem dano ou que devam guardar sigilo, pelas razões já mencionadas (art. 406 do CPC).

3. O registro de dados em aparatos eletrônicos obriga a certas precisões ou distinções

a) em matéria de dar conhecimento de fatos referentes a cada pessoa, cujos dados se tem incorporado?

b) em matéria de retificações dos dados que se consideram equivocados?

c) em matéria de eliminação de dados obtidos ilicitamente?

d) em matéria de difusão para outros bancos de dados? Ou para outras empresas? Ou para outros sistemas de computação?

3.1. Dados sobre empregado em arquivos e sua comunicação a outras empresas ou a algum centro de recoleção de dados

3.2. Utilização como prova de terceiros de dados contidos em um computador ou arquivos

3.3. Disposição processual que favoreça a defesa da intimidade do empregado

As leis sobre proteção de dados dos países podem ser agrupadas em "três gerações"[6]: no **primeiro grupo**, as leis impõem limites para a criação de fichários e recolhimento de dados, como também estabelecem órgãos específicos de vigilância; incluem-se, nesse grupo, a lei alemã de 7 de outubro de 1970 (*Land de Hesse*), primeira a disciplinar fichários de dados automatizados que utilizavam os serviços administrativos do *Land*, sucedida por outra, a Lei de Hesse, de 27 de janeiro de 1977, que estendeu o âmbito de aplicação aos fichários privados, sejam eles informatizados ou não. A legislação alemã sobre a temática obteve nova redação em dezembro de 1990. Ela prevê uma espécie de *ombudsman*, que vela pelo cumprimento da lei e recebe as quei-

---

(5) MOREIRA, José Carlos Barbosa. *Temas de direito processual.* 2. ed. São Paulo: 1988, p. 4.

(6) PÉREZ LUNO. Los derechos humanos en la sociedad tecnológica. *Cuadernos y Debates*, 21, Centro de Estudios Constitucionales. Madrid. 1989, p. 145-152. No mesmo sentido: ORTI VALLEJO, Antonio. *Derecho a la intimidad e informática.* Granada: Comares, 1994, p. 12.

xas dos cidadãos, no âmbito dos fichários públicos, e um técnico, sem vinculação com a empresa titular do fichário, mas nomeado por ela, para zelar pelos fichários privados, o que tem sido objeto de críticas, com o argumento de que se confia a tutela dos dados a quem precisamente poderá cometer abusos(7). Incluem-se, ainda, nesse primeiro grupo, a lei sueca (Data Lag), de 11 de maio de 1973, e a lei dinamarquesa, de 18 de junho de 1978.

A **segunda** geração de leis caracteriza-se por conterem normas mais abertas, nas quais há uma preocupação em tutelar a intimidade da pessoa, mas também as informações sensíveis, que têm imediata incidência sobre a vida privada e sobre o exercício da liberdade. Começa, portanto, a introduzir-se maior liberdade na criação de fichários de dados pessoais e, em contrapartida, outorgam-se mais garantias ao direito das pessoas de conhecer seus dados contidos em fichários e o direito de retificar ou cancelar as informações inexatas ou indevidamente processadas. Nesse grupo, incluem-se a lei norte-americana (Privacy Act, de 31 de dezembro de 1974), a francesa, de 6 de janeiro de 1978, a norueguesa, de 9 de janeiro de 1978, a de Luxemburgo, de 30 de março de 1979, a suíça, de 16 de março de 1981, entre outras. A lei norte-americana só se aplica aos fichários públicos, da Administração Federal, e não estabelece órgão de controle.

Finalmente, o **terceiro** grupo de leis tem início com os textos internacionais, pois de nada adiantaria a tutela desses dados se, ultrapassada a fronteira do país, eles poderiam ser manipulados livremente por outros, onde inexista a mesma tutela ou é ela insuficiente(8). Nesse sentido, editou-se a Convenção n. 108, do Conselho da Europa, em Estrasburgo, em 28 de janeiro de 1981, sobre proteção das pessoas com respeito ao tratamento automatizado de caráter pessoal. O preâmbulo dessa Convenção deixa evidente que a finalidade que se persegue é proteger a vida privada e a liberdade das pessoas, reafirmando, ao mesmo tempo, o compromisso em favor da liberdade de informação. Nesse terceiro grupo, inclui-se a lei inglesa, de julho de 1984, a qual não se estende aos fichários manuais, prevendo códigos de conduta, com normas deontológicas relativas ao manejo dos fichários e tratamento de dados, pretendendo, com isso, promover um sistema de autoregulamentação das empresas e dos profissionais que impeça se torne a lei obsoleta, mormente se considerarmos que o campo informático está em permanente evolução. Nesse grupo incluem-se, ainda, a lei portuguesa, de 20 de abril de 1991, e a lei espanhola (LORTAD), de n. 5, de 29 de outubro de 1992.

Devido ao inconveniente provocado pela constante renovação da informática, o ideal é que a legislação regulamentadora dessa temática cinja-se a princípios.

---

(7) PÉREZ LUNO, *Op. cit.*, p. 146 e nota 12.
(8) ORTI VALLEJO, Antonio. *Op. cit.*, p. 16.

No Brasil, a Lei n. 7.232, de outubro de 1984, dispõe sobre política nacional de informática, e em seu art. 2º, VIII, prevê mecanismos e instrumentos legais para a proteção do sigilo dos dados armazenados de interesse da privacidade das pessoas. E, no item seguinte, prevê "mecanismos e instrumentos para assegurar a todo cidadão o direito ao acesso e à retificação de informações sobre ele existentes, em bases de dados públicos ou privados."

A par desses direitos, deveriam constar a eliminação de dados conseguidos ilicitamente e a proibição de transmissão de dados obtidos pelo empregador a terceiros.

Por outro lado, o Judiciário não poderá abdicar dos meios que a tecnologia oferece para documentar fatos e eventos, mas os dados constantes de aparatos eletrônicos, para terem eficácia probatória em juízo, devem ser lícitos quanto à sua origem e sujeitos à perícia aferitória de sua autenticidade, caso não admitida pela pessoa contra quem foi produzida.

Salientamos, de início, que o ideal seria o registro em aparatos eletrônicos apenas de dados relevantes para a relação trabalhista, mas nem sempre isso ocorre, e registram-se dados pessoais.

O consentimento para a divulgação desses dados pessoais deverá ser explicitado em documento hábil. Logo, não pode o empregador revelar aspectos da vida privada de seus empregados, nem dar informação a terceiros, a outra empresa ou a centro de recoleção de dados sobre os bens, vencimentos, rendas do trabalhador, nem sobre sua vida particular e familiar(9). Tampouco poderá permitir sejam esses dados extraídos de aparatos eletrônicos ou outra forma de registro, cujos responsáveis também deverão manter sigilo acerca desses dados.

A jurisprudência brasileira(10) registra a procedência de ação ajuizada por empregado reivindicando reparação por prejuízos advindos "do dano moral que sua ex-empregadora lhe infligiu, prestando informações desabonadoras sobre sua pessoa às empresas perante as quais ele buscou emprego". A reclamada, através de carta de apresentação juntada aos autos, informou a uma empresa, interessada nos serviços do autor, que este, "apesar de ter recebido todos os seus direitos, reclamou na Justiça do Trabalho, cujo processo continua em andamento".

Entendeu o Tribunal que a reclamada apresentou o empregado "como um litigante temerário", "escamoteando a verdade com o objetivo de prejudicá-lo", pois, na realidade, a ação que havia ajuizado contra a empresa informante fora procedente, e tanto é assim que já estava em fase de execução.

---

(9) SZANIAWSKI, Elimar. *Op. cit.*, p. 196.

(10) Acórdão TRT 3ª Região, RO 18.532/93, 1ª T. Relator: Juiz Aroldo Plínio Gonçalves, julgado em **7.2.1994**. *Revista LTr* 58-4/434.

Reconheceu a 1ª Turma do Tribunal Regional do Trabalho da 3ª Região que a reclamada causou ao reclamante um dano moral gerador de consequências práticas, pois, além de violação da sua honra e boa fama, o autor teve cerceada a liberdade de exercer o seu ofício. Ressaltou o mesmo Tribunal que "a violação dos direitos da personalidade não pode ser plenamente reparada, pois o direito não tem o poder de reverter o tempo para impedir os efeitos da lesão consumada. No direito positivo, não há consequência legal capaz de evitar ou de anular os efeitos da dor moral sofrida pela injustiça cometida. A dor da injustiça não tem reparação, o desespero sofrido pelo empregado com a situação de desemprego não pode ser anulado e a angústia experimentada ante à incerteza do futuro, gerada pela imagem injustamente denegrida, não pode ser apagada. Entretanto, embora não tenha o poder de recompor o *status quo* ante a lesão, porque não pode alterar o tempo e reverter o que ficou definitiva e indelevelmente marcado e inscrito no passado, o direito contém medidas capazes de reparar os efeitos materiais do dano moral suportado pelo reclamante e de fazer cessar a violência cometida contra seus direitos. Os reflexos patrimoniais do dano moral se materializaram nos prejuízos pecuniários que podem ser avaliados e ressarcidos".

Em conseqüência, foi a reclamada condenada a pagar ao reclamante indenização pelos danos causados desde a despedida até à época em que se manifestaram os prejuízos sofridos, devendo, ainda, expedir cartas às empresas referidas nos autos, dando boas referências do reclamante, fornecendo ao autor carta de apresentação, registrando os seus bons antecedentes e bons serviços prestados.

No mesmo sentido, pronunciou-se o TRT da 4ª Região, como se infere da seguinte ementa:

> "Indenização por ato ilícito; quando se justifica o seu deferimento: caso em que o empregado, rescindindo o seu contrato, encontra dificuldades na obtenção de novo emprego em virtude de informações desabonadoras fornecidas por escrito pela reclamada à empresa na qual o reclamante buscou nova colocação no mercado de trabalho. Hipótese em que a reclamada, questionada a veracidade de suas informações, nada comprova a respeito. Quando tem incidência a regra do art. 159 do Código Civil. Pretensão do empregado a que se dá acolhida". (TRT — 4ª Região, 1ª T., **9.8.89,** Rel.: Juiz Antônio Salgado Martins, *Rev. LTr,* v. 54, 5/90, p. 574/575).

Ocorreu, em ambos os precedentes jurisprudenciais, violação do direito à honra do trabalhador.

No Brasil, aquele que teme violação de sua intimidade por particular não dispõe de um meio de tutela eficaz. O ideal seria a via preventiva, capaz de impedir a realização do dano, pois, uma vez verificado, o prejuízo é irreparável.

As disposições processuais que favorecem a defesa da intimidade, **em geral**, são: a ação declaratória (art. 4º, n. I, do CPC), com reduzida força intimidativa; a ação de condenação a não fazer (a não praticar o ato lesivo) a que se refere o art. 287 do CPC, e que seria mais eficaz se a "pena pecuniária" fosse cominada para a eventualidade de descumprimento do preceito, e não apenas para o "descumprimento da sentença". E, já fora da esfera preventiva, situa-se a ação de condenação ao desfazimento, quando possível, ou à cessação do ato lesivo e a ação de reparação do dano por ele causado, as quais são, em princípio, cumuláveis[11].

4. Consequências, caso se comprove que a despedida de um empregado obedece a uma causa que represente um atentado ao direito à intimidade

No que tange ao empregado, não há disposição legal específica que proteja o seu direito à intimidade, podendo recorrer à despedida indireta (art. 483, "a" e "e" da CLT), ou, sendo ele portador de algum tipo de estabilidade ou garantia de emprego, à reintegração, caso inexista incompatibilidade entre as partes capaz de impedir o prosseguimento do vínculo empregatício, sem prejuízo da indenização por danos morais assegurada no art. 5º, X, da Constituição de 1988. A jurisprudência tem autorizado a reintegração também quando comprovado o exercício abusivo do direito de despedir, mormente se infringir as convicções filosóficas ou políticas[12], das quais o direito à intimidade é o alicerce. Veja-se, a propósito, o que escrevemos no Capítulo IV a respeito da violação à consciência moral e cívica do empregado.

---

(11) MOREIRA, José Carlos Barbosa. *Op. cit.*, p. 7.

(12) "**Direito potestativo de resilir o contrato. Abuso.** O exercício pode mostrar-se abusivo. Despedido o empregado em face da convicção política que possui, forçoso é concluir pela nulidade do ato e conseqüente reintegração, com o pagamento dos salários e vantagens do período de afastamento. A liberdade política é atributo da cidadania, não passando o ato patronal pelo crivo da Constituição no que encerra, em torno do tema, garantias mínimas do cidadão". TST- Ag. E-RR 7/89, Rel.: Min. Marco Aurélio, Ac. SDI 1.810/89. CARRION, Valentin. *Nova Jurisprudência em Direito do Trabalho*, 1990, p. 513.

CAPÍTULO VI

Dano Moral

1. Conceito. Natureza jurídica. Situação anterior e posterior à Constituição Federal de 1988

Durante muitos anos o dano moral viveu sob a sombra do dano material, discutindo-se a sua natureza jurídica que para uns consistia em uma pena e para outros em verdadeiro **ressarcimento**, tese que tem prevalecido.

Igualmente controvertido é o conceito de **dano moral**. Segundo uma primeira linha de pensamento, o dano moral é "todo detrimento que não possa ser considerado como dano patrimonial" (DIAS, José Aguiar. *Da responsabilidade civil.* 4. ed. Rio de Janeiro: Forense, 1960, t. II, p. 771). O conceito é criticado por ser simplista e definir por negação. Uma segunda posição sustenta que o dano moral se determina pela índole extrapatrimonial do direito lesado (SAVATIER, René. *Traité de la responsabilité civil en Droit français*, 2. ed. Paris: Librairie Generale de Droit et jurisprudence, 1951); é combatido ao fundamento de que nem sempre a lesão ao direito extrapatrimonial gera dano dessa natureza. Ademais, pode ocorrer que um dano moral tenha também um caráter patrimonial ou, inversamente, a lesão a direitos patrimoniais seja suscetível de causar simultaneamente dano patrimonial e moral. Passível dessas mesmas críticas anteriores é o conceito segundo o qual o dano moral é o "que se inflige ao violar-se algum dos direitos personalíssimos ou de personalidade". Há também os que asseveram que "o dano moral consiste em uma lesão a um interesse de caráter extrapatrimonial, pressuposto de um direito" (CUPIS, Adriano de. *El daño,* trad. de la 2. ed. italiana por Angel Martínez Sarrión. Barcelona: Bosch, 1975, n. 10, p. 120). A principal crítica que se tece a essa teoria é a de que confunde as expressões dano em "sentido amplo" e dano ressarcível.

Finalmente, outra corrente doutrinária afirma que o dano moral se determina considerando-se **o resultado ou consequência da ação que causa o prejuízo** (PIZARRO, Daniel Ramón y HORACITO, Roitman. El daño moral y la persona juridica. Daños a la persona. *Revista de Derecho Privado y Comunitario.* Argentina: Rubinzal-Culzoni, p. 215). Os defensores dessa corrente distinguem o dano como expressão jurídica em: dano em sentido amplo e dano ressarcível; configura-se o primeiro quando há ofensa ou lesão a um direito, a um interesse jurídico de ordem patrimonial ou extrapatrimonial. Sob esse prisma, todo ato ilícito, por definição, deve produzi-lo. Já o outro significado de dano (ressarcível) é consequência prejudicial ou menoscabo que se desprenda da aludida lesão.

No Brasil, antes da Constituição de 1988, a jurisprudência mostrava-se vacilante, prevalecendo a ideia de irressarcibilidade do dano moral, embora a doutrina se inclinasse em sentido oposto, defendendo a reparabilidade dos danos morais. Uma vez admitido no texto constitucional, a compensação pelo dano moral, estende-se a outros ramos do direito, inclusive do Direito do Trabalho.

Discutiu-se, ainda, na doutrina e na jurisprudência, a competência da Justiça do Trabalho para apreciação de demanda em que o obreiro postula a compensação por dano moral, decorrente da relação de emprego.

Ressalte-se que o art. 114 da Constituição atribui competência à Justiça do Trabalho para conciliar e julgar os dissídios individuais e coletivos entre empregados e empregadores (...) e, na forma da lei, outras controvérsias decorrentes da relação de trabalho, bem como os litígios que tenham origem no cumprimento de suas próprias sentenças, inclusive coletivas.

Ora, se a compensação por dano moral for proveniente da relação de emprego, a competência da Justiça do Trabalho emerge do texto constitucional, o qual "não exige que o direito questionado ou a norma legal a ser aplicada pertença ao campo do Direito do Trabalho"...[(1)], racionalizando-se a entrega da prestação jurisdicional. Ademais, se o obreiro tiver de recorrer ao Juízo Cível, dificilmente terá condições de arcar com o pagamento das custas[(2)], fato que vem ao encontro dos interesses patronais. A propósito, o STF atribuiu competência à Justiça do Trabalho para julgar demanda de servidor do Banco do Brasil, em que se postula o cumprimento de promessa de venda de apartamento que, diante do assentimento em transferir-se para Brasília, viesse a ocupá-lo por mais de 5 anos, permanecendo a serviço do Banco. Entendeu o STF que não importa seja a questão de Direito Civil, mas o fundamental é que a promessa de contratar, objeto do pedido, foi feita em decorrência da relação de emprego (Ac. TP de 25.5.90, DJ 22.1.91).

Pela competência da Justiça do Trabalho para apreciar compensação por dano moral, vinham se manifestando várias Turmas do TRT da 3ª Região e também de outros Tribunais regionais. Vejamos:

> "A Justiça do Trabalho é competente para conhecer de reclamatórias cujo objeto é o pedido de reparação de dano moral emergente do vínculo empregatí-

---

(1) SÜSSEKIND, Arnaldo Lopes. Tutela da personalidade do empregado. *Revista LTr* 59-5/595. No mesmo sentido: FLORINDO, Valdir. *Jornal Trabalhista*, Brasília, 20.3.95, p. 288.

(2) Cf. João do Carmo, citado por LEÃO, Antônio Carlos Amaral. A questão do dano moral na Justiça do Trabalho. *Revista dos Tribunais*, v. 701, março/94, p. 249.

cio" (TRT — 3ª Reg. — RO 2.578/93, Ac. 3ª Turma, Rel.: Juiz Álfio Amaury dos Santos, MG 22.7.93).

"A Justiça do Trabalho é competente para reconhecer e julgar o pedido de indenização por danos decorrentes da relação de emprego que existiu entre as partes" (TRT — 3ª Reg. — RO-18.532/93, 1ª Turma, Rel.: Juiz Aroldo Plínio Gonçalves, MG 7.2.94).

"**Danos morais. Competência da Justiça do Trabalho** — 1 — Tem a Justiça Obreira, nos termos dos arts. 5º, X, e 114 da Constituição da República, competência para apreciar e julgar controvérsia acerca de pedido de indenização decorrente de dano moral, porquanto, este último dispositivo 'não exige que o direito questionado ou a norma legal a ser aplicada pertença ao campo do Direito do Trabalho' (Min. *Arnaldo Süssekind*). 2 — Não comprovando o autor, por meio de prova material e testemunhal, a prática do alegado dano moral pela empresa, descabe a condenação desta ao pagamento da indenização postulada na inicial, ante a não comprovação do fato constitutivo do reclamante. Recurso conhecido e provido". TRT — 3ª Região — 2ª T. RO 3.532/96. Rel.: Juiz Michelângelo Liotti Raphael. Julgado em 13.8.96.

"**Dano moral.** Compete à Justiça do Trabalho apreciar ação trabalhista que versa sobre dano moral sofrido em decorrência da relação de emprego, nos termos do art. 5º, X e do art. 114 da Constituição da República de 1988, o qual não exige que o instituto, objeto de discussão, esteja previsto no Direito do Trabalho, racionalizando-se, desta forma, a entrega da prestação jurisdicional. Atenta contra a dignidade do empregado, o empregador que chama a autoridade policial ao seu estabelecimento e permite a condução arbitrária de trabalhadores à Delegacia para interrogatório, onde alguns afirmam terem sido até torturados. Esse comportamento expôs o reclamante ao desprezo dos outros colegas e da comunidade, em geral, mesmo porque houve publicidade quanto ao fato. O comportamento do empregador traduziu exercício abusivo do direito de defesa do patrimônio, pois a forma como agiu importou atribuir ao autor a suspeita de desonesto. Em conseqüência, autoriza-se a rescisão indireta do contrato de trabalho e a reparação por dano moral." TRT — 3ª Região — 2ª T. RO-10557/96, Rel. Juíza Alice Monteiro de Barros, public. no MG de 12.11.1996.

"A indenização por dano moral trabalhista é amplamente assegurada por preceito constitucional, inciso X, art. 5º, e à Justiça do Trabalho cabe o encargo de exercer a jurisdição, nos termos do art. 114 da Constituição Federal de 1988, em ação indenizatória de perdas e danos, pois a controvérsia, objeto do ressarcimento do dano sofrido pela reclamada, foi estritamente oriunda da relação jurídica de direito material de natureza trabalhista" (Ac. 3ª Turma 15.053/94, TRT/BA, RO 827/92, Relator Juiz Carlos Coelho in Trabalho e Processo, n. 4, março/95).

Em consonância com a jurisprudência citada acima, também já doutrinavam *Arnaldo Süssekind*(3), *Pinho Pedreira*(4), *Marly Cardone*(5), *João de Lima*

(3) Tutela da personalidade do trabalhador. *Revista LTr* 59-5/595.

(4) A reparação do dano moral no Direito do Trabalho. *Revista LTr* 55-5/552.

(5) Da responsabilidade civil no Direito do Trabalho. *Repertório IOB de Jurisprudência*, n. 18, set. 93, p. 322.

Teixeira Filho(6), *Octavio Bueno Magano*(7), *Cláudio Armando Couce de Menezes*(8), *João Oreste Dalazen*(9) e *Valdir Florindo*(10).

Ponto de vista contrário afastava a competência da Justiça do Trabalho para apreciar pedido de dano moral, ao argumento de que se trata de matéria revestida de índole civil, inexistindo lei ordinária específica que atribua tal competência à justiça especializada (11).

Incorre na compensação por danos morais o empregador que atribui ao empregado acusações infundadas lesivas ao seu bom nome; dá informações desabonatórias e inverídicas a alguém que pretende contratá-lo; efetua anotações desabonadoras à conduta do empregado em sua CTPS(12); comunica abandono de emprego em jornal, embora conheça o endereço do empregado; assedia-o sexualmente, inclusive com chantagem; investiga-o para conhecer suas atividades políticas e sindicais; realiza inspeções corporais desrespeitosas, com gracejos e ameaças; exerce investigação sobre aspectos da vida pessoal do obreiro, sem que possua relevância para a atividade que está executando(13).

É bom lembrar, entretanto, que a compensação por danos morais pressupõe um dano efetivo e não um simples aborrecimento decorrente de uma sensibilidade excessiva ou amor-próprio pretensamente ferido (14). Nesse sen-

---

(6) O dano moral no Direito do Trabalho. *Revista LTr* 60-9/1169.

(7) *Folha de São Paulo*. 20.1.1996.

(8) A responsabilidade civil no direito material e processual do trabalho. *Jornal Trabalhista*. n.571, agosto de 1995, p. 907.

(9) Indenização civil de empregado e empregador por dano patrimonial ou moral. *Revista de Direito do Trabalho*, n. 77, p. 54.

(10) *Dano moral e o Direito do Trabalho*. São Paulo: LTr, 1995, p. 90.

(11) CARMO, Júlio Bernardo do. O dano moral e sua reparação no âmbito do Direito Civil e do Trabalho. *Revista LTr* 60-03/318. De acordo com esse entendimento manifestou-se a 1ª Turma do C. TST, como se infere da ementa que passamos a transcrever: "**Competência. Dano moral. Preliminar de incompetência da Justiça do Trabalho. Dano moral**. Recurso de revista a que se nega provimento, em face da restrição à competência material desta Justiça na ocorrência de litígio que envolva título não laboral" (Ac. un. 1ª T. TST — RR-145.366/94.7, 3ª Reg. Rel. Min. Lourenço Prado, DJU, 2.6.95, p. 16.502).

(12) Danos morais. Anotações desabonadoras na CTPS. A CTPS é um documento expedido por órgão oficial e destinado, especificamente, à anotação de dados acerca do contrato de trabalho (art. 29 e segs., da CLT). A atitude tomada pelo empregador, no sentido de anotar na CTPS que o contrato estava sendo rescindido em razão de "faltas injustificadas da empregada", representaram um ato ilícito, posto que vedadas as anotações desabonadoras à conduta do empregado em sua CTPS. Essa atitude gerou manifesto prejuízo, na medida em que a carteira de trabalho é um "retrato profissional" do trabalhador, além de uma forma de identificação do cidadão. Assim, quaisquer anotações indevidas tornam-se públicas, prejudicando a imagem do trabalhador, nascendo, daí, o dreito do empregado à reparação pelos danos morais e patrimoniais sofridos. (TRT-PR-RO- 8379/97 — Ac. 1ª T. — Rel.: Juiz Wilson Pereira). Revista Genesis, Curitiba, 11 (61):097-146 — janeiro 1998, p. 124.

(13) MENEZES, Cláudio Armando Couce de. A responsabilidade civil no Direito Material e Processual do Trabalho. *Jornal Trabalhista* n. 571, 28.8.95, p. 905.

(14) Observa Antônio Chaves que "propugnar pela mais ampla ressarcibilidade do dano moral não implica no reconhecimento de que todo e qualquer melindre, toda suscetibilidade exacerbada, toda exaltação do amor próprio, pretensamente ferido à mais suave sombra, ao mais ligeiro roçar de asas de uma borboleta, mimos, escrúpulos, delicadezas excessivas, ilusões insignificantes desfeitas, possibilitem sejam extraídas da caixa de Pandora do Direito, centenas de milhares de cruzeiros". *Apud* MEIRELLES, Edilton. Aferição do Dano moral trabalhista. *Jornal Trabalhista*. Brasília, n. 390, 17.2.92, p. 210.

tido, tivemos a oportunidade de nos manifestar, através da ementa alusiva ao seguinte acórdão:

> "Dano moral. Carta aberta à comunidade, onde a empresa descreve acontecimentos sob enfoque próprio, dizendo que o movimento grevista deflagrado foi concebido por um grupo radical de sindicalistas, desviados dos interesses da categoria, não é insultosa a ponto de acarretar danos à imagem ou à honra do obreiro, mormente quando o sindicato profissional também valeu-se de meio de comunicação por ele mantido para apresentar a sua própria versão dos fatos ocorridos. Tampouco justifica a indenização por dano moral a circunstância de algumas testemunhas terem informado que a família do autor passava por momentos de tensão, pois sabe-se que a greve criou uma situação delicada dentro da empresa, exaltando o ânimo de todos que viveram o movimento, tanto patrões, como empregados e suas famílias, deixando marcas em todos. Todavia, não se pode considerar que o ajuizamento da presente ação constitua ato excessivo ou mesmo abuso de direito, de modo a configurar o dano indenizável" (TRT — 3ª Reg. 2ª T. RO 2.132/95, Rel.: Juíza Alice Monteiro de Barros. DJMG 20.10.95).

A compensação por dano moral não poderá servir de pretexto para angariar vultosas indenizações e, por conseguinte, transformar o instituto em "indústria" da responsabilidade civil, como já alertam os autores.

2. Consequências, caso se comprove que a não-seleção de um empregado obedece a uma causa que representa um atentado ao direito à intimidade. Responsabilidade pré-contratual e pós-contratual

O direito à intimidade do empregado é inviolável, por força de preceito constitucional, logo, a norma se propõe assegurar o máximo de respeito à conduta privada das pessoas, combatendo as práticas discriminatórias.

Portanto, caso se comprove que um empregado não foi selecionado em decorrência de um atentado à intimidade, **a consequência** é a indenização por danos morais ou materiais, a que alude o art. 5º, inciso X, da Constituição Federal.

Geralmente, o dano moral se verifica durante o contrato de trabalho, mas poderá ocorrer na fase pré-contratual e pós-contratual, podendo provocar ou não a resolução do pacto.

Se o dano ocorreu na fase de seleção de pessoal, afirmam alguns que falece competência à Justiça do Trabalho para apreciar a questão, devendo a matéria ser julgada pela Justiça comum, uma vez que a relação de emprego não chegou a se estabelecer[(15)].

---

(15) TEIXEIRA FILHO, João de Lima. O dano moral no Direito do Trabalho. *Revista LTr* 60-9/1179. DALAZEN, João Oreste. Indenização civil de empregado e empregador por dano patrimonial ou moral. *Revista de Direito do Trabalho*, n. 77, p. 49.

Outros, aos quais nos filiamos, concluem pela competência da Justiça do Trabalho, também quando o dano ocorre na fase pré-contratual, ou seja, quando o empregador deixa de admitir o trabalhador por um ato que configura atentado à intimidade, como, por exemplo, alegando **ser ele homossexual, cleptomaníaco, prostituta, portador do vírus HIV, por estar a mulher grávida, por apresentar tendência genética** a uma determinada doença, sempre que tais circunstâncias não tenham repercussão direta na função que irá exercer. Alinha-se aqui também o fato de o trabalhador não ser contratado por ter repelido o assédio sexual.

O dever de ressarcimento, nesses casos, **se funda na teoria da culpa *in contrahendo*** ou responsabilidade pré-contratual, com a qual *Jhering* visou tutelar a confiança recíproca, que deve nortear o comportamento das partes desde a fase das negociações preliminares. O fundamento dessa responsabilidade reside no dever de agir consoante o princípio da boa-fé objetiva, que incide no direito obrigacional, atuando como norma de conduta social, segundo a qual as pessoas devem se comportar com lealdade recíproca nas relações sociais, enquanto a boa-fé subjetiva cinge-se ao campo dos direitos reais(16).

Corrobora nossa assertiva *Délio Maranhão:*

"Assim é que, se os entendimentos preliminares chegaram a um ponto que faça prever a conclusão do contrato e uma das partes os rompe sem um motivo justo e razoável (culpa in contrahendo), a outra terá direito ao ressarcimento do dano causado por esse rompimento (interesse contratual negativo), quando possa provar que, confiando na previsível conclusão do contrato, fez despesas em virtude de tais entendimentos, ou deixou de aceitar outra oferta tanto mais vantajosa. Consideramos perfeitamente cabível uma ação desta natureza na Justiça do Trabalho, em face do art. 114 da Constituição, que fala em "outras controvérsias decorrentes da relação do trabalho". Dir-se-á que não chegou a completar. Mas o dano se apura, na hipótese, em função de sua previsível formação e a culpa ocorre na fase preliminar de um contrato de trabalho: a controvérsia se origina, pois, de uma relação de trabalho, embora no nascedouro"(17).

No mesmo sentido doutrina *Amauri Mascaro Nascimento*, ao afirmar que:

"...quando há contrato escrito para início futuro da relação de emprego e esta não começa na data aprazada por oposição do empregador que, supervenientemente, desinteressou-se do empregado. A lei não resolve

---

(16) CAPPELARI, Récio Eduardo. *Responsabilidade pré-contratual.* Porto Alegre: Livraria do Advogado, 1995, p. 76. No mesmo sentido: ARAÚJO, Francisco Rossal de. *A boa-fé no contrato de trabalho.* São Paulo: LTr, 1996, p. 38; ROMAN GARCIA, Antonio. *El precontrato. Estudio dogmático y jurisprudencial.* Madrid: Editorial Montecorvo, 1982, p. 419.

(17) *Instituições de Direito do Trabalho.* 12. ed. v. 1. São Paulo: LTr, p. 241.

a questão. Se resultarem prejuízos ao empregado, que contava com o emprego e se desfez de suas obrigações em função do ajuste com o novo empregador, o empregado terá direito às reparações que serão cíveis de acordo com o princípio da indenização por danos. A competência para apreciar a questão será da Justiça do Trabalho, em face do disposto no art. 114 da Constituição Federal, ao atribuir-lhe poderes para resolver controvérsias oriundas das relações de emprego"[(18)].

O art. 114, VI, da Constituição Federal, com a redação instituída pela Emenda Constitucional n. 45, de 2004, define a competência da Justiça do Trabalho para processar e julgar as ações de indenização por dano moral ou patrimonial decorrentes da relação de trabalho, ampliando a relação de emprego.

E, finalmente, ratifica essa orientação *Tostes Malta*[(19)], quando salienta que:

"...os litígios decorrentes de pré-contratos de trabalho ou da chamada fase pré-contratual da relação de emprego entram na competência da Justiça do Trabalho, segundo melhor doutrina".

Percebe-se que a jurisprudência já tem se pronunciado sobre a temática[(20)]. A doutrina estrangeira assevera que não há inconveniente em se aplicar os princípios da responsabilidade pré-contratual elaborados pelo Direito Civil para os casos que, em virtude da atitude de uma das partes configuradora de um claro abuso de direito, se produza um dano com a frustração do

(18) *Iniciação ao Direito do Trabalho.* 15.ed. São Paulo: LTr, p. 130.

(19) *Prática do Processo Trabalhista.* 19. ed. 1989, p. 253.

(20) "**Pré-contrato de trabalho. Frustração da expectativa de contratação. Indenização por dano moral.** As negociações preliminares que excedem a fase de seleção do candidato a emprego geram para o trabalhador a esperança, senão a certeza, da contratação, caracterizando a formação de um pré-contrato de trabalho, que envolve obrigações recíprocas, bem como o respeito aos princípios da lealdade e da boa-fé (art. 422 do Código Civil). Assim, se o empregador exige a abertura de conta-salário e a realização dos exames admissionais, às suas expensas (art. 168 da CLT), e, em seguida, injustificadamente, frustra a esperança fundada do trabalhador em ser admitido, está caracterizado o abuso de direito capaz de ensejar o deferimento da indenização por danos morais." TRT — 3ª Região-01472-2007-109-03-00-3-RO- 2ª Turma. Rel.: Des. Sebastião Geraldo de Oliveira. DJMG 30.4.**2008** (cf. também de nossa autoria *Curso de Direito do Trabalho.* 4. ed. São Paulo: LTr, p. 648 e 649).

Em sentido diverso são as situações descaracterizadoras de escolha nas vagas de emprego, acarretando um dissabor e não uma violação aos direitos da personalidade, geradora de dano moral ou material (gastos). Vejamos: "**Dano moral e patrimonial. Candidato não escolhido para vaga de emprego. Não caracterizado.** Não se pode confundir os dissabores comuns da vida com o dano moral. Este pressupõe a violação de bens de ordem moral das pessoas, tais como a intimidade, a vida privada, a honra e a imagem. A não obtenção de uma vaga de emprego não implica em violação a qualquer um destes bens imateriais. Embora, de fato, acarrete grande frustração para o candidato, não é motivo de vergonha ou constrangimento. Assim, não se pode imputar à reclamada qualquer responsabilidade por dano moral. Melhor sorte também não agasalha a pretensão de danos materiais, fundada em gastos com a documentação destinada à possível contratação. Pois sequer foi trazido aos autos demonstrativos que comprovassem os suscitados custos." TRT — 9ª Região — 09772-2003-011-09-00-2 (Ac. 4ª T. 19.082/05). Rel: Juiz Sérgio Murilo Rodrigues Lemos. DJPR 29.7.**2005**, p. 377. In: *Dano Moral. Múltiplos Aspectos nas Relações de Trabalho.* 3. ed. São Paulo: LTr, **2008**, p. 64.

contrato de trabalho[(21)]. Dá-se na hipótese "abuso da liberdade de não contratar", que constitui abuso de direito (cf. LLAMBÍAS. *Tratado. Obligaciones,* T. I, p. 224 y ss citado por VAZQUEZ VIALARD, Antonio). Apesar de o contrato ainda não ter sido concluído, durante a negociação as partes devem agir com lealdade e boa-fé. A consequência consiste no ressarcimento do **dano emergente** (gastos realizados), como também **do lucro cessante** que poderia ser obtido em outra contratação que não se concretizou, dada a frustração da negociação anterior, sem prejuízo da compensação pelo dano moral acaso verificado [(22)].

Na hipótese de conduta ilícita praticada pelo empregador contra o empregado na fase **contratual** ou **pós-contratual**, defere-se a indenização por dano moral, sendo a competência da Justiça do Trabalho, nos termos do art. 5º, V e X e art. 114 da CF, sempre que a ofensa guardar nexo de causalidade entre o ato ilícito (comportamento culposo ou doloso) e o dano:

> "**Dano moral pós-contratual — 'Listas negras' — Competência *ex ratione materiae* da Justiça do Trabalho.** A competência *ex ratione materiae* da Justiça do Trabalho alcança a apreciação de pedido que verse sobre dano moral decorrente da emissão das chamadas 'listas negras', ainda que o ato lesivo tenha ocorrido após a extinção do contrato de trabalho. Deduz-se que o suposto dano guarda identidade com as controvérsias oriundas da relação trabalhista havida entre as partes. Inteligência dos arts. 5º, incisos V e X, e 114, da Constituição Federal de 1988." TRT — 9ª Região — 99553-2005-091-09-00-7(RIND-00344-2006)-Ac. 3ª T. 09496-**2007**. Rel.: Juiz Célio Horst Waldraff. DJPR 20.4.**2007**.

> "**Competência da Justiça do Trabalho. Dano moral. Ato praticado em outra reclamação trabalhista quando já extinto o contrato de trabalho.** A Justiça do Trabalho é competente para julgar ação por meio da qual se pretende indenização por dano moral praticado **na fase pós-contratual**. No caso, trata-se de pedido de indenização por dano moral decorrente de acusação do Empregador realizada na defesa de reclamação trabalhista promovida pela Autora anteriormente, após já extinto o contrato de trabalho, no sentido de que a Reclamante teria cometido delito ou furtado documentos da empresa durante a relação contratual. Constatada a possível afronta à cláusula geral da boa-fé objetiva. Recurso conhecido e provido." TST-RR-1419/2000-034-15-00.2 (Ac. 2ª T.). Rel. Min. José Simpliciano Fontes de F. Fernandes. DJU 16.6.**2006**, p. 542/43.

3. A convicção moral e as denúncias de violação da intimidade

O direito à intimidade vem sendo incluído como espécie de direito à integridade moral, cuja violação comporta compensação. Logo, as denúncias de

---

(21) VAZQUEZ VIALARD, Antonio. *La responsabilidad en el derecho del trabajo.* Buenos Aires: Astrea, 1988, p. 157.
(22) VAZQUEZ VIALARD, Antonio. *Op. cit.*, p. 157.

violação da intimidade (art. 5º, X, da CF, por exemplo) sujeitas à apreciação do judiciário sempre se encontram em "estreita consonância com o chamado mundo interior dos homens com seus elementos espirituais e anímicos"(23), com suas convicções morais. Todavia, se ao juiz se reconhece, em princípio, uma faculdade discricionária na fixação do dano moral advindo da violação da intimidade, nem por isso deve desprezar a prudência e a equidade na decisão, levando em consideração as circunstâncias do caso.

A compensação por dano moral **será estabelecida** considerando-se, entre outros fatores, a **intensidade** do sofrimento do ofendido, **a gravidade e repercussão da ofensa, a intensidade do dolo ou da culpa, a situação econômica do ofensor e a extensão do prejuízo causado.**

4. Medidas propostas no País para procurar o respeito à privacidade do empregado

4.1. O Estado e o limite à privacidade do empregado

A legislação ordinária trabalhista é omissa a respeito do assunto, e a cada dia as intromissões na vida privada do empregado se agravam, principalmente em face da evolução tecnológica. Urge fazer-se o reconhecimento expresso desse direito, assegurando ao empregado a tutela preventiva, em relação à qual o legislador parece menos sensível.

Uma das medidas propostas pelo Brasil para promover o respeito à privacidade do empregado e que merece destaque é o *habeas data* destinado a assegurar o conhecimento de informações relativas à pessoa do impetrante, constantes de registros ou bancos de dados de entidades governamentais ou de caráter público. O *habeas data* será concedido para retificação de dados, quando não se prefira fazê-lo por processo sigiloso, judicial ou administrativo.

5. Conclusão ao Direito à Intimidade

A legislação trabalhista brasileira, a partir de 1999 (art. 373-A da CLT), faz menção ao direito à **intimidade** da empregada. Ele é oponível contra o empregador, pois o fato de deter este último o poder diretivo não torna ineficaz a tutela desse direito consagrado em preceito constitucional (art. 5º, X). Acontece que a Constituição da República de 1988 assegura também o direito de propriedade; logo, no ambiente de trabalho, o direito à intimidade sofre limitações, as quais não poderão, todavia, ferir a dignidade da pessoa humana.

Pelo que foi exposto nesse estudo, as fronteiras do direito à intimidade e o poder de comando do empregador não poderão ser traçadas com caráter

---

(23) SILVA, Wilson Melo da. *O dano moral e sua reparação*. 2. ed. Rio de Janeiro: Forense, p. 356.

genérico para todos os trabalhadores, sendo, muitas vezes, necessário o exame do caso concreto para se verificar a existência ou não da lesão à intimidade do empregado, lembrando-se que o conhecimento de alguns dados ou circunstâncias, como também determinadas exigências são relevantes para adequar o contrato à legalidade e preservar outros bens ou direitos dos trabalhadores, de seu sindicato, do empregador ou de terceiro. A proteção ao direito à intimidade deverá sempre procurar o equilíbrio entre pretensões e interesses opostos.

6. Assédio moral (*)

6.1. Introdução

Estamos transcorrendo o momento histórico da pós-modernidade, com modificações em todos os segmentos da sociedade, inclusive do Direito, e principalmente dos direitos individuais — em que se inserem os direitos da personalidade —, a qual se constrói e evolui na convivência familiar, nas escolas, nos clubes, nos bairros, no trabalho, e, finalmente, na sociedade como sistema cultural maior(24).

Nesse processo de aculturação formam-se os sentimentos, o modo de ser das pessoas, dos quais se origina a sensibilidade, que se manifesta nas condutas individuais e nos comportamentos coletivos.

O sentimento, por sua vez, produz emoções primárias e secundárias. As emoções **primárias** se adquirem com a experiência, isto é, com a aculturação informal (situam-se aqui o orgulho e o ódio, por exemplo). Já as emoções **secundárias** são adquiridas pelos processos de aculturação formal, enquadrando-se nesse contexto o medo e a esperança(25). Como se vê, as emoções são sensações que nos invadem a alma e a razão, muitas vezes temos dificuldades de controlá-las. Têm antecedentes causais que advêm do processo de aculturação formal ou informal, daí falar-se, ainda, em emoções estáticas ou passivas que nos ocorre quando somos vítimas, por exemplo, de um dano moral. Elas provocam mudança no estado de ânimo, quando somos ofendidos. A par dessa emoção passiva temos a emoção dinâmica ou ativa, que se manifesta quando transmitimos para outrem nossas emoções positivas ou negativas. Isto significa que “nas situações ‘cara a cara’ a subjetividade do outro nos é acessível mediante um máximo de sintomas” (LUCKMAN, Berger. *La construcción social de la realidad*, p. 46).

(*) Exposição por nós apresentada no I Congresso sobre “A Saúde Mental no Trabalho”, realizado em Goiânia de 3 a 5 de maio de 2004 e promovido pela Procuradoria Regional do Trabalho da 18ª Região. Fórum de Saúde e Segurança no Trabalho de Goiás e Instituto Goiano de Direito do Trabalho.
(24) GHERSI, Carlos Alberto. *Daño moral y psicológico*. Buenos Aires: Astrea, 2002, p. 44.
(25) *Idem*, p. 47.

A intensidade dos sentimentos terá reflexos diretos no comportamento futuro, gerando novos estados, como euforia, desgosto, angústia, o que afeta todo o sistema fisiológico, podendo predispor-nos a sensações agradáveis ou mesmo perniciosas, e transformar-nos até em um agressor inconsciente.

Esta situação negativa poderá ser revertida mediante motivações artificiais ou incentivo. Essas motivações evitam novas emoções negativas ante aos outros, na família, no trabalho e na sociedade e contribui para a melhora da qualidade de vida.

O ser humano é único e a compulsão que sofreu no decorrer da vida transforma sua personalidade e sua conduta. Dificilmente consegue voltar a ser o que era antes[26]. Daí a necessidade de reconhecer o valor da integridade que coloca o homem como sujeito de direitos e obrigações e os meios para prevenir, reparar e punir eventual violação desses direitos.

Na convivência humana **enfrentamos incertezas e riscos**, mormente quando estamos diante de situações com grandes probabilidades deles ocorrerem. Aumenta-se com isso o descontrole individual e social porque a convivência pacífica começa a ser perturbada por esses fatores. O cenário está propício ao aparecimento do dano, pois falta mecanismo de controle.

O estado do "bem-estar social" que vigorou durante o século XX e que tinha uma concepção mais solidária de proteção ao ser humano como empregado começou a entrar em crise nos **anos sessenta**. Como consequência disso, no Brasil tivemos a substituição da estabilidade no emprego pelo FGTS.

A **década de 1990** reflete uma política neoliberal, com abandono do conceito de Estado do bem-estar social. Enquanto se privilegiam os grandes grupos econômicos, as pequenas e médias empresas quebram em decorrência do dano causado pelas políticas econômicas.

Deparamos, então, no contexto social com os incluídos e os excluídos.

Nesse contexto, desenvolvem-se os danos econômicos e extraeconômicos. Alguns são considerados **invisíveis**, como a perda da estabilidade no emprego geradora de incertezas e a perda da qualidade de vida, que vão deteriorando o ser humano, causando-lhe e à sua família danos de toda espécie. Outros são os danos considerados **visíveis**, como os ocasionados pela perda de emprego com certa idade e a impossibilidade de reintegrar-se na atividade funcional. Esse fato tem levado muitas pessoas a condutas suicidas ou a elevado nível de agressividade.

As mudanças na personalidade vão afetando a competência, o talento ou a criatividade da pessoa, transformando-a em alguém destrutivo, em um doente mental ou em um suicida.

---

(26) Frosini. *Derechos humanos y bioética*, p. 14. *Apud* GHERSI, Carlos Alberto. *Op. cit.*, p. 52.

a) O assédio moral. Terminologia. Primeiras manifestações

O assédio moral está diretamente vinculado à nossa estrutura emocional-sentimental conhecida popularmente como caráter.

O termo "assédio moral" foi utilizado pela primeira vez pelos psicólogos e não faz muito tempo que entrou para o mundo jurídico. O que se denomina assédio moral, também conhecido como *mobbing* (Itália, Alemanha e Escandinávia), *harcèlement moral* (França), *acoso moral* (Espanha), terror psicológico ou assédio moral entre nós, além de outras denominações, são, a rigor, **atentados contra a dignidade humana** e se manifestam, de **início, na família e na escola**, quando se confrontam, respectivamente, filhos e alunos com predileções ostensivas. Ora, a exibição de valores, o relato do brilho e da glória de uns com ostracismo do outro gera ciúmes, inveja e rivalidades.

A inveja é um sentimento causado pelo fato de alguém possuir e/ou desfrutar de algo que desejamos. Pressupõe a relação do indivíduo com uma só pessoa. Já o ciúme pressupõe a relação do indivíduo com pelo menos duas pessoas. Diz respeito ao amor que alguém sente como lhe seja devido ou que lhe tenha sido tirado (KLEIN. Melanie. Inveja e gratidão. *Apud* BONDER, Nilton. *A cabala da inveja*. São Paulo: Imago, 1999, p. 17). Todos nós podemos ter esses sentimentos como reações ocasionais, seguidas de arrependimento. Se alguém, entretanto, encontrar-se em crise emocional, poderá ser levado por esses sentimentos a utilizar-se de mecanismos perversos para se defender. Aliás, o momento inicial da história humana registra a dramaticidade no relato de inveja que levou Caim a matar Abel.

Por fim, o assédio moral deságua no trabalho, geralmente de forma estereotipada, e em várias outras áreas da sociedade.

Somente na virada deste século é que o tema passou a receber tratamento jurídico quer por meio da doutrina, da legislação, quer por meio da jurisprudência, embora se afirme que já havia trabalhos sobre o assunto desde os anos 1970, sem, contudo, definir o assédio moral e estudando-o juntamente com o estresse e a saúde laboral.

É exatamente a necessidade de proteção à dignidade do empregado que justifica a punição do assédio moral. Este é o seu fundamento.

6.2. Conceito

De início, os doutrinadores o definiam como "a situação em que uma pessoa ou um grupo de pessoas exerce uma violência psicológica extrema, de forma sistemática e frequente (em média uma vez por semana) e durante um tempo prolongado (em torno de uns 6 meses) sobre outra pessoa, a respeito da qual mantém uma relação assimétrica de poder no local de trabalho, com o objetivo de destruir as redes de comunicação da vítima, destruir sua reputação, perturbar o exercício de seus trabalhos e conseguir, finalmente, que essa pessoa acabe deixando o emprego" (cf. *Heinz Leymann*, médico alemão e pesquisador na área de psicologia do trabalho, na Suécia, falecido em 1999, mas cujos textos foram compilados na obra de Noa Davenport e outras, intitulada *Mobbing*: *Emotional* "*Abuse in The American Work Place*"). O conceito é criticado por ser muito rigoroso.

Hoje é sabido que esse comportamento ocorre não só entre chefes e subordinados, mas vice-versa e entre colegas de trabalho com vários objetivos, entre eles o de forçar a demissão da vítima, o seu pedido de aposentadoria precoce, uma licença para tratamento de saúde, uma remoção ou transferência.

Não se confunde com outros conflitos que são esporádicos ou mesmo com más condições de trabalho, pois o assédio moral pressupõe o comportamento (ação ou omissão) por um período prolongado, premeditado, que desestabiliza psicologicamente a vítima.

6.3. Comportamentos configuradores do assédio moral

São enumerados pela doutrina vários comportamentos [27] que se encaixam nesse conceito, os quais são verdadeiras "técnicas" destinadas a desestabilizar a vítima[28]. Vamos citar apenas algumas:

a) **"Técnicas de relacionamento**". Aqui o assediador não dirige o olhar nem a palavra à vítima, nem sequer para um bom dia; comunica-se com ela por bilhetes, impedindo-a de se expressar; ela é interrompida, frequentemente, pelo superior hierárquico ou por colegas, muitas vezes com gritos e recriminações; não a encaram, ignoram sua presença, dirigindo-se, exclusivamente, a outros. É comum também aproveitarem uma saída rápida da vítima para deixarem uma tarefa em sua mesa, sem solicitar-lhe pessoalmente a execução do trabalho [29].

b) São adotadas, ainda, **"técnicas de isolamento"**, ou seja, são atribuídas à vítima funções que a isolam ou a deixam sem qualquer atividade, exatamente para evitar que mantenha contato com colegas de trabalho e lhes obtenha a solidariedade como manifestação de apoio.

c) Existem as chamadas **"técnicas de ataque"**, que se traduzem por atos que visam a desacreditar e/ou a desqualificar a vítima diante dos colegas ou clientes da empresa. Essa técnica de assédio moral implica conferir à

---

(27) LEYMANN. *Apud* GARCIA CALLEJO, José Maria. *Protección jurídica contra el acoso moral en el trabajo o la tutela de la dignidad del trabajador.* Madrid: Gráficas de Diego, 2003, p. 22.
(28) PEZÉ, Marie Grenier. *Souffrance et travail.* São estudos realizados no campo da Medicina do Trabalho. *Site*: www.cnrs.fr/cnrspresse/n393/html/n393a02.htm.
(29) HIRIGOYEN, Marie-France. *Assédio moral. A violência perversa no cotidiano.* 5. ed. Rio de Janeiro: Bertrand Brasil, 2002, *passim.*

vítima tarefas de grande complexidade para serem executadas em curto lapso de tempo, com o fim de demonstrar a sua incompetência ou exigir-lhe tarefas absolutamente incompatíveis com a sua qualificação funcional e fora das atribuições de seu cargo.

d) Há também as **"técnicas punitivas"**, que colocam a vítima sob pressão, como, por exemplo, por um simples erro cometido elabora-se um relatório contra ela.

Há ainda outras formas de assédio moral, cuja agressão, em geral, é dissimulada e não se permite o revide; manifestam-se por **suspiros seguidos, pelo erguer de ombros, olhares de desprezo, críticas indiretas, subentendidos malévolos, zombarias, murmúrios, rumores sobre a vítima, ironias, sarcasmo e outros toques desestabilizadores, geralmente em público**. Usam-se, ainda, **discriminação, calúnias, difamações, injúrias, mentiras, boatos sobre preferências, favores sexuais** e outros.

A hostilidade do assediador é percebida, mas alguns, mais distraídos, confundem-na com brincadeiras. Não raro o assediador tenta reverter a situação e coloca a vítima como se fosse o próprio assediador.

Marie-France Hirigoyen[30] assevera que é muito comum o assediador utilizar-se de provocações e de indiretas. Quando a vítima se mostra irritada com a situação e reage, a justificativa do perseguidor é aquela: Ah, "nada disso me espanta, essa pessoa é louca, é desequilibrada, é temperamental, é hipersensível, é agressiva, é desajustada". E em seguida se justifica: Imagina, "eu estava só brincando"! Aliás, "eu nem estava falando de você"![31]

Ora, alguns dos comportamentos relatados no início nesse tópico poderão ser enquadrados em várias alíneas do art. 483 da CLT (como rigor excessivo, perigo manifesto de mal considerável, descumprimento de obrigações legais ou contratuais, serviços superiores às forças do trabalhador, ofensa a honra e boa fama), capazes de autorizar a rescisão indireta, além de indenização por dano moral e/ou material.

Só que essa solução, em uma sociedade competitiva, com o desemprego em massa, não resolve o problema e até favorece o assediador, pois o que ele deseja é se ver livre da vítima. E autorizada a rescisão indireta seu sonho estará realizado. O mesmo ocorre se se optar por transferir a vítima.

Portanto, o ideal é que sejam firmadas normas coletivas ou editada legislação específica determinando a nulidade da dispensa, do pedido de demissão formulado nesta situação, da punição disciplinar ou da transferência que

(30) Cf. HIRIGOYEN, Marie-France. *Assédio moral*: A violência perversa no cotidiano. 5. ed. Rio de Janeiro: Bertrand Brasil, 2002.
(31) *Op. cit.*, p. 69, 70, 78, 80, 117 e 137.

apresente vinculação com o assédio moral, sem prejuízo da indenização por dano moral e/ou material.

6.4. Elementos do conceito

O conceito jurídico de assédio moral é difícil de ser elaborado em face dos "difusos perfis do fenômeno". E assim é que alguns doutrinadores enfatizam no conceito o dano psíquico acarretado à vítima em face da violência psicológica já descrita.

Outros destacam mais a situação vexatória e o dano à imagem que o assédio moral provoca. Saliente-se, entretanto, que há elementos em torno dos quais a doutrina e a jurisprudência estão em consonância como caracterizadores do assédio moral. São eles:

a) A intensidade da violência psicológica. **É necessário que ela seja grave na concepção objetiva de uma pessoa normal. Não deve ser avaliada sob a percepção subjetiva e particular do afetado que poderá viver com muita ansiedade situações que objetivamente não possuem a gravidade capaz de justificar esse estado de alma. Nessas situações, a patologia estaria mais vinculada com a própria personalidade da vítima do que com a hostilidade no local de trabalho**(32).

b) O prolongamento no tempo, **pois episódio esporádico não o caracteriza, mister o caráter permanente dos atos capazes de produzir o objetivo;**

c) Outro elemento do assédio moral é que tenha por fim ocasionar um dano psíquico ou moral **ao empregado para marginalizá-lo no seu ambiente de trabalho.**

d) Que se produzam efetivamente os danos psíquicos, os quais se revestem de índole patológica. **Constituem, portanto, uma enfermidade que pressupõe diagnóstico clínico. Deverá provar-se. O dano psíquico poderá ser permanente ou transitório. Ele se configura quando a personalidade da vítima é alterada e seu equilíbrio emocional sofre perturbações, que se exteriorizam por meio de depressão, bloqueio, inibições, etc. Estes estados devem guardar um nexo de causalidade com o fato danoso. Poderá ocorrer desse último não gerar o desequilíbrio emocional, mas agravá-lo. Nessa última hipótese, aplica-se a concausa e o responsável responde pelo agravamento**(33).

A doutrina distingue o dano psíquico do dano moral. O primeiro se expressa por meio de uma alteração psicopatológica comprovada e o se-

(32) GARCIA CALLEJO, José Maria. *Protección jurídica contra el acoso moral en el trabajo o la tutela de la dignidad del trabajador.* Madrid: Gráficas de Diego, 2003, p. 43.

(33) GHERSI. *Op. cit.*, p. 206 e 207. O autor se baseia em Zavala de González. *Ressarcimento de daños*, tomo II, p. 193 e notas de jurisprudência.

gundo lesa os direitos da personalidade e geram resultados extrapatrimoniais independentemente de prova, pois se presume. Estes últimos independem do dano psíquico.

Quanto ao último elemento (dano psíquico), nós o consideramos dispensável, *data venia* de inúmeras posições contrárias. O conceito de assédio moral deverá ser definido pelo comportamento do assediador e não pelo resultado danoso. Ademais, a Constituição vigente protege não apenas a integridade psíquica, mas também a moral. A se exigir o elemento alusivo ao dano psíquico como indispensável ao conceito de assédio moral, nós teríamos um mesmo comportamento caracterizando ou não a figura ilícita, conforme o grau de resistência da vítima, ficando sem punição as agressões que não tenham conseguido dobrar psicologicamente a pessoa(34). E mais, a se admitir como elemento do assédio moral o dano psíquico, o terror psicológico se converteria em um ilícito sujeito à mente e à subjetividade do ofendido.

A propósito, há decisões do Tribunal Europeu de Direitos Humanos, identificando o dano moral com o sofrimento proveniente da angústia, da tristeza ou da dor, independentemente da lesão psíquica (cf. STEDH 2002/12, de 14 de março de 2002). Esse tribunal considerou, em matéria de vulneração aos direitos fundamentais, as perdas sofridas como consequência direta da violação alegada e o dano moral, quer dizer "a indenização pelo estado de angústia, dos dissabores e incertezas resultantes dessa infração". Isso porque pode-se produzir uma corrosão moral na vítima sem que necessariamente seja afetada a sua integridade psíquica.

É óbvio, entretanto, que se o dano psíquico ocorrer, ele gerará aumento da indenização por dano moral ou uma compensação autônoma. A propósito, o STJ já o deferiu a um trabalhador da Volkswagen que, após 23 anos de serviço a essa empresa, sofreu distúrbio severo do sono, levando-o a um desequilíbrio emocional e psíquico(35), além de surdez bilateral, problemas de coluna e esporão calcâneo. A fixação de ambos resulta de arbitramento do juiz, após analisar a gravidade da falta; a intensidade e a repercussão da ofensa; a condição social da vítima; a sua personalidade e a do ofensor, bem como o comportamento desse último após o fato. No Brasil, não há regramento legal estabelecendo critérios objetivos para fixá-lo, o mesmo ocorrendo nos EUA, na França e na Inglaterra (cf. ANDRADE, Ronaldo Alves de. *Dano moral à pessoa e sua valoração.* São Paulo: Juarez de Oliveira, 2000. p. 44, 45 e

---

(34) GARCIA CALLEJO, José Maria. *Protección jurídica contra el acoso moral en el trabajo o la tutela de la dignidad del trabajador.* Madrid: Gráficas de Diego, 2003, p. 45.

(35) "Acidente no trabalho. Dano psíquico. Distúrbio severo do sono. Afirmado na perícia e reconhecido no r. acórdão que, devido às condições de trabalho, o autor sofreu distúrbio severo do sono, que leva a desequilíbrio emocional e psíquico, a ele deve ser deferida parcela para reparar esse dano psíquico, além da pensão de 20% correspondente à incapacidade física. Recurso conhecido e parcialmente provido". STJ- RESP 299629/SP — Recurso Especial 2001/0003615-5. Relator: Min. Ruy Rosado de Aguiar. Órgão Julgador — 4ª Turma. DJ **4.2.2002**, p. 381.

46). Aliás, nem sequer se aplica ao dano moral a tarifação prevista na Lei de Imprensa, consoante dispõe a Súmula n. 281 do Superior Tribunal de Justiça.

Da mesma forma, na avaliação do dano psicológico não há critério objetivo para quantificar a compensação correspondente, mesmo porque a absorção da dor psíquica varia de indivíduo para indivíduo, pois é um fenômeno nervoso. Afirma-se já existir um aparelho nos EUA e, mais recentemente na Europa, capaz de observar com precisão o momento em que a dor física ou psíquica é sentida. Ele reduz em unidades denominadas "dols" as sensações da pessoa. Ocorre que o mesmo aparelho não consegue medir a dor passada, tampouco a dor moral (cf. Geneviève Viney *apud* Ronaldo Alves de Andrade. *Op. cit.*, p. 127).

Há projeto de lei, no Brasil, aprovado no Senado, n. 150, de 1999, com o substitutivo do Senador Pedro Simon, estabelecendo tarifação para o dano moral.

6.5. Perfil do assediador

O assediador, frise-se, não precisa, necessariamente, ser superior hierárquico, mas, se o for, o assédio classifica-se como "**descendente**", segundo *Leymann*. Sua conduta implica abuso de poder.

O assediador poderá, também, ser um subalterno que sonha em ocupar o cargo do chefe (é o que *Leymann* denomina *mobbing* "**ascendente**") ou vários subalternos que tenham predileção pelo antigo superior hierárquico e pretendam desvalorizar o atual. Os colegas de trabalho que têm dificuldade de conviver com a diferença (mulher em grupo de homens, homossexualidade, diferença religiosa ou social) também poderão ser assediadores[36]. O assédio moral poderá, ainda, manifestar-se de um colega de trabalho para o outro imbuído do espírito de competitividade, inimizade ou inveja. É o chamado *mobbing* "horizontal" (*Leymann*).

Nomenclatura popular, extraída de *site* em português, traça o perfil de vários tipos de assediadores, entre os quais: "**o mala-babão**" — bajulador do patrão e controlador dos subalternos; ***pitt-bul*** — assim considerado o chefe perverso, agressivo, que sente prazer em humilhar e não se sensibiliza ao despedir o empregado; **troglodita** — é o dono da verdade, dita normas e todos devem respeitá-las, sem contestar; **tigrão** — é o que se utiliza de indelicadezas como escudo de sua incompetência e precisa de plateia para presenciar seu comportamento e sentir-se temido ou respeitado; **garganta**: é o que não domina suas atividades, mas adora contar vantagem e desmerecer o subordinado mais preparado. Esses são apenas alguns tipos de assediadores sob a ótica da linguagem popular.

(36) HIRIGOYEN, Marie-France. *Op. cit.*, p. 70.

O perfil do assediador moral, em princípio, é o de uma pessoa "perversa"[(37)]. A provocação que exerce sobre a vítima a leva a ultrapassar os seus limites. O perverso só consegue existir e ter uma boa autoestima humilhando os outros. Em regra, se utiliza "de um tom doutoral, dá a impressão de saber", "usa palavras técnicas sem se preocupar com o sentido", demonstra uma erudição superficial e argumentos incoerentes[(38)].

Muitas vezes o objetivo do assediador é massacrar alguém mais fraco, cujo medo gera conduta de obediência, não só da vítima, mas de outros empregados, que se encontram ao seu lado. Ele é temido e, por isso, a possibilidade de a vítima receber ajuda dos que a cercam é remota. E se agirmos assim nos tornamos cúmplices do assediador pela indiferença, pelo medo ou pela covardia. A meta do "perverso, em geral, é chegar ao poder ou nele manter-se por qualquer meio ou então mascarar a própria incompetência". O importante para o assediador é o domínio na organização; é controlar os outros.

Segundo o psiquiatra *González de Rivera*, entre outros fatores que interferem na personalidade do assediador, está a mediocridade, a inveja e outros sentimentos mesquinhos que o levam a destruir os outros.

Realça a doutrina espanhola[(39)] o perfil de um tipo de assediador, pouco estudado, que é o ocupante de alto cargo, inteligente, muito considerado na sociedade, mas com dose excessiva de vaidade e narcisismo, com tanta exigência de entrega absoluta do subordinado, que acaba por incutir-lhe terror psicológico. Ele adota uma estratégia de utilização e depois de destruição do outro, sem qualquer culpa.

Esse assediador é um perverso narcisista, que, além de egocêntrico precisa ser admirado e não suporta crítica. Gosta de controvérsia; não raro sustenta "determinado ponto de vista em um dia e no dia seguinte defende ideias contrárias", exatamente para chocar ou para levar o outro a se opor[(40)]. É considerado um psicótico sem sintoma. Ele se sustenta na insensibilidade. Desconhece o afeto, a tristeza e o luto, combate a decepção com a vingança premeditada e sem limites. É também sádico, pois alegra-se com o sofrimento alheio[(41)].

Afirmam alguns autores[(42)] que há diferenças entre o assediador e a assediadora. O homem assediador adota comportamentos mais passivos, isolando a vítima. Já a assediadora se utiliza de murmúrios e insinuações, embora esses comportamentos sejam também utilizados pelos homens.

---

(37) Cf. HIRIGOYEN, Marie-France. *Assédio moral:* A violência perversa no cotidiano. 5. ed. Rio de Janeiro: Bertrand Brasil, 2002, p. 133 e 116.
(38) HIRIGOYEN, Marie-France. *Op. cit.*, p. 12 e 116.
(39) GARCIA CALLEJO, José Maria. *Op. cit. passim.*
(40) HIRIGOYEN, Marie-France. *Op. cit.*, p. 121.
(41) HIRIGOYEN, Marie-France. *Op. cit.*, p. 141, 145 e 147.
(42) AUSFELDER, Trude. *Mobbing, el Acoso Moral en el Trabajo.* Océano, 2002, *passim.*

a) Efeitos

O assédio moral no trabalho é um fator de risco psicossocial capaz de provocar na vítima danos à saúde, podendo ser considerado como doença do trabalho, equiparada a acidente do trabalho, na forma do art. 20 da Lei n. 8.213, de 1991. Sob esse prisma, compete à CIPA (Comissão Interna de Prevenção contra Acidentes do Trabalho) atuar na sua prevenção e no seu combate.

O assédio moral afeta também os custos operacionais da empresa, com a baixa produtividade daí advinda, absenteísmo, falta de motivação e de concentração que aumentam os erros no serviço.

Com relação à vítima, os efeitos são desastrosos, pois além de conduzila à demissão, ao desemprego, à dificuldade de relacionar-se, há os sintomas psíquicos e físicos, que variam um pouco entre as vítimas, dependendo do sexo. As mulheres são sujeitas, com exclusividade, a crises de choro; são também mais sujeitas a palpitações, tremores, tonturas, falta de apetite, enquanto os homens (100% deles) têm sede de vingança, ideia e tentativa de suicídio, falta de ar e passam a fazer uso de drogas[(43)].

A depressão, a insônia, a sonolência durante o dia e a dor de cabeça também se encontram presentes em ambos os sexos numa proporção mais equilibrada entre eles (cf. site Assédio Moral no Trabalho: chega de humilhação!).

6.6. O assédio moral na legislação e na doutrina estrangeira

A França, embora já tivesse preceitos legais capazes de enquadrar o assédio moral, **adotou modelo legislativo específico em janeiro de 2002**, acrescentando **em seu Código do Trabalho** (art. 122-49) tipos de artimanhas reiteradas de assédio moral, cujo objeto ou efeito é a degradação das condições de trabalho suscetível de atentar contra os direitos e dignidade do trabalhador, alterar sua saúde psíquica, mental ou comprometer seu futuro profissional.

Assinala a legislação francesa que nenhum assalariado poderá ser punido, despedido ou discriminado, de forma direta ou indireta, especialmente em matéria de salário, formação profissional, reclassificação, transferência ou remoção, qualificação, promoção profissional, alteração de contrato, pelo fato de ter sofrido ou se insurgido contra o assédio moral, testemunhado ou relatado estas situações. Foram estabelecidas também sanções para todo trabalhador que praticar assédio moral contra outro.

A nova legislação trabalhista francesa disciplinadora do assédio moral concede à vítima a possibilidade de valer-se da mediação, antes da via judicial.

---

(43) Cf. *Site* Assédio Moral: chega de humilhação!

Esse comportamento levou a França a alterar também o art. 222-33-2 do seu Código Penal castigando o assediador com um ano de prisão e multa de quinze mil Euros.

A legislação francesa é de inegável utilidade ao tratar do encargo probatório. Considera suficiente que o empregado apresente os elementos de fato, deixando supor a existência do assédio e, ao empregador compete provar que as decisões incriminadas são justificadas por elementos objetivos estranhos ao assédio.

Os doutrinadores franceses têm considerado louváveis essas disposições, principalmente em face das consequências irreversíveis que o assédio moral poderá acarretar, entre as quais o suicídio[(44)].

Já a Suécia, país pioneiro na edição de normas sobre a temática, segundo *José Maria Garcia Callejo*[(45)], publicou em 1993 uma Ordenação definindo o assédio moral como repetidas ações reprováveis ou negativas de várias maneiras, dirigidas contra determinado empregado ou empregados, de forma ofensiva, capazes de provocar sua exclusão da comunidade laboral.

A Ordenação Sueca focaliza o assédio como risco laboral e apresenta um caráter essencialmente técnico preventivo.

A Bélgica também possui legislação sobre o assunto. A referida legislação é de 11 de junho de 2000 e visa a combater a violência no trabalho, incluindo nesse contexto o assédio moral e o sexual no local de trabalho. O assédio moral é ali definido como todo tipo de condutas abusivas e repetidas, de qualquer origem, que se manifestam mediante palavras, comportamentos, atos, escritos ou gestos que visem atentar contra a personalidade, a dignidade ou a integridade física ou psíquica do trabalhador ou pôr em perigo seu emprego ou ainda criar um ambiente degradante, humilhante ou ofensivo.

A mencionada lei estabelece a exigência de medidas preventivas, formativas e informativas a serem tomadas pelo empregador, assim como procedimentos para atuar diligentemente, quando evidenciado o assédio moral. Exige-se que as empresas tenham um conselheiro destinado a solucionar problemas advindos dos riscos sociais no seu conjunto, entre os quais poderão ser incluídos o assédio moral e o assédio sexual. O trabalhador tem direito a recorrer aos procedimentos internos ou judiciais, sendo-lhe facultado ajuizar a ação pessoalmente ou por meio do sindicato de sua categoria profissional.

Em alguns países europeus, a experiência indica que há um certo receio, por parte da vítima do assédio moral, de levar o assunto ao âmbito sindi-

---

(44) BOUTY, Cédri. *Harcèlement moral e droit commun de la responsabilité civile.* Droit Social. Juil-aou 2002, p. 697.
(45) *Op. cit., passim.*

cal, temendo coletivizar a sua situação e adquirir uma publicidade não desejada e possível até de ser usada para outros fins.

No Reino Unido tramita projeto de lei sobre a dignidade no trabalho. Segundo pesquisa feita pelo Instituto de Ciência e Tecnologia de Manchester de 1/3 à metade das doenças provocadas por estresse são geradas por assédio no emprego (*Workplace Bullying, Andy Ellis*), sendo que 1 entre 8 empregados no Reino Unido já sofreu esse terror psicológico, o que equivale a 3 milhões de empregados assediados, num total de 12 milhões de trabalhadores europeus vítimas do assédio moral.

A doutrina espanhola[46] alerta para o assédio moral no serviço público, onde as despedidas são mais difíceis e as chefias são cargos políticos, ocupados por pessoas de baixo nível de formação, que se negam a trabalhar com funcionários independentes que não se prestam à subserviência.

Diante desse cenário, o Parlamento Europeu aprovou, em setembro de 2001, uma Resolução chamando a atenção para o fenômeno. Assinala que o assédio moral apresenta diferentes aspectos: conduta agressiva, que atenta contra a dignidade e a integridade do trabalhador, violência verbal inclusive acompanhada de agressão física, marginalização de quem o sofre e um extenso contingente de manifestações que "dão lugar a perfis muito difusos sob o prisma jurídico".

O Parlamento Europeu admite a dificuldade de se tipificar o assédio moral, mas recomenda que os Estados membros lutem contra ele no local de trabalho, revendo a legislação existente, complementando-a, se possível, com preceitos uniformes. Sugere procedimentos para prevenir e solucionar o problema no setor público e no setor privado. Alerta para o fato de que o aumento crescente de contratos temporários, da precariedade do emprego, principalmente entre as mulheres, criam condições propícias para a prática de diferentes tipos de assédio. Assevera que as mulheres são vítimas também do assédio moral com maior frequência do que os homens[47].

6.7. O assédio moral no Brasil

O serviço público, no Brasil, é também um campo fértil para o desenvolvimento do assédio moral.

Entre nós, já foram editadas algumas leis municipais sobre o assunto, destacando-se a Lei n. 13.288, de janeiro de 2001, de São Paulo, que trata da temática no âmbito da Administração. Seus destinatários são os servidores públicos municipais e a finalidade da lei é protegê-los contra o terror psicológi-

(46) GARCIA CALLEJO, José Maria. *Op. cit. passim.*
(47) GARCIA CALLEJO, José Maria. *Protección jurídica contra el acoso moral en el trabajo o la tutela de la dignidad del trabajador.* Madrid: Gráficas de Diego, 2003, p. 30.

co no trabalho. A referida lei conceitua o assédio moral como "todo o tipo de ação, gesto ou palavra que atinja, pela repetição, a autoestima e a segurança de um indivíduo, fazendo-o duvidar de si e de sua competência, implicando em dano ao ambiente de trabalho, à evolução da carreira profissional ou à estabilidade do vínculo empregatício do funcionário, tais como: marcar tarefas com prazos impossíveis; passar alguém de uma área de responsabilidade para funções triviais; tomar crédito de ideias de outros; ignorar ou excluir um funcionário só se dirigindo a ele por meio de terceiros; sonegar informações de forma insistente; espalhar rumores maliciosos; criticar com persistência, subestimar esforços" (art. 1º, parágrafo único).

Aplicar esse preceito legal aos empregados, em geral, por analogia, não nos parece possível, a não ser que enquadremos a conduta no art. 483 da CLT. Isso porque quem legisla sobre Direito do Trabalho é a União e, segundo, porque invocar o parágrafo único do art. 8º da CLT, ao fundamento de que o Direito Comum seria aplicável não nos parece correto, porque o legislador, quando se refere ao Direito Comum, quer significar o Direito Civil à semelhança do disposto no art. 769 da CLT.

O ideal seria, portanto, uma norma de âmbito federal inserida na CLT combatendo o assédio, à semelhança da legislação francesa, a começar com medidas de prevenção e coibindo o assédio moral com a nulidade da dispensa, da transferência, da demissão ou da punição disciplinar nele fundada, facultando à parte prejudicada a rescisão indireta, tudo isso sem prejuízo da indenização pelos danos ocasionados (material e/ou moral), já que o assunto é tratado de forma incompleta pelo legislador nacional.

Enquanto ausente a legislação, as Convenções Coletivas poderão ser um instrumento eficaz para estabelecer o conceito de assédio moral, com as infrações e sanções nesse terreno, além das medidas destinadas a evitar essa prática.

Há também a Portaria n. 604, de 2000, do Ministério do Trabalho, que instituiu os Núcleos de Promoção de Igualdade de Oportunidades e de Combate à Discriminação em Matéria de Emprego e Profissão. O art. 2º, II, da referida Portaria atribui competência ao referido núcleo para propor estratégias e ações que visem a eliminar a discriminação e o tratamento degradante e que protejam a dignidade da pessoa humana, em matéria de trabalho. O inciso IV do art. 2º da Portaria n. 604, de 2000, por sua vez, dispõe que compete aos Núcleos celebrar parcerias com organizações empresariais, sindicais e não governamentais, objetivando a sistematização do fluxo de informações relativas a vagas disponibilizadas e preenchidas por segmentos da população mais vulneráveis à discriminação.

A jurisprudência começou a dar os primeiros passos a respeito da temática, como se infere desses acórdãos, cujas ementas dispõem:

"**Dano moral. Assédio moral. Contrato de inação. Indenização por dano moral.** A tortura psicológica, destinada a golpear a auto-estima do empregado, visando forçar sua demissão ou apressar a sua dispensa através de métodos que resultem em sobrecarregar o empregado de tarefas inúteis, sonegar-lhe informações e fingir que não o vê, resultam em assédio moral, cujo efeito é o direito à indenização por dano moral, porque ultrapassa o âmbito profissional, eis que minam a saúde física e mental da vítima e corrói a sua auto-estima. No caso dos autos, o assédio foi além, porque a empresa transformou o contrato de atividade em contrato de inação, quebrando o caráter sinalagmático do contrato de trabalho, e por conseqüência, descumprindo a sua principal obrigação que é a de fornecer o trabalho, fonte de dignidade do empregado. Recurso improvido". TRT- 17ª Região — RO 1315.2000.00.17.00.1. Ac. 2276/01, 20.08.02. Rel. Juíza Sônia das Dores Dionízio. *Revista LTr* 66-10/1237.

"**Assédio moral. Resolução do contrato de trabalho por justa causa do empregador. Indenização por dano moral. Cabimento.** O assédio moral, como forma de degradação deliberada das condições de trabalho por parte do empregador em relação ao obreiro, consubstanciado em atos e atitudes negativas ocasionando prejuízos emocionais para o trabalhador, face à exposição ao ridículo, humilhação e descrédito em relação aos demais trabalhadores, constitui ofensa à dignidade da pessoa humana e quebra do caráter sinalagmático do Contrato de Trabalho. Autorizando, por conseguinte, a resolução da relação empregatícia por justa causa do empregador, ensejando inclusive, indenização por dano moral". TRT — 15ª Região — 01711-2001-111-15-00-0 — RO 20.534/2002. Relª.: Juíza Mariane Khayat F. do Nascimento. Publicado em 21.03.2003. *Revista Consultor Jurídico* 14 de julho de 2003.

Nesse último acórdão, como se ressaltou nos fundamentos[(48)], o empregado foi colocado sentado em uma cadeira, por três dias, sem qualquer atividade, como se fosse uma criança de castigo nas antigas escolas ou no recinto familiar. Que houve lesão à honra não há dúvida, entretanto, faltou, no nosso entendimento, o prolongamento no tempo, para enquadrar a citada conduta como assédio moral.

No início de 2004 (fevereiro), ao apreciarmos, como relatora, o RO-1262/02, julgado pela 2ª Turma do TRT da 3ª Região, deparamos com um caso concreto, que, embora a conduta do empregador tivesse durado pouco mais de um mês, configurou o assédio moral. A hipótese gerou dano moral, porque o comportamento do empregador lesou a honra da trabalhadora.

O que se passou foi o seguinte: a relação trabalhista transcorria na mais perfeita ordem, durante dois anos, até que a empregada, no curso do contra-

(48) "Ora, diferentemente do que sustenta a recorrente, o autor desvencilhou-se do encargo probante que lhe competia de demonstrar que sofreu assédio moral, relatado em sua peça exordial, a medida em que sua única testemunha, assim declarou: '...que viu o reclamante sentado em uma cadeira, durante todo o dia de trabalho, por 03 dias, sem fazer nada, que não sabe dizer porquê; que durante esses 3 dias a sala onde o reclamante trabalhava permaneceu fechada; que o reclamante trabalhava sozinho nessa sala; que viu o reclamante lendo a bíblia no primeiro dia; que não sabe dizer se foi proibido ou não, só que não viu mais o reclamante lendo tal livro' (fl. 20)."

to, acionou a empregadora reivindicando, entre outros direitos, horas extras. A partir daí, e por pouco mais de um mês, as sócias da empresa passaram a chamá-la de cínica, "cara-de-pau", "ladra", "rata", "safada", entre outros termos impublicáveis, sugerindo aos empregados que não lhe dirigissem a palavra ou verificassem em seus pertences se não faltava alguma coisa. Não bastassem esses acontecimentos, a reclamada passou a ignorá-la, alterou-lhe a função, cortou-lhe o adiantamento de vale-transporte e de numerário para o almoço e outras vantagens.

A prova revelou que a autora teve seu comportamento "dócil" e "calmo", alterado após esses fatos e a reclamada, após o ajuizamento da ação trabalhista pela autora passou a discriminá-la e a humilhá-la.

A prova testemunhal produzida não conseguiu infirmar o quadro, gravíssimo, de ofensas à honra da reclamante pelas gravações vistoriadas.

É evidente que não estamos desculpando a reclamante por eventual falta ocorrida no serviço, como a relativa ao não repasse à sua superiora de uma correspondência de processo licitatório. Quem a perdoou, aliás, foi a própria empresa, que, à época, não tomou qualquer providência de cunho disciplinar contra ela.

Esse aspecto é essencial, pois trata-se da única irregularidade da reclamante, ocorrida em condições normais, que teria, de fato, sido demonstrada nos autos.

Quanto ao seu comportamento descontrolado (xingamento, cinismo etc.), as próprias testemunhas arroladas pela reclamada deixam claro que isso teria ocorrido após o ajuizamento da referida ação, quando, por causa dessa iniciativa, passou a ter tratamento discriminatório e humilhante.

O ajuizamento de ação contra o empregador, evidentemente, não pode ser tomado como irregularidade, pois fazer valer a lei pelos meios próprios é, antes de tudo, uma atitude civilizada, com respaldo constitucional.

O que a reclamada não poderia fazer, de modo algum, era, em represália, transformar a relação de emprego num verdadeiro palco de humilhações, abjeções e desumanidades como as que constam registradas nas gravações de uma fita feita pela própria empregada.

A atitude tomada pela autora, no sentido de precaver-se gravando os fatos, induz à conclusão de que a reclamante não era pessoa ingênua, pois tal fato não acontece normalmente nas relações de trabalho.

Reconhecemos que as circunstâncias reveladas nos autos, sobretudo pela prova técnica, autorizavam a rescisão indireta do contrato de trabalho, por força do art. 483, *e*, da CLT e a indenização por dano moral, à falta de prova da justa causa invocada com amparo em diversas alíneas do art. 482

da CLT. Além da prova testemunhal, valemo-nos da prova pericial feita por determinação judicial em fita gravada pela empregada no local de trabalho.

Questão altamente polêmica, nesse processo, diz respeito à validade dessa gravação. Toda a discussão, no caso concreto em exame, deu-se pelo fato de se tratar de uma gravação feita no ambiente de trabalho sem o conhecimento das demais pessoas ali presentes, conforme a própria autora admitiu.

No nosso entendimento, essa circunstância não caracteriza a prova como obtida de forma ilegal, já que não se trata de interceptação de conversa alheia ou, mesmo, de divulgação de conversa privada. Todas as partes da gravação que interessam ao caso são aquelas em que a reclamante, autora das gravações, aparece como um dos interlocutores e tudo o que foi gravado, conforme já se disse, foi dito em público (no local de trabalho), e não em conversa reservada entre a reclamante e quaisquer das demais pessoas ali envolvidas.

Por isso, não se vislumbra afronta à inviolabilidade da vida privada ou da intimidade de quem quer que seja, ambas garantidas no art. 5º, X, da Constituição Federal, ou, mesmo, de violação de correspondência ou comunicação telefônica, de que trata o inciso XII desse mesmo art. 5º da Constituição vigente. Daí decorre, também, que a hipótese não se rege pela Lei n. 9.296, de 1996, que regulamenta esse último dispositivo constitucional.

Estamos tratando de atos da vida social dos envolvidos (relações de trabalho). Logo, de atos do âmbito de atuação pública destes.

Assim sendo, a prova em questão não esbarra na disposição do inciso LVI do art. 5º do texto constitucional, já que não foi obtida de forma ilícita, pois não ofende norma de direito material, ou ilegítima, haja vista que não contraria a lei processual.

No caso, a reclamante, indubitavelmente, estava lançando mão do seu direito de defesa, com os meios legítimos de que dispunha, isto é, registrando as palavras ofensivas que lhe foram dirigidas no seu ambiente de trabalho, ou seja, em local público, ciente da dificuldade que teria de se desincumbir do encargo probatório das ofensas sofridas. Seria contrassenso querer alçá-las, agora, à categoria de conversas privadas, para o fim de afastar a prova.

O próprio TST tem também admitido até gravação de conversa telefônica realizada por uma das partes, como prova válida no processo trabalhista[(49)].

---

(49) "**Gravação telefônica**. A aceitação no processo Judiciário do Trabalho, de gravação de diálogo telefônico mantido pelas partes e oferecida por uma delas, como prova para elucidação de fatos controvertidos em juízo, não afronta suposto direito líquido e certo da outra parte, a inviolabilidade do sigilo das comunicações telefônicas, porque essa garantia se dá em relação a terceiros e não aos interlocutores. Recurso Ordinário a que se nega provimento, para ser confirmado o acórdão regional, que negou a

Da mesma forma, o STJ tem admitido a gravação de conversa por um dos interlocutores para fazer prova no processo penal, como se infere do seguinte aresto:

"**Processual. Gravação de conversa autorizada por um dos interlocutores. Controvérsia.** 1. A jurisprudência desta Corte tem firmado o entendimento de que a gravação de conversa por um dos interlocutores não configura interceptação telefônica, sendo lícita como prova no processo penal. 2. Para se verificar se houve a efetiva autorização ou não por parte do ora paciente, necessária seria a realização de dilação probatória, o que não se admite nesta via constitucional. 3. Não conheço do *Habeas Corpus*". STJ — HC 14336. Processo 200000961787 — Ac. 5ª Turma — Relator: Min. Edson Vidigal. DJ 18.12.2000, p. 224. JBC v. 39, p. 350.

O Tribunal de Justiça de Minas Gerais também tem-se manifestado nessa direção:

"**Coação no curso do processo (art. 344 do CP) — Gravação de diálogos por um dos interlocutores. Meio lícito de prova.** É admissível a utilização, como prova, de fita magnética contendo gravação de diálogo entabulado por um dos interlocutores, sem ciência do outro". Tribunal de Justiça de MG — 3ª Câmara Criminal — MG 27.9.2000. Apelação Criminal n. 000.173.653-7/00. Rel.: Des. Odilon Ferreira.

Desse modo, não é o meio utilizado para se obtê-la que invalidará a prova em questão.

Por outro lado, o laudo pericial, conquanto admita que nem tudo o que foi dito entre as partes consta da gravação (o que é óbvio), deixa claro que não houve "montagem" na referida fita, ou seja, evidencia que a reclamante não introduziu ali qualquer alteração de conteúdo posterior ao registro. Além disso, o perito identifica as sócias proprietárias e a reclamante como participantes das conversas, sendo as duas primeiras reconhecidamente as sócias da reclamada envolvidas nos fatos, sobre o que, aliás, a reclamada não estabelece controvérsia.

O fato de a reclamante estar sabendo da gravação por ela mesma feita, por si só, não torna a prova ilegítima, ou moralmente ilegítima, como diz o art. 332 do CPC. As circunstâncias dos autos não revelam o uso de qualquer ardil de sua parte que induzisse as representantes da reclamada a tomarem a iniciativa das ofensas registradas.

Toda essa gravação, analisada e transcrita pelo perito, é, na verdade, um extenso, intenso e profundo rol de humilhações de toda ordem, perpetrado pela sócia proprietária da reclamada contra a reclamante.

6.8. A dificuldade da prova

Queremos lembrar, ainda, que a prova de algumas condutas configuradoras do assédio moral é muito difícil; logo, incumbe à vítima apresentar indícios que levem a uma razoável suspeita, aparência ou presunção da figura em exame e o demandado assume o ônus de demonstrar que sua conduta foi razoável, isto é, não atentou contra qualquer direito fundamental. É nessa direção que se inclina a recente legislação francesa sobre a temática (art. 122-52 do Código do Trabalho). A experiência revela que se não existir a adequada distribuição da carga probatória, a normativa a respeito da temática não se tornará efetiva e permanecerá no terreno da declaração de boas intenções.

6.9. Conclusão

Dado o número expressivo de comportamentos capazes de gerar esse tipo de violência psíquica (o assédio moral), podemos afirmar que não existe nenhuma empresa e nenhum de seus integrantes que estejam isentos do risco de incorrer nesta prática reprovável. Portanto, apesar de, em geral, o assediador ser um perverso, todos nós poderemos nos enquadrar no tipo legal quando nos deixarmos vencer pelo ódio, pela vaidade excessiva ou pela tentação de impor nossas opiniões, como senhores absolutos da verdade. E para conter essa tentação deve-se deixar claro, na legislação, para todos os membros de uma empresa ou órgão público, independentemente de hierarquia, que as suas ações têm como limite as normas de respeito e de comportamento ético, com relação a todas as pessoas que ali labutam, cuja alma é um bem jurídico que se impõe tutelar.

Referências Bibliográficas

AEBERHARD-HODGES, J. Jurisprudencia reciente sobre el acoso sexual en el trabajo. *Revista Internacional del Trabajo*. V. 115, n. 5, 1996/5.

ARAÚJO, Francisco Rossal de. *A boa-fé no contrato de emprego*. São Paulo: LTr, 1996.

AULETTA, Tommaso Amedeo. *Riservatezza e tutela della personalità*. Milano: Giuffrè, 1978.

AUSFELDER, Trude. *Mobbing, el acoso moral en el trabajo*. Oceano, 2002.

AVOLIO, Luiz Francisco Torquato. *Provas ilícitas. Interceptações telefônicas e gravações clandestinas*. São Paulo: Revista dos Tribunais, 1995.

BARBAGELATA, Anibal Luis. La independencia de la consciencia moral y cívica del trabajador. *Revista Derecho Laboral*, Montevideo, n. 25 a 30, p. 1-14, 1950.

BARROS, Alice Monteiro de. *A mulher e o Direito do Trabalho*. São Paulo: LTr, 1995.

______. *Proteção à Intimidade do Empregado*. São Paulo: LTr, 1997.

______. *Curso de Direito do Trabalho*. 4. ed. São Paulo: LTr, 2008.

BELLAVISTA, Alessandro. *Il controllo sui lavoratori*. Torino: Giappichelli, 1995.

BENYEKHLEF, Karim. *La protection de la vie privée dans les échanges internationaux d'informations*. Montréal: Thémis, 1992.

BITTAR, Carlos Alberto. Danos morais: critérios para fixação. *Repertório IOB*, ago. 1993.

______. *Os direitos da personalidade*. Rio de Janeiro: Forense, 1989.

BLANPAIN, Roger e JAVILLIER, Jean-Claude. *Droit du travail communautaire*. 2. ed. Paris: LGDJ, 1995.

BOSSET, Pierre. *La discrimination indirecte dans le domaine de l'emploi — aspects juridiques*. Québec: Les Editions Yvon Blais Inc., 1989.

BOUTY, Cédri. *Harcèlement moral e droit commun de la responsabilité civile*. Droit Social. Juil-aou 2002.

BRUNO, Aníbal. *Crimes contra a pessoa*. 3. ed. Rio de Janeiro: Rio, 1975.

BUERGENTHAL, Thomas; NORRIS, Robert E.; SHELTON, Dinah. *La protección de los derechos humanos en las Americas*. Madrid: Civitas, 1990.

BUY, Michel. Les droits fondamentaux de la personne dans les relations de travail en France — In: *Actes du colloque — Relation d'emploi et droits de la personne:* évolution et tensions!. Québec: Les Éditions Yvon Blais, p. 239-264, 1993. (Dir de Denis Nadeau et Benît Pelletier).

CALHEIROS BOMFIM, B. *Dicionário de Decisões Trabalhistas.* 25. ed. Rio de Janeiro: Edições Trabalhistas, 1995.

CALVO, Maria Del Mar Serna. Acoso Sexual en las relaciones laborales. *Revista Relasur*, n. 2.

CAMPOS, Diogo de Leite. *Lições de Direito da Personalidade.* 2. ed. Coimbra, 1995.

CÂNDIA, Ralph. *Comentários aos contratos trabalhistas especiais.* 2. ed. São Paulo: LTr, 1990.

CAPPELARI, Récio Eduardo. *Responsabilidade pré-contratual.* Porto Alegre: Livraria do Advogado, 1995.

CARDONE, Marly. A responsabilidade civil no Direito do Trabalho. *Repertório IOB de Jurisprudência,* n. 18, set. 1993.

______. O assédio sexual como justa causa. *Repertório IOB de Jurisprudência.* 1ª Quinzena de dezembro de 1994, n. 23/94.

CARMO, Júlio Bernardo do. O dano moral e sua reparação no âmbito do Direito Civil e do Trabalho. *Revista LTr*, São Paulo, 60-03/318.

CASTELO, Jorge Pinheiro. Do dano moral trabalhista. *Revista LTr,* São Paulo, v. 59, n. 4, p. 488-491.

CASTRO, Maria P. S. W.O conhecimento da gestação pelo empregador ante os direitos de personalidade. *Revista LTr*, São Paulo, v. 59, n. 3, p. 326-332.

CHAVES, Antonio. Direitos da personalidade e dano moral. *Revista LTr,* São Paulo, v. 59, n. 3, p. 342-347.

CONCEPCIÓN RODRÍGUEZ, Jose Luis. *Honor, intimidad e imagen.* Barcelona: Bosch, 1996.

COSTA, Orlando Teixeira da. O trabalho e a dignidade do trabalhador. *Revista LTr*, São Paulo, v. 59, n.5, p. 591-598.

COSTA JÚNIOR, Paulo José. *O direito de estar só: tutela penal da intimidade (art. 162 do novo Código Penal).* São Paulo: Revista dos Tribunais, 1970.

COUTINHO, Léo Meyer. *Código de Ética Médica Comentado.* São Paulo: Saraiva, 1994.

CRETELLA JÚNIOR, J. *Comentários à Constituição de 1988.* 2. ed. Rio de Janeiro: Forense, 1990.

CUNHA, Maria Inês Moura Santos Alves da. O dano moral e o Direito do Trabalho. *Revista Synthesis,* São Paulo, 14/92.

CUPIS, Adriano de. *Os direitos da personalidade.* Lisboa: Morais, 1961. (Trad. de Adriano Vera Jardim e Antonio Miguel Caieiro).

D'AOUST, Claude. Relation d'emploi et droit de la personne. In: *Actes du colloque Relation d'emploi et droits de la personne:* évolution et tensions! Québec: Éditions Yvon Blais, p. 35-49, 1994. (Dir. de Denis Nadeau et Benoit Pelletier).

DALAZEN, João Oreste. Indenização civil de empregado e empregador por dano patrimonial ou moral. *Revista de Direito do Trabalho*, São Paulo, n. 77, p. 43-55, mar. 1992.

DAUBLER, Wolfgang. *Derecho del trabajo*. Madrid: Centro de Publicaciones. Ministerio de Trabajo y Seguridad Social, 1994.

DEL VALLE, José Manuel. El derecho a la intimidad del trabajador durante la relación de trabajo. *Actualidad Laboral*, n. 39, p. 485-506, oct. 1991.

DELGADO, José Augusto. Alguns aspectos controvertidos no processo de conhecimento. *Revista dos Tribunais*, São Paulo, n. 664, p. 27-33, fev. 1991.

DIAS, Dyrceu Aguiar. O assédio sexual e a política. *Revista dos Tribunais*, São Paulo, n. 704, p. 293-295, jun. 1994.

DIAS, José Aguiar. *Da responsabilidade civil*. 4. ed. Rio de Janeiro: Forense, 1960.

DOCUMENTOS DE DERECHO SOCIAL. Ginebra: Oficina Internacional del Trabajo, 1992/3.

______. Ginebra: Oficina Internacional del Trabajo, 1995/2.

DONATO, Messias Pereira. *Curso de Direito do Trabalho*. 3. ed. São Paulo: Saraiva, 1979.

DOTTI, René Ariel. *Proteção da vida privada e liberdade de informação*. São Paulo: Revista dos Tribunais, 1980.

DRAPEAU, Maurice. *Le harcèlement sexual au travail*. Québec: Les Éditions Yvon Blais Inc. 1991.

DROIT ET SIDA. *Guide Juridique*. 2. ed. Paris: Libraire Générale de droit et de jurisprudence, 1994.

DURÁN LÓPEZ, Federico. Inviolabilidad de la persona del trabajador. In: *Comentarios a las leys laborales*. El Estatuto de los Trabajadores. Edersa, Madrid, v. IV, 1983, p. 531-554. (Dir. Efrén Borrajo Dacruz).

EL TRABAJO en el mundo. Ginebra: Oficina Internacional del Trabajo, 1992.

ERMIDA URIARTE, Oscar. AIDS e Direito do Trabalho. *Revista de Direito do Trabalho*, São Paulo, n. 83, p. 48-56, set. 1993.

______. e outro. Drogacción y Derecho Laboral. *Revista Trabalho e Processo*, São Paulo, n. 7, p. 142-155, dez. 1995.

FERNANDES, Milton. *Proteção Civil da Intimidade*. São Paulo: Saraiva, 1977.

FERRARI, Irany e MARTINS, Melchíades Rodrigues. *Dano Moral. Múltiplos aspectos nas relações de trabalho*. 3. ed. São Paulo: LTr.

FLORINDO, Valdir. *Jornal Trabalhista*, Brasília: Grupo CTA, mar. 1995.

______. A proximidade da Justiça do Trabalho com o Dano Moral. *Jornal Trabalhista*. Brasília: Grupo CTA, jun. 1995.

______. *Dano moral e o Direito do Trabalho*. São Paulo: LTr, 1995.

FONTANA, Antonio. Impianti audiovisivi. Quando é necesario l'accordo con le R.S.A? *Il diritto del lavoro*, II, 1984.

FRANÇA, Rubens Limongi. *Manual de Direito Civil.* 2. ed. São Paulo: Revista dos Tribunais, 1971.

FREIRE, Fernando B. Dano moral. *Revista LTr,* São Paulo, v. 57, n.7, p. 836-837.

GARCIA, San Miguel Rodrígues & ARANGO, Luis. *Reflexiones sobre la intimidad como límite e la libertad de expresión.* Estudios sobre el Derecho a la intimidad. Madrid: Tecnos, 1992.

GARCIA CALLEJO, José Maria. *Protección jurídica contra el acoso moral en el trabajo o la tutela de la dignidad del trabajador.* Madrid: Gráficas de Diego, 2003.

GENESIS. *Revista de Direito do Trabalho.* Curitiba, n. 46, out. 96.

GHERSI, Carlos Alberto. *Daño moral y psicológico.* Buenos Aires: Astrea, 2002.

GIANNOTTI, Edoardo. *A tutela constitucional da intimidade.* Rio de Janeiro: Forense, 1987.

GIGLIO, Wagner D. *Justa causa.* 4. ed. São Paulo: LTr.

GOMES, Orlando. *Direitos da personalidade e responsabilidade civil.* Novos temas de Direito Civil. Rio de Janeiro: Forense, 1983.

______. *Introdução ao Direito Civil.* 8.ed. Rio de Janeiro: Forense, 1986.

GOÑI SEIN, José Luis. *El respeto a la esfera privada del trabajador;* un estudio sobre los límites del poder de control empresarial. Prólogo de Manuel-Carlos Palomeque López. Catedrático de Derecho del Trabajo en la Universidad de Salamanca. Madrid: Civitas, 1988.

______. *La videovigilancia empresarial y la protección de datos personales.* Thompson: Civitas, 2007.

GONZÁLEZ SEPÚLVEDA, Jaime. *El derecho a la intimidad privada.* Chile: Andres Bello, 1972.

GRÉGOIRE, Sylvie. *La problematique du sida en milieu de Travail.* Montréal: Éditions Wilson e Lafleur, 1994.

GUISTINA, Beatriz della. A reparação do dano moral decorrente da relação de emprego. *Jornal Trabalhista.* Brasília: Grupo CTA, jul. 1995.

GUTIÉRREZ GUTIÉRREZ, Ignacio. *Dignidad de la persona y derechos fundamentales.* Barcelona: Marcial Pons, 2005.

HIRIGOYEN, Marie-France. *Assédio moral. A violência perversa no cotidiano.* 5. ed. Rio de Janeiro: Bertrand Brasil, 2002.

HUSBANDS, Robert. Análisis internacional de las leyes que sancionan el acoso sexual. *Revista Internacional del Trabajo,* Ginebra, v. 112, n. 1, 1993.

______. *Workers' Privacy,* Parte III: Testing in the Workplace, ILO, 12 (2). Conditions of Work Digest (1993).

IL GIUDICE e il rispetto del diritto alla riservatezza atti del quinto Congresso Internaionale. Firenze 4-6. Ottobre 1974. Milano: Giuffrè, 1978.

JANKANISH, Michele. *Workers' Privacy,* Parte I: Monitoning and Surveillance in the Workplace, ILO, 12 (1), Conditions of Work Digest (1993).

JORNAL ESTADO DE MINAS. Belo Horizonte, fev. 1994.

JORNAL DO MAGISTRADO, n. 32, dez. 1995.

JUVIGNY, Pierre. La protección de los trabajadores frente a las nuevas tecnicas de registro y tratamento de datos. *Revista Internacional del Trabajo*, Ginebra, v. 94, n. 3, p. 267-282, nov./dic. 1976.

LACERDA, Dorval de. *A falta grave no Direito do Trabalho*. 3. ed. Rio de Janeiro: Edições Trabalhistas, 1964.

LAMARCA, Antonio. *Manual das justas causas*. São Paulo: Revista dos Tribunais, 1977.

LEÃO, Antônio Carlos Amaral. A questão do dano moral na Justiça do Trabalho. *Revista dos Tribunais*, São Paulo, v. 701, p. 248-249, mar. 1994.

LEVADA, Cláudio Antônio Soares. Anotações sobre o abuso de direito. *Revista dos Tribunais*, São Paulo, n. 667, p. 44-50, maio 1991.

LIMONGI, Rubens França. *Manual de Direito Civil*. 2. ed. v. I. São Paulo: Revista dos Tribunais, 1971.

LINDON, Raymond. *Les Droits de la Personalité*. Paris: Dalloz, 1974. 372 p.

LINHARES, Marcello Jardim. *Lei das Contravenções Penais interpretada pelos tribunais*. São Paulo: Saraiva, 1987.

LÓPEZ, Valentín Carrascosa. *Derecho a la intimidad e informática*. Informática y Derecho.

LOPEZ PINA, Antonio. *La garantía constitucional de los derechos fundamentales. Alemanha, España, Francia e Italia*. Madrid: Civitas, 1991.

MAGALHÃES NORONHA, E. *Direito Penal*. 18. ed. São Paulo: Saraiva, 1988.

MAGANO, Octavio Bueno. *Manual de direito do trabalho*. Direito individual do trabalho. 4. ed. São Paulo: LTr, 1993.

MANSO, Eduardo Vieira. A tutela dos direitos de personalidade pelas disposições do Direito do Trabalho. *Revista de Direito do Trabalho*, São Paulo, n. 70, p. 22-29, nov./dez. 1987.

MARANHÃO, Délio. *Instituições de Direito do Trabalho*. 12. ed. São Paulo: LTr, 1991.

MARQUES, Adélson do Carmo. O assédio sexual no trabalho: um problema penal, civil ou da Justiça do Trabalho? *Jornal Trabalhista*. Brasília: Grupo CTA, p. 568-569, jun.1994.

MASCARELLO, Graziella. Brevi reflesioni su alcuni nuovi profili interpretativi in materia di collocamento e di divieto di indagini sulle opinioni dei lavoratori, *Rivista Giuridica del Lavoro*, Roma, Parte IV, 1978.

MATTIA, Fábio Maria. *Direitos de Personalidade: aspectos gerais*. In: Estudos de Direito Civil. (coord. Antônio Chaves). São Paulo: Revista dos Tribunais, 1979.

MEIRELES, Edilton. Aferição do dano moral trabalhista. *Jornal Trabalhista*. Brasília: Grupo CTA, fev. 1995.

MENEZES, Cláudio A. Couce. A responsabilidade civil no direito material e processual do trabalho. *Jornal Trabalhista*. Brasília: Grupo CTA, ago. 1995.

MESQUITA, Luiz José de. *Direito disciplinar do trabalho*. 2. ed. São Paulo: LTr, 1991.

MONTINGELLI, Antônio Disney. Da responsabilidade civil dos pais, patrões e outros (algumas considerações sobre os arts. 1521 e 1523 do Código Civil). *Revista de Jurisprudência do Tribunal de Justiça do Estado de São Paulo*, v. 70, 1981.

MORAES, Walter. Direito de Personalidade. Estudo da matéria no Brasil. In: *Estudos de Direito Civil*. (Coord. Antônio Chaves). São Paulo: Revista dos Tribunais, p. 125-138, 1979.

MORAIS FILHO, Evaristo de. *A justa causa na rescisão do contrato de trabalho*. 2. ed. Rio de Janeiro: Forense, 1968.

MORANGE, Jean. *La déclaration des droits de l'homme et du citoyen*. Paris: Presses Universitaires de France, 1988.

MOREAU, Marie-Ange. À propôs de l'abus d'autorité em matière sexuelle. *Droit Sociel*, fev. 1993.

MOREIRA, José Carlos Barbosa. *Temas de direito processual*. 2. ed. São Paulo: Saraiva, 1988.

MORENO HERNÁNDEZ, Moisés. El deber del profesional frente a la intimidad de su cliente. *Revista da Facultad de Derecho de Mexico*, v. 43, n. 187, 188, enero-abril de 1993.

MULHERES DA EUROPA. Bruxelas: Comissão das Comunidades Europeias, n. 32, jan.1991.

MURILLO DE LA CUEVA, Pablo Lucas. Informática y protección y datos personales. *Cuadernos y Debates*, Madrid: Centro de Estudios Constitucionales, n. 43, p. 165, 1993.

NASCIMENTO, Amauri Mascaro. *Iniciação ao Direito do Trabalho*. 15. ed. São Paulo: LTr.

OLIVEIRA, Sebastião Geraldo de. Indenizações por acidente do trabalho ou doença ocupacional. 4. ed. São Paulo: LTr, 2008.

ORGANIZACIÓN INTERNACIONAL DEL TRABAJO. *La lucha contra la discriminación en el trabajo*. Ginebra: Oficina Internacional del Trabajo, 1968.

ORTI VALLEJO, Antonio. *Derecho a la intimidad e informática*. Granada: Comares, 1994.

PASCUAL MEDRANO, Amélia. *El derecho fundamental a la propia imagen. Fundamento. Contenido, Titularidade y Límites*. Thomson: Aranzadi, 2003.

PASTORE, José e ROBORTELLA, Luiz Carlos A. *Assédio sexual no trabalho. O que fazer?* São Paulo: Makron Books, 1998.

PEDREIRA, Pinho. A reparação do dano moral no Direito do Trabalho. *Revista LTr*, São Paulo, v. 55, n. 5, p. 552-559.

PEREIRA, Caio Mário da Silva. *Responsabilidade civil*. 6. ed. Rio de Janeiro: Forense, 1995.

PEREZ DEL CASTILLO, Santiago. Nova jurisprudência do Tribunal de Apelações do Trabalho Uruguaio sobre dano moral por ocasião da despedida. *Revista Synthesis*, São Paulo, 5/87.

PÉREZ LUNO. Los derechos humanos en la sociedad tecnológica. *Cuadernos y Debates*, Madrid: Centro de Estudios Constitucionales, n. 21, 1989.

PEZÉ, Marie Grenier. Souffrance et travail. Estudos realizados no campo da Medicina do Trabalho. Disponível em: <www.cnrs.fr/cnrspresse/n393/html/393a02.htm>.

PISÓN CAVERO, José Martínez de. *El derecho a la intimidad en la jurisprudencia constitucional*. Madrid: Civitas, 1993.

PIZARRO, Daniel Ramón; HORACIO, Roitman. El daño moral y la persona jurídica. Daños a la persona. *Revista de Derecho Privado y Comunitario*. Argentina: Rubinzal-Culzoni.

PLÁ RODRIGUEZ, Américo. *Atas do III Congresso Regional Americano de Direito do Trabalho e da Seguridade Social*. Montreal: Les éditions Yvon Blais, 1995.

______. El derecho laboral y la protección de la intimidad del trabajador. *Revista Derecho Laboral*, Montevidéo, v. 29, n. 144, p.587-611, oct./dic.1986.

PONTES DE MIRANDA, F. C. *Tratado de Direito Privado*. Rio de Janeiro: Borsoi, 1971.

POZZETO, Gabriela. La tutela della dignità nei luoghi di lavoro: le molestie sessuali (l'ordinamento belga e quello francese). *Il diritto del lavoro*. Parte I. nov./dic. 94, ano LXVIII.

PRUNES, José Luiz Ferreira. *Justa causa e despedida indireta*. Curitiba: Juruá, 1995.

REIS, Raquel Tavares dos. *Liberdade de consciência e de religião e contrato de trabalho do trabalhador de tendência*. Coimbra: Coimbra, 2004.

REPERTORIO de recomendaciones prácticas sobre el tratamento de cuestiones relacionadas con el alcohol y las drogas en el lugar de trabajo. *Oficina Internacional del trabajo*. Ginebra 22, Suiza, 1996.

REVISTA DE RELASUR, Montevidéu, n. 2, 1994.

______. Montevidéu, n. 6, 1995.

REVISTA INTERNACIONAL DEL TRABAJO, Ginebra: OIT, v. 102, n. 1, 1983.

______. Ginebra: OIT, v. 103, 1984.

______. Ginebra: OIT, v. 109, n. 1, 1990.

______. Ginebra: OIT, v. 110, n. 1, 1991.

______. Ginebra: OIT, v. 111, n.2, 1992.

______. Ginebra: OIT, v. 112, n. 1, 1993.

______. Ginebra: OIT, v. 112, n. 43, 1993/3.

______. Ginebra: OIT, v. 115, n. 5, 1996/5.

REVISTA VEJA. Brasmarket. Análise e Investigação de Mercado. v. 28, n. 7, fev. 1995.

RIBEIRO DE VILHENA, Paulo Emílio. Revista. Direito de Revista (Antessupostos constitucionais). In: *Direito do Trabalho e Fundo de Garantia*. São Paulo: LTr, 1978

RIVA SANSEVERINO, Luisa. *Sobre a tutela da personalidade moral do trabalhador*. Tendências de Direito do Trabalho Contemporâneo. São Paulo: LTr, v. III, p. 30-38, 1980.

______. *Curso de direito do trabalho*. São Paulo: LTr, 1976. (Trad. Elson Gottschalk).

RIVERA, Júlio César. Responsabilidad civil por daños a los derechos de la personalidad. Daños a la persona. *Revista de Derecho Privado e Comunitario,* Argentina: Rubinzal-Calzoni Editores.

RIVISTA IL DIRITTO DEL LAVORO, Roma, v. 68, p. 478-486, nov./dic.1994.

ROMAN GARCIA, Antonio. *El precontrato. Estudio dogmático y jurisprudencial*. Madrid: Montecorvo, 1982.

ROUX, André. *La protection de la vie privée dans les rapports entre l'etat et les particuliers*. Paris: Economica, 1983.

ROY-LOUSTAUNAU, Claude. Le droit du harcèlement sexual um puzzle législatif et des choix novatéurs. *Droit Social* n. 6, juin. 1995.

RUBENSTEIN, M. *La dignità della donna nel mondo del lavoro. Relazione sul problema delle molestie sessuali negli stati membri delle comunnità europee*. 1987. Bruxelles.

RUIZ MIGUEL, Carlos. *La configuración constitucional del derecho a la intimidad*. Madrid: Tecnos, 1995.

SALGADO, Joaquim Carlos. Os direitos fundamentais. *Revista Brasileira de Estudos Políticos*. UFMG, n. 82, jan./96.

SANCHEZ AGESTA, Luis. *Sistema político de la Constitución española de 1978*. 5. ed. Madrid: Edersa, 1989.

SANTONI, Francesco. A tutela da dignidade e da privacidade do empregado. In: *Princípios para um Código-Tipo de Direito do Trabalho para a América Latina*. (Coords. Gian Carlo Perone e Sandro Schipani). São Paulo: LTr, 1996.

SAVATIER, René. *Traité de la responsabilité civil en droit français*. 2. ed. Paris: Librairie Generale de Droit et jurisprudence, 1951.

SERIE LEGISLATIVA. *Selección de legislación en materia de trabajo y seguridad social*. Ginebra: Oficina Internacional del Trabajo, 1987, NZ1.

SHAHANDEH, Behrouz. Alcoholismo y toxicomanía en el lugar de trabajo: consecuencias y medidas de lucha. *Revista Internacional del Trabajo*. Ginebra: OIT, v. 104, n. 2, abr./jun. 1985.

SILVA, Carlos Alberto Barata. *Compêndio de direito do trabalho*. São Paulo: LTr, 1978.

SILVA, Edson Ferreira. *Direito à Intimidade*. São Paulo: Juarez de Oliveira, 2003.

SILVA, Clóvis V. do Couto. O conceito de dano no Direito Brasileiro e Comparado. *Revista dos Tribunais*, São Paulo, n. 667, 1991, p. 7-16.

SILVA, José Afonso da. *Curso de Direito Constitucional Positivo*. 8. ed. São Paulo: Malheiros, 1992.

SILVA, Wilson Melo da. *O dano moral e sua reparação*. 2. ed. Rio de Janeiro: Forense, 1969.

SIMITIS, Spiro. *Workers' Privacy*, Parte I: Protection of Personal Data, ILO, 10 (2) Conditions of Work Digest (1991).

SOUZA, Rabindranath V. A. Capelo de. *O direito geral de personalidade*. Coimbra: Coimbra Editora, 1995. 703p. (Tese de doutorado).

SOUZA, Ronald A. Invasão da privacidade do empregado. *Jornal Trabalhista*. Brasília: Grupo CTA, pp.546-547, jun. 1994.

SÜSSEKIND, Arnaldo Lopes. Tutela da personalidade do empregado. *Revista LTr*, São Paulo, v. 59, n. 5, p. 595-598.

SZANIAWSKI, Elimar. *Direitos de personalidade e sua tutela*. São Paulo: Revista dos Tribunais, 1993.

TARETTO, Silvio. O sucesso empresarial escrito nas estrelas. *Jornal Trabalhista*. Brasília. Consulex. v. 11, n. 502, abr. 1994.

TATARELLI, Maurizio. *La donna nel rapporto di lavoro*. Padova: Cedam, 1994.

TEIXEIRA, João Régis Fassbender. *Alcoolismo. Doença no mundo do direito*. Curitiba: Juruá, 1992.

TEIXEIRA FILHO, João de Lima. *Repertório de Jurisprudência Trabalhista*. v. 4. Rio de Janeiro: Freitas Bastos, 1986.

THEODORO JÚNIOR, Humberto. A gravação de mensagem telefônica como meio de prova no Processo Civil. *Boletim Técnico*, Belo Horizonte, v .1, jan. 1994.

TOSTES MALTA, Christovão Piragibe. *Prática do Processo Trabalhista*. 19. ed. 1989.

TRABAJO. Revista da OIT, n. 10, 1994.

______. Revista da OIT, n. 11, 1994.

______. Revista da OIT, n. 11, 1995.

______. Revista da OIT, n. 12, 1995.

TREBILCOCK, Anne M. El sida y el lugar de trabajo. Orientaciones deducibles de las normas internacionales del trabajo. *Revista Internacional del Trabajo*, Ginebra: OIT, v. 108, n. 2, 1980.

TRINDADE, Washington Luiz da. A polêmica da indenização do dano moral e seus reflexos no Direito do Trabalho. *Revista de Direito do Trabalho*, São Paulo, n. 80, p. 65-73, dez. 1992.

VALENTIN CARRION. *Nova Jurisprudência em Direito do Trabalho*. São Paulo: Revista dos Tribunais, 1990.

VAN DER LAAT ECHEVARRIA, Bernardo. Ley Costarricense contra el hostigamiento sexual en el empleo. *Revista Derecho Laboral*, Montevidéo, 1995, t. XXXVIII, n. 178.

VAZQUEZ VIALARD, Antonio. *La responsabilidad en el derecho del trabajo.* Buenos Aires: Astrea, 1988.

VELÁZQUEZ BAUTISTA, Rafael. *Protección jurídica de datos personales automatizados.* Madrid: Colex, 1993.

VERDIER, Jean-Maurice. *Droit du Travail.* Dalloz, 1990.